香港文庫
新古今香港系列

The Secret
History of
Kowloon's
Streets

九龍街道故事

魯金 著

新古今香港系列

總

序

香港，作為中國南部海濱一個重要的海港城市，有著特殊的社會經歷和文化特質。它既是中華文化值得驕傲的部分，又是具有強烈個性的部分。尤其在近現代時期，由於處於中西文化交匯的前沿地帶，因而還擁有融匯中西的大時代特徵。回顧和整理香港歷史文化積累的成果，遠遠超出整理一般地域文化歷史的意義。從宏觀的角度看，它在特定的時空範疇展現了中華文化承傳、包容的強大生命力，從而也反映了世界近代文化發展的複雜性和多面性。

梁啟超在《中國歷史研究法》中對有系統地收集史料和研究成果的重要性，曾作這樣的論述：

大抵史料之為物，往往有單舉一事，覺其無足輕重；及彙集同類之若干事比而觀之，則一時代之狀況可以跳活表現。比如治庭院者，孤植草花一本，無足觀也；若集千萬本，蒔已成畦，則絢爛炫目矣。[1]

近三十年來香港歷史文化研究，已有長足的進步，而對香港社會歷史文化的認識，到了一個全面、深入認識、整理和繼續探索的階段，因而《香港文庫》可視為時代呼喚的產物。

1　梁啟超：《中國歷史研究法》〔香港：三聯書店（香港）有限公司，2000〕，69頁。

（一）

　　曾經在一段時間內，有些人把香港的歷史發展過程概括為從"小漁村到大都會"，即把香港的歷史過程，僅僅定格在近現代史的範疇。不知為甚麼這句話慢慢成了不少人的慣用語，以致影響到人們對香港歷史整體的認識，故確有必要作一些澄清。

　　從目前考古掌握的資料來看，香港地區的有人類活動歷史起碼可以上溯到新石器中期和晚期，是屬於環珠江口的大灣文化系統的一部分。由此我們可以清楚地看到，香港的地理位置從遠古時期開始，就決定了它與中國內地不可分割的歷史關係。它一方面與鄰近的珠江三角洲人群的文化互動交流，同時與長江流域一帶的良渚文化有著淵源的關係。到了青銅器時代，中原地區的商殷文化，透過粵東地區的浮濱文化的傳遞，已經來到香港。[2]

　　還有一點不可忽視的是，香港位於中國東南沿海，處於東亞古代海上走廊的中段，所以它有著深遠的古代人口流動和文化交流的歷史痕跡。古代的這種歷史留痕，正好解釋它為甚麼在近現代能迅速崛起所具備的自然因素。天然的優良港口在人類歷史的"大

2　參看香港古物古蹟辦事處：〈香港近年的考古發現與研究〉，載《考古》第 6 期（2007），3–7 頁。

航海時代"被發掘和利用，是順理成章的事，而它的地理位置和深厚的歷史文化根源，正是香港必然回歸祖國的天命。

香港實際在秦代已正式納入中國版圖。而在秦漢之際所建立的南越國，為後來被稱為"嶺南"的地區奠定了重要的政治、經濟和文化基礎。[3] 香港當時不是區域政治文化中心，還沒有展示它的魅力，但是身處中國南方的發展時期，大區域的環境無疑為它鋪墊了一種潛在的發展力量。我們應該看到，當漢代，廣東的重要對外港口從徐聞、合浦轉到廣州港以後，從廣州出海西行到南印度"黃支"的海路，途經現在香港地區的海域。香港九龍漢墓的發現可以充分證實，香港地區當時已經成為南方人口流動、散播的區域之一了。[4] 所以研究中國古代海上絲綢之路，不應該完全忘卻對香港古代史的研究。

到了唐宋時期，廣東地區的嶺南文化格局已經形成。中國人口和政治重心的南移、珠江三角洲地區進入"土地生長期"等因素都為香港人口流動的加速帶來新動力。所以從宋、元、明開始，內地遷移來香港地區生活的人口漸次增加，現在部分香港原住民就

3　參看張榮方、黃淼章：《南越國史》（廣州：廣東人民出版社，1995）。

4　參看區家發：〈香港考古成果及其啟示〉，載王賡武主編：《香港史新編》（增訂版）〔香港：三聯書店（香港）有限公司，2017〕，3–42頁。

是這段歷史時期遷來的。[5] 香港作為一個地區，應該包括港島、九龍半島和新界三個部分，所以到十九世紀四十年代，香港絕對不能說"只是一條漁村"。

我們在回顧香港歷史的時候，常常責難晚清政府無能，把香港割讓給英國，但是即使是那樣，清朝在《南京條約》簽訂以後，還是在九龍尖沙咀建立了兩座砲台，後來又以九龍寨城為中心，加強捍衛南九龍一帶的土地。[6] 這一切說明清王朝，特別是一些盡忠職守的將領一直沒有忘記自己國家的土地和百姓，而到了今天，我們卻沒有意識到說香港當英國人來到的時候只是"一條漁村"，這種說法從史實的角度看是片面的，而這種謬誤對年輕一代會造成歸屬感的錯覺，很容易被引申為十九世紀中期以後，英國人來了，香港才開始它的歷史，以致完整的歷史演變過程被隱去了部分。所以從某種意義上看，懂得古代香港的歷史是為了懂得自己社會和文化的根，懂得今天香港回歸祖國的歷史必然。因此，致力於香港在十九世紀中葉以前歷史的研究和整理，是我們《香港文庫》特別重視的一大宗旨。

5　參看霍啟昌：〈十九世紀中葉以前的香港〉，載《香港史新編》（增訂版），43–66 頁。

6　其實我們如果細心觀察九龍城在第一次鴉片戰爭以後形成的過程，便可以看到清王朝對香港地區土地力圖保護的態度，而後來南九龍的土地在第二次鴉片戰爭中失去，主要是因為軍事力量對比過於懸殊。

（二）

　　曲折和特別的近現代社會進程賦予這個地區的歷史以豐富內涵，所以香港研究是一個範圍頗為複雜的地域研究。為此，本文庫明確以香港人文社會科學為範疇，以歷史文化研究資料、文獻和成果作為文庫的重心。具體來說，它以收集歷史和當代各類人文社會科學方面的作品和有關文獻資料為己任，目的是為了使社會大眾能全面認識香港文化發展的歷程而建立的一個帶知識性、資料性和研究性的文獻平台，充分發揮社會現存有關香港人文社會科學方面資料和成果的作用，承前啟後，以史為鑒。在為人類的文明積累文化成果的同時，也為香港社會的向前邁進盡一份力。

　　我們希望《香港文庫》能為讀者提供香港歷史文化發展各個時期、各種層面的狀況和視野，而每一種作品或資料都安排有具體、清晰的資料或內容介紹和分析，以序言的形式出現，表現編者的選編角度和評述，供讀者參考。從整個文庫來看，它將會呈現香港歷史文化發展的宏觀脈絡和線索，而從具體一個作品來看，又是一個個案、專題的資料集合或微觀的觀察和分析，為大眾深入了解香港歷史文化提供線索或背景資料。

　　從歷史的宏觀來看，每一個區域的歷史文化都有時代的差異，不同的歷史時期會呈現出不同的狀況，歷史的進程有快有慢，有起有伏；從歷史的微觀來看，不同層面的歷史文化的發展和變化會存在不平衡的狀態，不同文化層次存在著互動，這就決定了文庫在選題上有時代和不同層面方面的差異。我們的原則是實事求是，不求不同時代和不同層面上數量的刻板均衡，所以本文庫並非面面俱到，但求重點突出。

在結構上，我們把《香港文庫》分為三個系列：

1. "香港文庫‧新古今香港系列"。這是在原三聯書店（香港）有限公司於 1988 年開始出版的"古今香港系列"基礎上編纂的一套香港社會歷史文化系列。以在香港歷史中產生過一定影響的人、事、物和事件為主，以通俗易懂的敘述方式，配合珍貴的歷史圖片，呈現出香港歷史與文化的各個側面。此系列屬於普及類型作品，但絕不放棄忠於史實、言必有據的嚴謹要求。作品可適當運用注解，但一般不作詳細考證、書後附有參考書目，以供讀者進一步閱讀參考，故與一般掌故性作品以鋪排故事敘述形式為主亦有區別。

"香港文庫‧新古今香港系列"部分作品來自原"古今香港系列"。凡此類作品，應對原作品作認真的審讀，特別是對所徵引的資料部分，應認真查對、核實，亦可對原作品的內容作必要的增訂或說明，使其更為完整。若需作大量修改者，則應以重新撰寫方式處理。

本系列的讀者定位為有高中至大專水平以上的讀者，故要求可讀性與學術性相結合。以文字為主，配有圖片，數量按題材需要而定，一般不超過 30 幅。每種字數在 10 到 15 萬字之間。文中可有少量注解，但不作考證或辯論性的注釋。本系列既非純掌故歷史叢書，又非時論或純學術著作，內容以保留香港地域歷史文化為主旨。歡迎提出新的理論性見解，但不宜佔作品過大篇幅。希望此系列成為一套有保留價值的香港歷史文化叢書，成為廣大青少年讀者和地方史教育的重要參考資料。

2. "香港文庫·研究資料叢刊"。這是一套有關香港歷史文化研究的資料叢書，出版目的在於有計劃地保留一批具研究香港歷史文化價值的重要資料。它主要包括歷史文獻、地方文獻（地方誌、譜牒、日記、書信等）、歷史檔案、碑刻、口述歷史、調查報告、歷史地圖及圖像以及具特別參考價值的經典性歷史文化研究作品等。出版的讀者對象主要是大、中學生與教師，學術研究者、研究機構和圖書館。

本叢刊出版強調以原文的語種出版，特別是原始資料之文本；亦可出版中外對照之版本，以方便不同讀者需要。而屬經過整理、分析而撰寫的作品，雖然不是第一手資料，但隨時代過去，那些經過反復證明甚具資料價值者，亦可列入此類；翻譯作品，亦屬同類。

每種作品應有序言或體例說明其資料來源、編纂體例及其研究價值。編纂者可在原著中加注釋、說明或按語，但均不宜太多、太長，所有資料應注明出處。

本叢刊對作品版本的要求較高，應以學術研究常規格式為規範。

作為一個國際都會，香港在研究資料的整理方面有一定的基礎，但從當代資料學的高要求來說，仍需努力，希望叢刊的出版能在這方面作出貢獻。

3. "香港文庫‧學術研究專題"。香港地區的特殊地理位置和經歷，決定了這部分內容的重要。無論在古代作為中國南部邊陲地帶與鄰近地區的接觸和交往，還是在大航海時代與西方殖民勢力的關係，以至今天實行的"一國兩制"，都有不少是值得深入研究的課題。人們常用"破解"一詞去形容自然科學方面獲得新知的過程，其實在人文社會科學方面也是如此。人類社會發展過程的地區差異和時代變遷，都需要不斷的深入研究和探討，才能比較準確認識它的過去，如何承傳和轉變至今天，又如何發展到明天。而學術研究正是從較深層次去探索社會，探索人與自然的關係，把人們的認識提高到理性的階段。所以，圍繞香港問題的學術研究，就是認識香港的理性表現，它的成果無疑會成為香港文化積累和水平的象徵。

由於香港無論在古代和近現代都處在不同民族和不同地區人口的交匯點，東西不同的理論、價值觀和文化之間的碰撞也特別明顯。尤其是在近世以來，世界的交往越來越頻密，軟實力的角力和博弈在這裡無聲地展開，香港不僅在國際經濟上已經顯示了它的地位，而且在文化上的戰略地位也顯得越來越重要。中國要在國際事務上取得話語權，不僅要有政治、經濟和軍事等方面的實力，在文化領域上也應要顯現出相應的水平。從這個方面看，有關香港研究的學術著作出版就顯得更加重要了。

　　"香港文庫‧學術研究專題"是集合有關香港人文社會科學專題著作的重要園地，要求作品在學術方面達到較高的水平，或在資料的運用方面較前人有新的突破，或是在理論方面有新的建樹，作品在體系結構方面應完整。我們重視在學術上的國際交流和對話，認為這是繁榮學術的重要手段，但卻反對無的放矢，生搬硬套，只在形式上抄襲西方著述"新理論"的作品。我們在選題、審稿和出版方面一定嚴格按照學術的規範進行，不趕潮流，不跟風。特別歡迎大專院校的專業人士和個人的研究者"十年磨一劍"式的作品，也歡迎翻譯外文有關香港高學術水平的著作。

（三）

　　簡而言之，我們把《香港文庫》的結構劃分為三個系列，是希望把普及、資料和學術的功能結合成一個文化積累的平台,把香港近現代以前、殖民時代和回歸以後的經驗以人文和社會科學的視角作較全面的探索和思考。我們將以一種開放的態度,以融匯穿越時空和各種文化的氣度,實事求是的精神,踏踏實實做好這件有意義的文化工作。

香港在近現代和當代時期與國際交往的歷史使其在文化交流方面亦存在不少值得總結的經驗,這方面實際可視為一種香港當代社會資本,值得開拓和保存。

毋庸置疑,《香港文庫》是大中華文化圈的一部分,是匯聚百川的中華文化大河的一條支流。香港的近現代歷史已經有力證明,我們在世界走向融合的歷史進程中,保留中華文化傳統的重要。香港今天的文化成果,說到底與中國文化一直都是香港文化底色的關係甚大。我們堅信過去如此,現在如此,將來也一定如此。

鄭德華

戰前位於馬頭涌道對開"聖山"上的宋王臺巨石，日佔時期被日軍以擴建
啟德機場為由破壞。

1950 年代的廟街，有成衣店、當舖等的商舖。

Chinese Temple, Tau Ma-ti, Hongkong.

油麻地天后廟前的榕樹頭，約攝於 1920 年代。

九龍城砦南門，約攝於 1910 年代。

九龍城砦內人們生活的景象,約攝於 1900 年代。相中可見有小
攤販在販賣農作物,亦有人揹上擔挑運送貨物。

KOWLOON TONG

1930 年代的九龍塘已建滿花園洋房，成為香港一貴族住宅區，遠景可見獅子山。

相片中央數棟高樓建築位處的道路為廣播道，攝於 1978 年，最右方的長立方建築是當時的麗的電視大廈。廣播道是香港政府在 1960 年代建成的新路。

位於尖沙咀的前九廣鐵路站及其鐘樓，約攝於 1950 年代。

位於尖沙咀的半島酒店，約攝於 1950 年代。

相片右方的大道路是尖沙咀海旁的疏利士巴利道（現名梳士巴利道），約攝於 1950 年代。當時的疏利士巴利道對出便是九廣鐵路火車路軌，而鐵路站則位於半島酒店前。

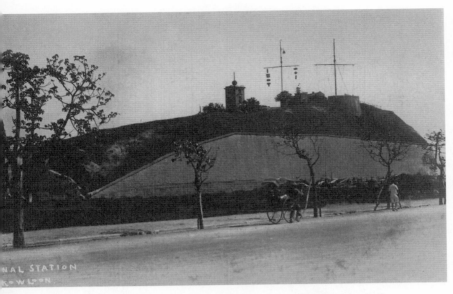

位處尖沙咀岸邊海角的訊號山，又名“大包米”，約攝於 1950 年代。
二十世紀初，香港天文台曾在“大包米”山頂設報時台，助泊在維多利
亞港的船隻對時。

位處佐敦的九龍佐治五世公園，約攝於 1980 年代。佐敦一帶以往名叫官涌，該處曾有一座山丘名官涌山，山腳則為官涌村的所在地。

Yau Ma-ti Market, Hongkong.

1920 年代位於油麻地榕樹頭側的街市街。昔日該處攤檔如林，十分熱鬧。

Yaumati Harbour, Hongkong.

昔日的油麻地避風塘。二十世紀初，旺角有街渡來往於青山和元朗，貨運繁忙。為了整頓旺角海灣，政府決定在 1909 年建築大角咀、旺角、油麻地避風塘及填築塘內海灘。

旺角上海街，約攝於 1950 年代。在大角咀未填海以前，上海街原來位
處旺角的海旁，漁民上岸購物，也以近岸的市集為最方便，上海街便成
為當時旺角的商業中心區。

土瓜灣海心島，島上有一天后廟，需要小艇接載遊客及善信往返。海心島於
1960 年代因為填海工程與土瓜灣連陸，現為海心公園。

目
錄

柯士甸道和柯士甸

柯士甸執行開賭政策

柯士甸道在九龍尖沙咀區，是彌敦道上一條主要的橫路，這條街道以柯士甸命名，不用說，這位柯士甸也是香港早期知名人物。

柯士甸全名是 J. G. Austin，他是麥當奴任港督時期的輔政司，約於 1868 至 1871 年之間，執行麥當奴的各項政策。

輔政司向來是執行港督政策的高官。二十世紀七十年代初，本港官方譯名仍用輔政司之名，但之後改稱布政司，據說是有布政於民的意思。這也說明了這官職是執行總督政策的。

麥當奴任港督時期最重要的政策是大開賭禁，因此柯士甸也就是執行開賭政策的一位輔政司。實際上，是他負責實行開賭的。

1867 年 5 月 22 日，立法局舉行會議，當時有位議員域陶提議設法壓止賭風，因為當時香港上中環和灣仔一帶大街小巷賭館林立，而這些賭館都是由警方包庇的。麥當奴也認為有必要對付這種不合法的賭博。

到了同年 6 月 17 日，港府在立法局提出的《維持社會秩序及風化條例》，獲得全體通過。這條例原意是對社會秩序和風俗習慣予以維持，想不到卻成了大開賭禁的法律依據。因為該法例第十八條規定，賦予總督開賭之權。

原來《維持社會秩序及風化條例》第十八條的條文大意是說：本港地方賭博盛行，影響社會秩序及風化極大，茲為取締及逐步實施禁止起見，特授權總督隨時制立規則厲行禁絕之，或取有效方法加以限制及管理。就是說，只要總督認為哪一種方法可以管制賭博，就有權制立規則管理。麥當奴認為招商承辦賭館是最有效的方法，於是就招商承辦賭館了。

該條例於 1867 年 7 月 1 日實行，6 月 17 日立法局通過條例後，政府就發表通告，招商承餉開賭，開標地點在政府合署舉行，當時共有十二家賭館開投，得餉銀十萬元。

當時由香港政府主持的承餉開賭政策，十二家賭館分佈於西營盤、荷李活道、皇后大道中、機利文舊街、灣仔大道東。營業時間每日由上午六時起至深夜止。這些賭館全部是攤館，承餉期是一年，即一年之後，再次開投。

社會風氣因開賭敗壞

賭博危害社會的道理，人所共知，公開承餉開賭怎能維持社會秩序與風化呢？故此當時很多人反對這種政策，首先由教會人士上書給輔政司柯士甸，提出反對。但柯士甸只是執行總督政策而已，這封信由他交給麥當奴，讓麥當奴答覆他們。麥當奴說，此舉已肅清了警察內部的貪污，成績甚好，而且又增加了稅收。

香港社會人士反對開賭無效，只好到英國去活動，在英國運用輿論壓力，制止麥當奴的開賭政策。但初期成績很差，無法馬上產生影響力。麥當奴的開賭政策不變。

由於開賭，社會風氣敗壞，到了 1868 年，拐賣兒童之風甚盛，而迫良為娼之風更盛。拐賣兒童與迫良為娼表面上似是兩件事，但其實都是同一類不法之徒所為，而且都和賭博有關。

輸光了的賭仔，為了翻本，又因連養妻活兒的錢都輸光了，就只好賣兒賣女，甚至把老婆也賣給娼寮，這是常有的事。而平日不務正業的流氓們，因賭輸光，去偷去搶固然不少，但淪為拐匪，專門拐帶兒童亦不少。

當時香港還未有法例禁止買奴育婢的，有錢人認為買個男童來作小廝，買個女童作婢女，是十分便宜的事，因為一次付出一筆錢，這小廝和婢女，就可為自己服役十幾二十年。婢女到長大成人後，嫁給人家作妾，或賣給鴇母當娼，還可以索回一筆米飯錢。至於小廝長大，勞動力強，便可以做更多的工作，一直做到老。

當時社會人士指出拐賣兒童與迫良為娼之風，實際上是由公開賭博之後刮起的，故要求禁賭。但麥當奴認為不是，柯士甸亦予以否認。

柯士甸認為拐賣兒童等罪惡活動，和公開賭博並無關係。他認為沒有公開賭博，也有這類活動的，是以他主張加強刑罰，來戢止拐風。因此他在 1868 年 8 月 24 日，在立法局提出加重刑罰的法例，主張對付那些犯有拐帶罪、迫良為娼罪、劫竊罪等的犯人，除判監禁外，還得處以笞刑。

笞刑本是中國古已有之的刑罰。但中國的笞刑，是用籐條或木棍打在犯人屁股上的刑罰。而香港的笞刑，並非用木棍或籐條鞭打，而是用一種叫做＂貓爪＂的刑具來鞭打的。這種＂貓爪＂是用幼籐編織成一條繩狀的鞭子，但那鞭子的尖端，卻有一個像貓爪似的籐織小圓球。而這條籐織的鞭子，據說是浸過藥水的，只要鞭子抽下去，就算肌肉堅實如鐵，也要立即開花，而且勢必會痛苦不堪。

據說自柯士甸任輔政司那時開始，一百年來，沒有一個犯人可以一次捱得起三下這種＂貓爪＂的笞刑。即使是練過武功的硬漢，極其量只能捱兩下，普通人一鞭就痛極不省人事的了。可見這種笞刑的酷烈。

當時柯士甸以為通過了《笞刑條例》就可以阻嚇拐風和娼風。他誠恐人們不知道，還發出一張通告，在香港主要的街道上張貼公佈周知。

柯士甸加重笞刑對付拐匪的佈告，全文如下：

為出示布告事，照得近來香港及所屬地方，誘擄拐帶盜賣孩童之事，時有所聞，非嚴加懲治，不足以懲奸邪，用制定刑律一款，凡成立拐擄罪者，除適用本法規定刑罰外，得兼施用笞刑（婦犯除外）。倘有知情首告，或作線報，或出任指供，或引拿歸案者，一經訊決定案者，即獎給賞金二十元。此布。奉督憲諭。輔政司柯士甸。香港一八六八年八月二十四日示。

香港早期的政府公告，都是由翻譯們用中文譯成，而公告的形式，亦與當時滿清官廳的公文程式相似，是以文中有"照得"及"此布"等字眼。從這份文件中，我們看得出，本港的笞刑，就是由柯士甸開始的。

由於笞刑不能施於婦女，而拐帶男女兒童的行徑，實際上多由三姑六婆之流出面活動，是以雖加重笞刑，亦不能戢止拐風。

當時不少有識之士，都指出社會風氣如此敗壞，實由那條《維持社會秩序及風化條例》所做成。因為該條例是借維持社會秩序為名，行開賭之實，如果不立即禁止賭博，任其立什麼嚴刑峻法，也是無濟於事的。但可惜執行麥當奴政策的柯士甸，對這些評論，充耳不聞。

當時伍廷芳是華人中反對開賭最力的一人，他聯合西商會同人，上書港府，要求立即禁止賭博。西商會的請願書，內容大意說：自公開賭博以來，本港商務大受影響。因為各江客商，通常是將土產運來香港出售之後，購回洋貨運返內地。惟自從開賭以來，各江客商沽出土貨之後，盡行將款輸去，以致無法販運洋貨，影響洋貨滯銷，故請求政府立即禁賭。

可是麥當奴仍一意孤行，他叫柯士甸回覆西商會，說商務並無重大影響，目前洋貨滯銷，是中國方面經濟不景，與開賭無關。又說自開賭之後，社會秩序並無不妥之處。總之，依然是打官腔，繼續執行開賭政策。

不料 1867 年 7 月 23 日，香港政府接到英國殖民地部的訓令，說香港的娼妓問題，十分嚴重。因為很多駐港英軍在調回英國之後，發現普遍都染上花柳病，故軍部認為，香港的娼妓是傳播花柳病毒的罪人，為了保護英國軍人的健康計，必須設法管理娼妓。當時為解決事態，柯士甸亦與港督麥當奴想辦法應付。

熟悉社會一般情況的人，都知道黃賭毒是連體共生的怪物，既然公開賭博，娼妓必然也跟著多起來。但是柯士甸卻裝做完全不知黃賭毒的相互關係，他不禁賭，卻只想辦法應付花柳病。

殖民地部的訓令，既沒有叫他禁賭，也未叫他禁娼，只是令他設法防止花柳病傳染。因此，他和麥當奴只針對應付花柳病的傳染這件事。

查本港在 1857 年 11 月已頒佈《檢驗花柳傳染病條例》，既然要對付這種傳染病，最佳的辦法就是加強這一條例。因此，在稍後時間，便重訂這條條例，對於妓女，實行驗身。

把花柳病看成是妓女原發性的病症，是早期很多海洋國家通行的觀點，他們認為男人染花柳病，是由妓女傳染而來的。他們似乎並不知道，很多潔白無瑕的妓女，會從嫖客身上染上花柳病。重訂的條例，規定妓女必須按時檢查身體，如果驗出有性病，就不准接客，直到醫好為止，但卻沒有規定嫖客也要驗身。

像這樣的對付花柳傳染病，當然不會收效，但柯士甸只當例行公事，不管是否有效，他和麥當奴全心全意照顧著那些攤館，只要頂頭上司不認為花柳傳染病與開賭有關，天大的事情都可以想辦法應付過去。

決意開賭的原因

麥當奴和柯士甸把開賭看得如此重要，那是有理由的。在當時，全年政費只是幾十萬元，而賭餉的收入，一年就有十萬元，佔總開支的八分之一左右，這是新開的稅源，可以用這筆錢辦很多事，故此他們全心全意維護開賭政策。

開賭一直維持到 1870 年，當時英國下議院已有很多議員攻擊香港的開賭政策，麥當奴於 4 月請假返英，仍準備對來自國會這一股壓力作最後反擊，企圖繼續開賭，但他枉此一行。

原來 1870 年初，當任香港按察司史美爾在審訊多宗案件時，曾當庭指摘政府公開賭博引致犯罪紀錄上升，其中多宗是賭館典質贓物，又有劫匪和竊匪供出贓物押在賭館內。這些資料，都被西商會集中起來，寄到英國去，作為攻擊開賭政策的主要論據。

麥當奴返英時間很長，由 1870 年 4 月回去，到 1871 年 1 月還未回來，這期間由柯士甸代行一切政務。港人深信麥當奴不會回任，開賭政策會取消了。但是每年的 1 月份是開投賭餉的時候，大家注目今年會不會再開投賭餉。不料 1 月 13 日，柯士甸再宣佈開投是年的賭餉，令港人大為驚震。

1871 年的全港賭餉，由何亞錫用顯南行名義投得，每間賭館出到 15,800 元的高價，比上年的 13,300 元，高出 2,500 元。合共十二家賭館，合餉銀 189,600 元，較最初的每年十萬元，增加了 89,600 元。不過，這是最後的一次賭餉，因為反對開賭的浪潮，使在英國的麥當奴也無法招架。

1871 年 12 月，麥當奴才回任，他回來時，就叫柯士甸發佈通告，宣佈明年 1 月 20 日，正式禁止賭博，亦即取消他的開賭政策。

柯士甸於 1872 年 1 月 30 日，發出佈告，說明禁賭的原因。他不說因港人強烈反對開賭促成，也不說開賭造成社會不安，反說開賭使社會治安改進，因此不必開賭了。告示如下：

輔政司柯，為布告事，案奉總督令開禁止賭博。查本港地方前經政府核准承商領牌開設賭館，其目的為防止警察索賄及制裁資匪免使滋蔓，四年以來，著有成效。外商僕役資竊僱主財物之事漸見減少，私賭亦久經絕跡，近來地方治安，社會秩序，均大有進步。故由本月二十日起，所有開賭牌照一律宣布取消。嗣後本港九龍及所屬鄉村地方一切大小賭博，悉行嚴密查禁。督憲現正籌商善法，務使所有賭博劇草除根，免人民重受其害……

示文內所謂賭博，其意義包括一切闈姓、白鴿票、花會及其他有彩之賭博。各宜凜遵毋違。特示。一八七二年一月卅日示。

就這樣，香港結束了公開賭博。柯士甸這張告示，充分發揮官樣文章的天才。他不說開賭是錯誤政策，但他又說"免人民重受其害"，真是一篇絕妙的官樣文章。

柯士甸道就是以他的名字來命名的。在香港的發展史中，他對香港的貢獻就是這幾個項目，是否值得如此隆重紀念他，後人自有公論。

　　1867 年時，從尖沙咀到界限街的一大片九龍半島南部地區，都已劃入香港版圖。當時彌敦道正在開發，闢成馬路，但還未鋪上三合土，是一條寬闊的泥土馬路。柯士甸道約在 1871 年左右開闢，當時還未命名。這條路在官涌炮台附近，該處有一條小涌流出海邊，這條小涌就是官涌，此路是填平小涌的一部分築成，建築目的是為便利軍隊中的炮車出入。

　　原來，現時九龍公園整個小山崗，從前是英軍的軍營所在，在南九龍半島未劃入香港版圖前，這個山是清兵的炮台及駐守地，名為官涌炮台。英軍既駐守在該處，便要闢路以利軍運。柯士甸道的開闢，主要是便利駐軍運輸。故此該路近彌敦道的一段，現時仍有一處路口通進九龍公園北面地區。這地區現時部分作為地下鐵路的辦事處，部分則作政府若干部門的辦事處，稱"柯士甸道政府合署"[1]，其入口處正是從前通往軍營的入口處。

　　香港的街道命名，多以在開發期間在任官員之名命名，但到正式命名時，該官員多已退休返國。

1　編者註：即建於 1971 年的廣東道政府合署，該合署已於 2010 年 12 月拆卸，舊址現建成港鐵柯士甸站及其上蓋物業。

宋王臺與宋王臺花園

宋王臺的由來

　　九龍馬頭涌道旁邊，有一座宋王臺花園，花園側的一條馬路，叫宋皇臺道。附近居民都知道宋皇臺道的得名，是因為街道旁邊有座宋王臺花園之故。但其實，在未有宋王臺花園前，早已有宋皇臺道。在 1935 年出版的九龍市區街道圖上，已有宋皇臺道之名，而宋王臺花園，還未建成，可見宋皇臺道並非以花園而命名，實在是以宋王臺在該處附近而命名。

　　查宋王臺本在現時宋王臺花園再遠一些，在接近啟德機場[2]的地方，從前該處有一座石山，山上有巨石大塊，被三小石乘著，巨石之上，刻有"宋王臺"三字。但因這個"臺"字的寫法十分特別，下面的"口"字和"至"字相連，而"至"字則寫成"土"字模樣，看上去似一個"堂"字，因此很多略識中國字的西人，叫它作"宋王堂"，其實這是從前的簡體字。

　　現時的宋王臺花園內，立有一塊石刻，上面刻著的"宋王臺"三個字，就是從前那座宋王臺巨石上的

2　編者註：啟德機場是舊時香港的國際機場，位於九龍的九龍城，1925 年啟用，1998 年正式關閉。現時香港的機場已遷至離島區的赤鱲角。

原刻字，旁刻"嘉慶丁卯年重修"的小字，都是從原石經削伐後搬到花園去豎立的。這塊石刻的搬遷，以及宋王臺花園的闢建，其中有不少可歌可泣的史實，供街坊們憑弔。因為這塊石，有數百年的歷史，經歷過元、明、清三朝代，近世以來，又經過1941至1945年的日佔時代，可說歷盡滄桑。

宋王臺原址是在馬頭涌道對開的地方，之後成為啟德機場的一部分，很難用文字表達它原來的位置。但街坊們可以假定現時的馬頭涌道是一條灌溉農田的河涌，這條涌經過一座石山流出海，宋王臺就在這涌邊的石山上，面向九龍灣。現在因九龍灣填海，附近農田又建成樓宇，闢為街道，是以很難指出它的正確位置。

查宋王臺是紀念宋末兩個小帝王到過這處地方而建設的，建設的年代已不可考。我們可從嘉慶年間出版的《新安縣志》找到它的來歷。《新安縣志》載："宋王台在官富之東，有盤石方數丈。昔帝昺駐驛於此。台側巨石，舊有宋王台三字。"文中所說的帝昺，就是人所共知的宋帝昺。查宋朝末年，元兵從北方攻到南方，宋室的政制實際上已解體，但各路貞忠之士，仍各擁宋帝王的後裔以對抗元兵，當時陸秀夫等就保護著益王昰和衛王昺這兩個王孫，來到九龍宋王臺附近避難，後來元朝統一中國，後人為紀念這件事，就在這濱海的石山上，刻上"宋王臺"三字以資紀念。

它不稱"宋帝臺"而稱宋王臺，可見是元朝的體制，因為元朝只承認帝昺和帝昰是衛王和益王，是以名之為"宋王"，故此宋王臺的建立年代，應該是在元朝中葉，不會在明朝。因明朝以後，民間已稱帝昰和帝昺了。

宋王臺到了清朝嘉慶年間，石上的字跡已經被風雨侵蝕得模糊不清了。因此到了嘉慶十二年，即公元1807年歲次丁卯，由當地紳耆及官員合資重修，把宋王臺三字照原稿重刻。現在宋王臺公園內這塊石上的"丁卯重修"的字樣，正是當年重修時刻上去的。

古人詠宋王臺詩句，手頭上最古的只有明人鄧孕元的一首"官富懷古"，詩云：

野岸維舟日已晡，故宮風色亂蘼蕪。
百年天地留殘運，半壁江山入戰圖。
鳥起荒臺驚夢短，龍吟滄海覺愁孤。
豪華終古俱陳跡，剩有忠良說丈夫。

神聖不可侵犯的山崗

到了 1861 年 1 月 19 日，九龍半島劃入香港版圖之時，由於宋王臺是在昂船洲劃一界線到達九龍城之前的北面，即是在界限街之內的原故，是以宋王臺實際上已屬香港管轄範圍之內。照當時英國人所繪的本港地圖，宋王臺的英文名字為 Sacred Hill，譯作“聖山”，意指這座小山是神聖不可侵犯的山崗。

當然，在 1861 年以後的二十年當中，九龍可供發展的地方很多，怎樣也不會把這座宋王臺加以開發，暫時稱之為神聖不可侵犯的山崗，又有何不可能？可是到了 1898 年，香港的版圖擴展到新界之後，這座“聖山”就不是真的神聖不可侵犯了，因為這座山有很多石，可用作建築材料呢！

當時有人企圖將宋王臺的山開鑿取石，九龍居民認為必須制止，因此請求當局保存這一古蹟。何啟是當時的華人代表，他於 1898 年 8 月 15 日在立法局提議立例保存這古蹟。他的原提案是這樣的：

英屬九龍有地一段號曰宋王臺，又名為宋王堂，與周圍相連之地，茲為公眾利益計，特此提議，此後該地不得租賃與人作建築樓宇及其他用途，應予永遠保留，以供後人考據古蹟之用。

當日的立法局會議，是由署理港督布力主持，他同意何啟的建議，於是立法局就於 1899 年 2 月 9 日通過了《保存宋王臺條例》。

條例的原文共分四條，其第二條有引錄必要，因為它和以後的爭議極有關係，該條例第二條原文云：

15

第二條：1、在九龍地方官地一段號曰宋王臺又名宋王堂，已繪備地圖，用紅色標誌詳列界址，並經工務司簽押由總督附署，交存於土地局。規定此地不得租賃建築屋宇或為他項用途，惟須保存勝蹟，以資後人遊覽並藉作考古之用。但此後總督如認為需要，不論因大清帝國或本港利益計，以該地全段或一部分應予劃作適宜用途時，總督依法得將該地全段或一段變更前項存定，俾改作或為他項用途。2、前項所作適宜用途之告示，須在政府公報發表之。

由於保存條例第二條規定港督有權將宋王臺改作其他用途，因此到了 1915 年，即在立例十四年後，當局就企圖改變初衷，把這座古蹟改作其他用途了。

原來當時有建築商向工務局建議，將宋王臺出售，將山石開作建築材料，將泥土填平附近田畝，以作建屋之用。工務局向當任港督軒利梅建議，因為條例中規定港督有權改變該地之用途。軒利梅表示同意，但這消息被當時一位建築商李瑞琴知道，李瑞琴向各方面奔走，希望發動全港華人，請求當局收回成命。

辛亥革命後，有不少清朝遺老來港作寓公的，其中有賴際熙和陳伯陶，他們首先響應。賴際熙求助香港大學副校長伊里岳，伊里岳向港督軒利梅請求收回成命。軒利梅見中西人士都要求保存宋王臺，只好說：由於政府要興建道路，宋王臺在道路計劃範圍內，故有剷平之議，既然公眾要求保存，就只好和工務局商量，將公路計劃修改，但如果修改太大，又不方便，最佳的辦法是將古蹟的範圍加以縮細。

後來工務局將宋王臺範圍，縮成最小，僅餘一座小山崗，其餘的地方開成公路，這條公路是將界限街延長，伸向彩虹村而往西貢。陳伯陶和賴際熙等見古蹟得以保存，便和李瑞琴等集資，修建這座古物。

根據當時修建宋王臺所出版的一本《宋臺集》上的一幅寫生圖，可見當時修建的規模。宋王臺下的一條小涌，還未填平，在該小涌上建一小橋，橋後則為牌坊一座，經牌坊而上，就是登山小路，沿小路的路旁，都築有用磚石砌成的欄杆，直達山頂那塊刻有"宋王臺"三字的大石上。陳伯陶稱這圍繞著山上山下的石砌欄杆為石垣，曾撰《宋王臺麓新築石垣記》以紀其事，但可惜沒有刻成碑記。

倒是那牌坊兩旁的門聯，卻刻得十分精細，是由賴際熙手書，集陳恭尹詩而成。上聯："一聲望帝啼荒殿"，下聯："百戰河山見落暉"。唯十四個字，已寫出了宋王臺的滄桑。

日軍破壞宋王臺

自此之後，港府雖然在宋王臺附近地區填海開闢馬路，建築啟德機場，卻沒有將宋王臺加以破壞，一

17

直到第二次世界大戰爆發，仍然保持原狀。

到了日軍佔領香港時，日軍為了準備將啟德機場加以擴建，使成一空軍基地，便向啟德機場附近地區就地取材。接近啟德機場有兩處地方的石頭可以利用，其一是九龍城的城牆，另一是宋王臺上的泥土和巨石，這些材料可供填海及供作混凝土使用，於是先拆去九龍城的城牆，然後將宋王臺剷平。日軍剷平宋王臺時，曾隆重其事，舉行過祭天地的儀式。

日本軍國主義者既殘忍濫殺，但又迷信，他們一向以為殺了人之後，禱告上蒼就心安理得，可以繼續殘殺。看他們對待宋王臺，就可以看出此種心理。

查日軍破壞宋王臺的正確日期是昭和十八年一月九日，昭和十八年即 1943 年。當日上午十一時，由"擴展啟德機場協助工事委員會"的委員們，先行在宋王臺下設了一座祭壇，壇上掛有一張橫額，上寫"遷座祭典"四字，還請了兩位被當時公認道行高深的大和尚誦經作法。這兩個和尚，一個是從日本請來的津木二秀，一個是西林寺的和尚浣青大師。中日兩和尚合演"遷座式祭典"滑稽戲。

照當時的日本港督磯谷廉介對記者說：宋王臺有宋末二王的英靈存在，但因軍事上需要，不得不將此山炸開，經過大和尚作法超度宋末二王在天之靈，他們也會保佑工事順利進行的。故此"遷座式祭典"不可少。

這個典禮，既有拜祭天地的意思，亦有超度宋王之意，故此十分隆重。除了由兩位中日大和尚聯合誦經作法外，還由當時擴建啟德機場的委員長沈杏春主持致祭大典，他在祭壇上，手持一紙祭文，對著宋王臺宣讀，讀完之後就在燭上點燃焚化。由於這篇祭文是歷史文獻，知者不多，故將全文抄錄出來。

日軍爆破宋王臺前的祭文，全文如下：

維大日本帝國昭和十八年，香港占領地總督部擴展啟德飛行場，篳路藍縷，次第呈功。爰及宋王台，動土有日，謹於一月九日虔具牲醴，致祭於山靈之神而昭告之曰：

汴京炎光，既隕崖山，蒙塵警蹕，一去不還。海嶠荒台，九龍曾駐，山以稱名，人皆知處。歷年七百，幾度劫灰，徒供憑弔，愴悽長哀。擴展機場，負山填海，嗟爾名山，難留永在。虔具酒醴，昭告山靈，伸其來格，鑒此丹誠。哀哉尚饗。

當主祭者將這篇祭文宣讀後，宋王臺就在這祭禮的完畢聲中，由日軍的爆破隊，將炸藥放在山上刻有字跡的巨石下面，拖了引線到遠處的工事內加以引爆。

原來宋王臺上的巨石，是一組天然生成的疊石，日軍要剷平這山，怕動土時山上的石受震動而塌下，故此先將上面的四塊疊石引爆，使之先行倒下，以策安全。當時隆然一聲巨響，山上的疊石果然粉碎，向山下滾落。其中那塊最大的巨石，也裂成三塊，滾到山下來。最奇怪的是，刻有"宋王臺"三字的部分，並未爆裂，竟然毫無損傷，跌在山下的草叢中。當爆石之後，日軍就指揮泥工在山下掘泥盤石，展開所謂擴展啟德飛機場的工作。

當時在宋王臺下工作的泥工，不少是知識分子，他們看到那塊刻有"宋王臺"三字的石塊，怕日軍把它毀了，故意在工作時，用泥土將這塊石掩埋，因此這一塊石，才能保存下來。

到了香港重光之時，宋王臺這山崗，已殘破不堪，當時只剩下一處高橫不過三丈多的小山頭而已。當局見宋王臺的古蹟已遭日軍破壞，無復當年的風貌，因此索性完成日軍未完成的工作，把啟德機場擴展，繼續將宋王臺山剷平。在工作進行時，發現宋王臺的石刻完整無缺，便將這塊石，搬到機場內安置，加以保護。

後來，當局在馬頭涌道與宋皇臺道交界的新填地上，闢一小型公園，將刻有宋王臺字樣的石塊，移置公園之上，就把這公園名為宋王臺花園。宋王臺花園於 1959 年 12 月 28 日，由當任署理華民政務司石益智舉行揭幕禮。

花園內除了將原本宋王臺上的石刻供人憑弔外，並另刻兩石碑於園中，石碑分刻中文和英文，說明宋王臺的歷史，以及這塊古石刻得以保存的原因，這就是宋王臺花園的由來。

　　宋王臺花園的位置雖然不是原本該臺的所在，但也算最接近原址了，而且是在宋皇臺道側，可以說十分恰當。可惜的是，它已缺乏了吸引力，連那些旅行社的導遊們，也很少帶著外國遊客到園裏去觀光哩！

廟街、廣華街與廣華醫院

廟街有座天后廟

　　香港有些街道，是有連帶關係。例如廟街和廣華街，都是和廣華醫院有關的。廣華街位於廣華醫院側，這條街道因有廣華醫院而開闢；至於廟街，則因廟街上有座天后廟而命名，但這座天后廟又和廣華醫院有關。是以本篇，把它們的歷史結合在一起來談。

　　廟街先廣華街和廣華醫院而存在，這條街道是九龍地圖最古老的街道之一，大約在 1865 年之前就已建成。這條古老的街道，由砵蘭街口的文明里一直伸展到柯士甸道止。在戰前，這條綿長的街道，分為廟南街和廟北街。現在居住在該處的老街坊，仍然有這樣的稱呼，把在榕樹頭天后廟以南的一段廟街，稱為廟南街，這段街道包括由柯士甸道起，至榕樹頭天后廟側止。天后廟以北，至文明里止的一段，叫做廟北街。這是老街坊們由於傳統的習慣把廟街分成北段與南段之故，亦由此可以說明，廟街之命名，是由於街上有座天后廟而起。

　　天后廟前有十餘株老榕樹，因此街坊就把廟前地帶稱為榕樹頭。廣東鄉村處處皆有榕樹頭，一般鄉村的榕樹頭多在村口或村尾，是鄉人乘涼之地。天后廟前的榕樹頭，是官涌村民乘涼之地，廟南街近柯士甸道的一段街道，至今仍俗稱"官涌"。該處的街市現在仍稱官涌街市。

嘉慶廿五年（1820）出版的《新安縣志》裏，有"官涌村"之名，屬官富司所管鄉村之一。官富司所在地在今日九龍城附近，地近油麻地。這條官涌村就在榕樹頭天后廟之南，即今日官涌街市附近，亦即廟街的一部分。故榕樹頭就是古時官涌村民乘涼之地。

至於榕樹頭的天后廟究竟建於何時，因無實物考證，無法知道建於何時。嘉慶廿五年所編的《新安縣志》，在〈壇廟〉一章內，並無這間天后廟的紀錄，因此只能說該廟建於 1820 年之後，及 1865 年或以前。

廟街上的天后廟，1972 年經當局重修，粉飾一新。這間廟共五開間，正中為正廟，上題"天后古廟"四字，下又有匾額題"包公殿"三字。從廟聯分析，可知該廟原為奉祀天后之地，包公不過是後來重修時所兼祀之神。廟聯云："聖澤宏敷，恩流罔極；母儀昭顯，福陰群沾。"聯首嵌"聖母"二字，完全與包公無關。廟左一間，額題"公所"二字，廟右一間，亦題"書院"二字。另兩間則為城隍廟及其他神祇廟殿。

廟內現存最古的物件，是廟前的石獅子，石獅子刻有"同治四年吉日"字樣，同治四年是 1865 年。假如這石獅子是建廟時之物，就證明該廟建於 1865 年，但無法予以證實。

"天后古廟" 四字旁邊有小字，說明這間古廟是從另一處地方遷來，因它寫道："光緒丙子遷建"，又寫 "戊寅仲冬吉日"。光緒丙子為光緒二年，公元 1876 年，戊寅即光緒四年，公元 1878 年。至於這間廟從什麼地方遷來？因沒有文物考評，無法知道。

故老相傳廟街上的天后廟原是官涌村的一間小廟。自從香港開埠之後，九龍方面的居民每天多有把貨物運到港島去出售，渡海的交通工具當時是用木船和小艇，大木船號稱橫水渡，橫水渡的碼頭就在榕樹頭下面的海邊。公眾選擇這地點作橫水渡碼頭，主要因該處是油麻地區和旺角區的中心站。

由於該處是公眾渡海的交通樞紐，在依賴人力和風帆渡海的時候，常常會遇到驚濤駭浪，在風高浪急的時候，也常會發生意外。人們認為天后是一位海神，可保渡海平安，因此便提議將官涌村的天后遷到渡海的碼頭對正的小山崗上，希望借助神力確保渡海平安。

從前榕樹頭對開之處就是海邊，現在仍可以找到填海的痕跡。因為目前榕樹頭對開的一塊地皮，仍較路面為低，這是填海成地的證明。旁邊的一條街道稱眾坊街，舊稱公眾四方街，所謂公眾四方，是碼頭的名稱，即公眾四方碼頭。

查 1861 年 1 月 19 日，九龍半島界限街以南的一大片土地，已劃入香港版圖。榕樹頭公眾四方碼頭的渡海交通因而日漸繁忙，渡海船艇發生意外是常有的事，故此到了 1876 年將官涌村的天后廟遷來碼頭對正的山崗下，用以保護行旅，這是可信的傳說。

現時到榕樹頭去看天后廟，看不出這所廟宇是在山崗下建成的，但如果繞道到廟後去，在彌敦道那邊，就會見到廟後的山崗。目前這個山崗闢作小公園，早上有不少市民在上面晨運。[3]

由於公眾渡海碼頭就在天后廟之前，廟前又有很多老榕樹，這地方就成為繁盛地區，從九龍各村莊運來的貨物，都集中在該處，等候港島方面的商人買貨；從香港運到九龍去的洋貨，也因地近碼頭，亦集中在該處出售。港島商人來到該處採購土產，九龍居民來此購買洋貨，廟前一帶就開始形成鬧市。

廟街就是在這種環境之下形成，商人建築店舖在天后廟左右，於是就形成一條廟街，在廟南的稱廟南街，在廟北的稱廟北街，這條街道約於 1879 年形成，是當時九龍最繁盛的街道。它的歷史比上海街更古，上海街是由於廟街的繁盛才在廟街附近一帶興建樓宇而形成的，上海街不少樓宇，是填海之後才興建。

今日的廟街已完全失去古時的面貌，這是因為政府在二十世紀六十年代收回不少土地，將該區加以改建所造成。目前天后廟前的榕樹頭，闢作公園，圍以鐵網，將廟街加以阻隔，遊人不能從廟南街一直走

3　編者註：即現時油麻地天后廟後方的眾坊街休憩花園。

到廟北街。[4] 在六十年代之前，南北相通，而榕樹頭一帶，則是"平民夜總會"所在，該處有很多熟食大牌檔，醫卜星相的攤檔如林，更有江湖賣技者、講古佬和唱龍舟的，十分熱鬧。自從當局將該處闢作公園後，大牌檔被遷往永星里，公園內禁止擺賣食物及演唱賣技，榕樹頭已變成純粹的公園，供市民在裏邊休憩。

榕樹頭是數十年來附近居民前來遊樂的地方，雖然闢作公園，圍以鐵網，但到該處去的人仍很多，那些江湖賣藝的和賣物的仍到該處去謀生。賣物的就在鐵絲網外開檔，而唱戲的江湖藝人，則在旁邊的街市街上賣藝。故榕樹頭一帶，至今仍保持著從前的特色。

小販夜市場的形成

今日的廟街，每當華燈初上時，形成一個夜市場，兩邊街擺了很多出售衣物和日用品的攤檔，路的中心點，也擺了檔口，成為一處夜間購物中心。這個夜市場範圍極廣，從南段至北段都是市場。這個夜市場的形成，也有一段滄桑史，它是經過艱苦鬥爭，然後被認可下來。

在 1935 年 6 月 30 日以前，香港是個娼妓合法化

4　編者註：榕樹頭的舊址，即現時的油麻地社區中心休憩花園。

的城市。政府准許商人經營妓院，並發給娼妓牌照。廟街在當時，是九龍區的妓院集中地。廟街的妓院是屬於“細寨”一類，和石塘咀的“大寨”有別，因此廟街在那段長久的時間內，已是夜生活的街道。

榕樹頭那一邊是小市民的娛樂場所，廟街南段近佐敦道的一段又成了尋芳客的場所，這條街自十九世紀末期開始，即已變成晚上比日間為熱鬧。故廟街當時有九龍區第一間戲院的興建，這間戲院名叫“廣智戲院”。附近又多酒樓茶室以及酒店旅館。黃賭毒是孿生的兄弟，廟街既妓院林立，因而也多煙館和賭館。香港嚴禁鴉片比禁娼為晚，在第二次世界大戰之前，吸毒仍是公開的。那些煙館的招牌十分古怪，稱為“談話室”，當時廟街亦有很多“談話室”。至於賭館，則以“天九館”和“麻雀館”最多。這些東西，形成了廟街的夜市。

1935 年 7 月本港開始禁娼，妓院又改用另一形式出現，把招牌換上了“導遊社”的名目。有些娼妓則轉入地下活動，在有勢力者包庇下繼續接客。因此廟街的夜生活並不因禁娼而停頓。至於小販夜市場的形成，則是起源於第二次世界大戰時期，並非古已有之。

第二次世界大戰爆發，香港淪陷，日本佔領香港。當時物質十分缺乏，人們日常所穿的衣服，很難買到布料來縫製，只能買舊衣服穿著，因此在當時形成一種出售舊衣服的行業，稱為“故衣業”。由於戰時百業凋零，只有故衣業一枝獨秀，因此很多人為解決生活，多轉業擺賣故衣。廟街在戰時仍屬夜生活地區，加上妓館和賭館中人亦需要購買故衣，賣故衣者以該處遊人最多，便在該處擺貨，形成一個小型的故衣市場。

到了戰後，這個故衣市場繼續存在。因為戰後初期，物質仍很缺乏，買賣故衣的人仍很多。到了有新的成衣上市，賣故衣的亦買新衣出售。當新衣多過舊衣時，這市場就變成購物中心，形成一個包羅萬有的夜市。

戰後初期的廟街夜市，並不像現在的被認可。五十年代，整個夜市的小販是經常要走鬼的。警方掃蕩廟街夜市場時，每次出去巨型的"豬籠車"四、五架，封鎖各處街口，把小販連人帶貨搬上車上去，然後落案控告。

在無數次的掃蕩行動中，也曾發生過衝突事件多次。由於小販的貨物每被充公，小販常常血本無歸，弄至傾家蕩產，因此在多次毫無保留的掃蕩中，曾引起騷動，群眾向警車擲石、襲擊警員等。

經過多次的衝突後，很多街坊首長和社會名流，包括市政局議員，都注意到這個業已成為九龍小市民購物中心的夜市場，他們到廟街來實地巡視，觀察實際情形。在這個時候，廟街的小販，亦明白到自律的重要性，因此在多次巡視的時候，就形成了自律的守則。

在六十年代中期，這個夜市場終於被認可。由於小販遵守自律守則，便不會發生爭地盤的事，各攤檔擺得井然有條。不過，初期被認可時，廟街的攤檔仍未有電力供應，各攤檔仍是用汽燈照明。當時廟街有專門出租汽燈的攤檔，有些攤檔則自備汽燈。街上仍是很黑，不似現在的燈光通明，如同白晝。

後來，廟街的小販代表，向電力公司要求供電，以及訂定收電費的辦法，電燈公司亦因該街被認可為夜市小販區，才正式供電。這已是六十年代末期的事了。

廣華醫院的創建過程

廟街既由天后廟而得名，天后廟又是廟街的中心，故廟街上的居民，對於街上的天后廟亦極擁護。凡屬一間香火旺盛的廟宇，必然有很多善男信女酬謝神恩。酬謝神恩的人，少不免有所奉獻，因此廟街上的天后廟，自 1876 至 1910 年這幾十年中，積存了很豐富的廟產，這些廟產所得的收入，用來辦學及辦公益。

上文說過，天后廟的兩旁，是"公所"和"社學"所在。天后廟歷年得自善信奉獻的財物，除了應付廟中開支之處，就是支付"公所"和"社學"的開支。

"公所"是中國村莊和市鎮的基層組織，源流很古，是當地人士集會討論公眾事務的場所。天后廟的廟產，就是由公所管理。公所的組織，相當於現時的街坊會，是由街坊選出熱心辦事或有名望的人擔任值理，每年選舉一次。"社學"是鄉村的基層學校，公所值理將廟產一部分撥出作為辦學之用，故此社學也在廟側。這是當年廟街天后廟的制度。

到了 1907 年，九龍和新界都已列入香港版圖之內，但是，九龍方面仍然沒有一所華人醫院設立，九龍方面的居民有病，就要到香港的東華醫院去求診，極不方便。因此九龍居民有人發起建立一間和東華醫院同樣性質的華人醫院。《創建九龍廣華醫院史略》云：

油麻地居香港之北，相隔一水，其地為新安土股之極端。居民繁庶，不亞於香港。而是地向無醫院，其有疾病，皆來港就醫，時或疾風暴雨，驚濤駭浪，欲濟無舟，嚴寒酷暑，中途阻滯者不知凡幾。故創院總理，均以是地醫院之設置，較之港埠，尤刻不容緩，然茲事體大，未可倉卒立辦。

當時倡議建醫院的原因，已如上述，香港政府亦覺得九龍居民日多，確實需要一所醫院，因此就通過華民政務司蒲魯賢氏出面，邀請當時富有的人出來籌備建院的事。

《創建九龍廣華醫院史略》又云：

當任華民政務司蒲魯賢司憲,極力贊助,稟蒙大英政府允准撥給荒地一段,以為醫院基址,並撥款三萬元為開辦費,又歲撥六千五百元為常年經費,餘由在任總理勉力籌措。是院基址廣袤,共十餘方畝,建院經費,麋十三萬金,計自經營於丁未,落成於辛亥八月十八日。

丁未就是 1907 年,辛亥即 1911 年。從籌備到落成,需時四年。原來當時政府只撥出一塊荒地,及撥款三萬元作為開辦費,建築醫院的經費還未有著落,故要發動籌款。當時由何啟出任倡建主席,又邀當年東華醫院的全體總理為倡建總理,另邀旅業和當押業的東主加入,凡二百多人。由他們先行捐資,再向廣大市民募捐,才籌得這筆經費。

政府撥出之地皮,就是現在的窩打老道、廣華街至彌敦道的那塊地皮,不過這塊地皮在當時並不如現時的平坦。實際上,政府撥出的只是一座荒山的山坡而已,故此在建築廣華醫院時,先要開山劈石。

由於院址是一座荒山,故建院的開支,只開闢荒山一項就花去近萬元,醫院的建築費共達十二萬餘元。《廣華醫院創院沿革》載云:

廣華醫院建築地址,原為荒蕪之山地,故建院之初,祇闢山填平之工銀共達八千五百三十二元八角,率以當時物價之低廉,亦可知其工程之浩大。丹堊畫則師築金及佣金兩項，共銀四千七百八十八元三角。全部建築工程費用一十二萬四千七百九十四元四角。傢俬設備費用三千三百二十一元五角七分，連用各項雜費，建院費用共達一十三萬九千三百四十元零一分。

這十三萬九千多元的費用，並不包括當局撥贈的三萬元在內，就是說，建院的全部開支，都是各界捐贈出來的。到了醫院開幕之後，官方的三萬元才移交院方。原來當時捐款興建廣華醫院的人十分多。據當年"捐冊"上的紀錄，捐款一萬元以上的有幾位，還有很多海外華僑及廣東各地的商人捐款。"捐冊"上當任港督盧押是"倡導捐輸者"，他捐了一百元，而當任華民政務司蒲魯賢則捐二百元。

廣華醫院之命名，也和東華醫院的用意一樣，表示這是廣東華人醫院之意，故此當年捐款建院的捐冊，遍發廣東省各地的大市鎮。

廣華醫院建院捐款共一十四萬五千二百三十九元八角，但建院共用去十三萬九千餘元，所餘只幾千元，加上政府移交的三萬元，就只三萬餘元維持第一年的經費。故此該院一開幕，就已呈現經費不足的危機。

政府是知道廣華醫院開幕後即呈現經濟危機的，但她並不是撥款補助，而是恐怕會負累及政府的政費，故此在開幕前，即拋出一條法例，在經費上先行

"劃清界線"。

這是 1911 年三十八號法例。法例表面上是立法承認廣華醫院是一個法人,以及如何管理這間醫院,但其中第三條則詳細訂明 "義務與債務",該條例有如下的條文:

東華醫院對於廣華醫院,有如對於東華醫院本身之同樣權力權限,及負有同樣義務債務。全體總理對廣華醫院,亦如對於東華醫院本身有同樣之權力權限,及負有同樣義務債務。

這項法律條文,規定了廣華醫院是東華醫院的附屬機構,即廣華醫院的經費,亦如東華醫院一樣,由各總理力為籌募,政府每年只撥出所規定的經費,不足之數,廣華醫院總理和東華醫院總理全力籌募。這就奠定了後來東華東院建成之後,全稱 "東華三院" 的基礎。

有此原因,廣華醫院開幕後就要展開大募捐。

天后廟廟產成為廣華醫院經費來源

有一件有趣的事在此應該談談。廣華醫院開幕那天是辛亥年(宣統三年)八月十八日,這是農曆,公曆是 1911 年 10 月 9 日,當天由總督盧押主持開幕禮，第二天即 10 月 10 日武昌起義，辛亥革命爆發，推翻滿清政府。故廣華醫院是和辛亥革命同時誕生，頗有意義。

農曆八月十八日開幕，到了十月初四日，廣華醫院就要擴大募捐。為什麼這樣快就要募捐呢？《廣華醫院創院沿革》寫到：

……支銷浩繁，不旋踵而經費又告支絀。而原始未有廣華醫院之先，本在油麻地設有公立醫局及油麻地痘局，均移交廣華管理，經費亦由廣華負擔。且創院之始，經費來源皆為街坊捐助，捐款不足，則時有捉襟見肘之虞。當年總理未雨綢繆，於是年十月初四日召開會議，即籌商經費來源，其可靠而有預算者，厥為政府年撥八千五百元，東華醫院年撥二千。但尚須再籌萬餘元。若公立局年捐可達五千元，仍須繼續籌措，始克有濟。……

原來當局雖每年撥款八千餘元給廣華醫院，但將公立醫局和痘局都撥給廣華醫院承辦，這等於節省了這兩個機構的開支。廣華醫院要負擔這兩部分的開支，所得的八千五百元撥款，其實是所得無幾，故此經費便不足夠。

當年廣華醫院院廈不像今天的廣大，面積很細，只能收容七十二名病人留醫，但贈醫施藥、施棺收殮，以及在寒天裏派送棉衣，遇天災時救濟難民，實際上是兼負起社會救濟和醫藥等工作。以當年廉宜的物價計算，每年所需經費是二萬元左右。政府撥八千五百元，東華醫院撥二千元，合共一萬零五百元，尚欠一萬餘元。這一萬餘元除當年總理捐助外，仍須廣大市民捐助。是以甫開幕後，就要繼續募捐。

捐款的辦法，除各總理捐助外，還要各總理出力，他們輪流領隊到各區去作沿門勸捐。此外又到各鄉渡上去，向乘客演講勸捐，還有演戲籌款等等。但是，由於九龍居民日益增加，醫院的服務亦日見廣泛，經費也一年一年的需要增加，這樣募捐實在不易應付。

1912年開始，該院倡導一種新穎的籌款辦法，這辦法是由九龍居民選舉該院總理。辛亥革命後，民主思想抬頭，在政治上，要求民選國會議員之風極盛，反映到香港來，於是產生了選舉廣華醫院總理的辦法。

對於選舉權方面，凡屬坊眾，只需每年捐款十元以上，且連續捐款兩年者，即有選舉權。被選權，當然以捐款最多，及熱心院務的人最有資格。設計推行這種選舉制度，也是為了籌募經費。

用選舉總理的方法籌款，行之兩年，果然生效，但是醫院服務範圍又擴大，總是追不上日益增加的開支。到了1914年，歲次甲寅，廣華醫院各總理感到籌款不易，屢次向華民政務司請求增加撥款，但都沒有結果。

1914年第一次世界大戰爆發，香港受歐戰影響，貿易開始衰退，港府為了支持英國作戰，也動用了不少財力和人力，如何還能增撥經費支持廣華醫院呢？而商業蕭條，商人捐款更不容易。經濟衰退，窮苦人家謀生已困難，一旦生病，必然要到慈善醫院去診治，醫院的負擔亦因而增加。面對這種環境，華民政務司怎能一再推辭而不負起責任呢？

當時華民政務司已由夏理德接任，夏理德比他的上一任的蒲魯賢更聰明。他發現榕樹頭天后廟的廟產非常豐厚，認為把天后廟的廟產用來支持廣華醫院的經費是最佳的辦法，因為這樣既不必動用政府的政費，同時又是現成的東西。廟產中有現金，又有舖租和房屋利息，正是俯拾即是。

但是廟產向由公所中的當年值理管理，要利用這筆財產，必須想個辦法。他竟然想出個"三軍未動，輿論先行"的辦法來，他通過若干商人，發動簽名蓋章入稟華民政務司，要求將廟產作行善用途。

夏理德收到"稟紙"之後，就通知天后廟值理，說"坊眾"一致要求，將廟產撥給廣華醫院作經費，著令立即照辦。天后廟的值理和當時廟街坊眾，認為政府一毛不拔，卻打廟產主意，立即表示反對。他們在廟街上，在天后廟的牆上，貼了很多標語，反對將廟產移交。

假如當局不是只慷他人之慨，也增撥一部分經費，坊眾是不會反對的。如今坊眾發現夏理德只會打廟產主意，政府絕不增加撥款，是以群情洶湧。結果，天后廟值理和廟街的街坊代表，要求夏理德到公所來開會，請他聽聽坊眾的意見。夏理德又邀集一群蓋章入稟的商人，一同出席，以支持他的政策。

當時值理黃冠卿發言，謂將廟產移作廣華醫院經費一事，全體值理反對，街坊亦不贊成。夏理德指著帶來的一群商人說，他們全部贊成。黃冠卿力指他們與天后廟全無關係，只是慷他人之慨，雙方爭辯至力。後來，由廟街坊眾天生堂藥材舖的東主馮繪章提出折衷辦法，說廟產的開支是維持社會和公所的費用，還有維修廟宇的費用，暫時存款雖多，但一經修葺廟宇，就不夠用了。不如規定，每年由天后廟撥款一千元資助廣華醫院好不好？但夏理德仍然搖頭，他認為大部分"坊眾"都支持，就得照辦。

夏理德的政策是有法律根據的，因為 1908 年東華醫院曾接收文武廟的廟產，作為該院的經費。如今廣華醫院接收天后廟的廟產作為經費，正是有例可循。故此他堅持下去。

事實上，沒有人不贊成將廟產撥充善款的，當時坊眾的反對，只是反對當局不肯撥款，而打別人的主意而已。結果當然是照辦。

因此，廣華醫院就成了廟街天后廟廟產的實際收益團體，天后廟的廟產大多數在廟街上，這等於廟街的街坊，支持了該院的部分經費。

廣華醫院贈施中藥的由來

　　廣華醫院由於創院之初即感經費不足，故對於贈醫施藥方面，只限於西藥。中醫則只贈醫不施藥，但住院病人，如用中醫者，則例外。這辦法是依照東華醫院當時的辦法而行。查東華醫院初創時門診部亦有贈醫施中藥之例，此例被取消，係由於 1894 年鼠疫發生之後，衛生當局鑑於傳染病之傳播每由於門診時未發覺所致，故不再贈中藥，以鼓勵人們用西醫治病。所以廣華醫院初期並無贈送中藥藥劑之設，到了 1922 年，才設贈送中藥部門。

　　關於該院贈施中藥的過程，實有一段感人的故事。促成這件事的，是一位女子，她的姓名至今仍無法查出。廣華醫院的院史上，只記載是"一位不肯透露姓名和籍貫的婦人"而已。

　　《廣華醫院創院沿革》載云：

　　壬戌（1922）四月，有不允透露姓名里居之婦人到院，捐款五百八十元，要求廣華醫院施贈中藥。蓋廣華是時，其工作任務，悉倣諸東華，留醫病人，中西醫治療，任由病人選擇。至若門診工作，率由公立醫局負起全責。而廣華亦未有施中藥之準備者。院方以此行善婦人建議良佳，廣華之建，乃適應半島僑胞之需求，而在此時期，華人多崇尚中醫，施中藥之舉，當更為適應僑胞之要求。無奈創院以還，經費年有不足，未能措辦及此。婉詞以告，該婦乃領首而去。蓋亦體諒院方之困難也。

四月初十日（即5月6日，星期六）該婦又到院，訪晤當年總理，即席捐款一萬元，充作施中藥基金，並言希望因此而引起善長仁翁之注意，響應捐款。叩其姓名，仍堅不允吐露。當年總理，即日召開會議，討論此事，以該婦行善熱誠，至足感佩，但以一萬元而遽施中藥之舉，恐以後未能籌措善款。……

翌日為星期日，該婦又來，意謂一萬元之數，亦恐不足應支，又捐款三萬，蓋其志在廣華醫院必達施中藥之目的。重陽節日婦人又攜款萬元，捐作施中藥基金，該婦先後捐款五萬零五百八十元，當年總理大為感動。……

這位不允透露姓名的女人，捐了五萬零五百八十元給廣華醫院，要求開辦贈施中藥，醫院總理便不能再推辭了。於是邀請華民政務司夏理德及東華醫院總理到來開會。當時夏理德並不贊成，他首先表示政府不會撥款支持。但廣華各總理認為事在必行，因為人家如此熱誠，而且施贈中藥實際上亦極需要，最後決定擴大捐款，目標是十萬元。

當時估計，有十萬元基金作為生息之用，就可以支持施贈中藥的開支，結果捐款超出這個數目，連同無名女子的五萬餘元，共得十二萬元。院方將這十二萬元，購置十間屋宇作為生息之用，收取每月的租金，支付贈施中藥的開支。據該院的檔案，可以考出當年那十間屋宇所在的街道，原來是在離廣華醫院不遠的新填地街之上，當時那十間樓宇是由 202 號開始，一連十間。樓宇的樓下是舖戶，二樓以上是住宅，所收的租金不少。

現時廣華醫院內，還存有一方石碑，題為《廣華醫院贈施中藥原始記》，這塊碑刻，將當年開辦贈施中藥的經過詳述無遺。原來，1922 年籌款，到 1923 年才正式施贈中藥。又碑刻上稱那位女子為 "隱名女士，自稱有名氏者"，相信是後來問她的姓名，她就用 "有名氏" 相告。

廣華醫院的擴建與廣華街

廣華醫院旁邊的一條街道，名廣華街。這條街道一部分，是由於建築廣華醫院時開山闢地，使附近一帶也成平地，港府在 1915 至 1920 年之間，逐年分批將土地拍賣而形成。因為街道在廣華醫院範圍內，故以 "廣華" 二字命名。但由於港府不斷將廣華街上近醫院的開山地皮出售，又將近彌敦道的開山地皮出售，院方總理感到政府有趨勢把廣華醫院的地段，只限制在僅有的建築物上。須知該院創建之初，院址所佔面積不大，如果只限於現有建築物，將來豈非難以發展？因此當年總理，就要想辦法和政府爭地，以便將來能興建更多的病房。

初期的廣華醫院只能收容七十二人留醫，面積之細可以想見。從前醫院的正門在彌敦道那邊，現在則在窩打老道，窩打老道現時的高層醫院的院址，從前只是空地，這些空地都是建院初期開山得來。院方總理看見政府有地就賣，生怕連這塊廣大的地皮也會有朝一日被拍賣出去，便不能不想辦法加以制止。

終於，總理們想到一個巧妙的辦法，就是借港督一年一度到廣華醫院例行巡視的時候，把該幅地爭入廣華醫院版圖，說起來這是非常有趣的史實，亦足見當年總理的苦心。因為，後來政府果然想爭這幅地，幸虧當年總理妙計安排，才能保存至今。

1920 年 8 月 27 日，當任港督史塔士到廣華醫院例行巡視。當日下午，當年該院總理迎接他到院內各處巡視，在巡視病房時，總理們詢以醫院空氣如何，史塔士表示很好。總理說醫院空氣好的原因，是因為四周有空地之故，史塔士亦認為不錯。總理於是在拍照留念之時，特在這塊大空地之前攝影，使他覺得這塊空地，對廣華醫院裨益甚大，史塔士也因此在“留言簿”上把這意思寫了上去。

“留言簿”本是紀念冊和意見書的混合物，史塔士在上面寫了意見，認為這些空地，對廣華醫院裨益甚大，不宜於興建樓宇，以免影響廣華醫院的空氣流通。總理們就把這些題字，作為港督批准了這些空地不能讓官方拍賣的文件，把這留言簿保存起來。

　　總理們後來去信給地政局，將史塔士的留言作為根據，要求正式登記在案，然後在這幅地四周，築以圍牆，建成花園，以免被侵。但是，有些空地則在圍牆之外，這些地段，也是當時開山得來的，理應也屬廣華醫院所有。故此到了1922年，總理們又向當局要求將這些地段作為擴建病房之用。得到的答覆，則是到需要擴建時再談。由於這樣，院方便感到如不擴建醫院，可能這些空地，會被拍賣，於是籌備擴建。

　　《廣華醫院創院沿革》載云：

　　一九二二年八月廿六日，廣華總理會議，以總督史塔士在一九二零年八月廿七日巡院留詞中，涉及院前空地勿會建設民房，以礙廣華環境之語，已獲政府同意，將該曠地批交廣華為花園，但院之左右，尚有餘地，但並不在廣華之內，集議向政府申請，用以擴建院舍，藉增收容。

　　這一次爭地，到了1923年該院籌得款項真正擴建院舍時，才獲批准。但當時所建的院舍，只屬平房，而且面積不大，對未建院舍的空地，仍然不作為廣華醫院的土地。

　　到了1931年，廣華醫院和東華醫院統一管理，合稱東華三院。那些因創建時開山得來的土地，便屬東華三院管理的土地，以後有所爭議，也由東華三院負責。因此到了 1957 年興建新廣華醫院時，這些土地，就成為政府和三院討價還價的目標，政府要收回這些土地，三院要求政府補償。

現時現代化的廣華醫院，就是在 1957 年籌款，於 1958 年奠基興建的。興建這間多層多翼式的醫院，也經過一番波折然後建成，並不是當局有預先的計劃，為市民服務而自動協助興建的。關於新廣華醫院的興建，應由 1950 年說起，當時九龍人口增加，醫院病床不足。

九龍方面的人口，遠比香港為多，而廣華醫院當時的院址，則又遠比香港方面的東華醫院及東華東院為小，因此無法收容那些貧病交迫的人留醫，曾引起輿論指責。

醫院方面受到輿論壓力，只好想辦法收容病人。辦法是購置大量的帆布床，盡量利用院內的所有地方，凡可以放得下一張帆布床的地方，便放下帆布床，作為病床，收容病人留醫。到了 1953 年，情形更加嚴重，病人越來越多，連安放帆布床的地方都沒有了，怎辦？

三院總理認為根本解決辦法，是擴建廣華醫院，於是向當局建議，要求撥出建院經費，以解決問題。因為向市民提供醫療服務，是政府的責任，而非慈善醫院的責任，政府在醫療服務方面設備不足，才有大量的病人來廣華醫院留醫，增加了廣華醫院的負擔。

但當局仍在推辭。考其原因，是基於當局有一種打算，認為政府可計劃多建幾間醫院，便可解決廣華醫院的擠迫情形。政府是在研究自建公立醫院好呢，還是助廣華醫院建新院好呢？還未決定前，便只好推得一時得一時。

　　到了 1957 年，爆發了一件和一百年前"義祠事件"類似的事，輿論嘩然。當局在這件事出現之後，才決定立即撥款建新廣華醫院。

　　原來，1956 年，廣華醫院的病人已"爆棚"到無法再收容病人，但病人來到醫院，多賴著不走，因為他們來自木屋區，幾經辛苦，才能從崎嶇的木屋山上下來，乘車來到醫院已不容易，現在又要被趕走，自問病已很重，無力返家，故多賴著不走。醫院方面沒有辦法，只好採用"孖舖"辦法來收容病人。

　　所謂"孖舖"，就是兩個病人同睡一張病床。在採用這種辦法之前，醫院方面是迫不得已的，因為曾有幾次入院留醫的病人賴著不走，警察來干涉也不走，院方無可奈何，只好徵求病人同意，願不願孖舖，病人同意，才讓他留醫，不願意就只能離院。由於病人多數是貧苦大眾，他們都寧願孖舖，於是醫院內的百多張病床，就全部都為孖舖病人佔有。

　　病人孖舖的方法是"尖頭對腳"，即兩個病人一個頭在床頭，一個頭在床尾。但是病人有病情轉輕或病情轉重之分，病情轉重而突然去世的亦不少，於是就有生人和死人共臥一床的情形，這樣就和一百年前的"義祠事件"的性質差不多。只因當時輿論界全都了解這不是醫院方面的責任，實際上是政府缺乏公共醫院收容病人造成，是以都著論要求政府在醫療服務上，應多盡一些力量，以及促請政府注意孖舖情形。

政府在輿論壓力下，仍然未做出決定，故到了1957年歲次丁酉，醫院方面的病床，連孖舖也告額滿。三院總理一方面催促政府撥款興建新廣華醫院，一方面在政府未撥款前，先行由各總理捐款，在花園上建兩座簡單的平房，添置百多張病床。這兩座平房式醫院，現已不復存在，但院內仍有一方碑刻，記述當年的情形。由於兩座平房建於丁酉年，故當時稱為"丁酉室"，石碑亦名《丁酉室記》，碑上銘文甚長，其中有幾句云：

……乃不得已，徇病人之請求，商許孖舖，仍未能解決人滿之患。同寅等怵目驚心，早謀對策，明知廣華重建，成為官民一致所要求，惟事件重大，籌措需時，似難一蹴而就。爰針對事實需要，用特捐資，在花園曠地，興建單層臨時病房兩座，估計容納病床百餘張。……

這篇《丁酉室記》提到重建廣華醫院時，用"籌措需時"四字帶過。這四個字背後蘊藏著一種含義，就是假如政府視公共醫療服務是其責任，立即撥款，就不用"籌措",也不"需時"。其之所以"籌措需時",就是當局在對公共醫療服務上,仍在逃避責任,對興建新廣華醫院,一再用討價還價的辦法處理,因此就浪費了很多時間,令到病人要忍受孖舖之苦。

至於政府對興建新廣華醫院的討價還價態度,可見於《香港東華三院發展史》的記載。其中一段記云:

一九五七年七月間,董事局向顧問委員會提出推進重建廣華醫院計劃之建議,原定該工程需建築費二千萬元,設備費五百萬元,撥請政府津貼全部設備費五百萬元,及建築費之半數(即一千萬元);同時,又由政府貸款一千萬元。附帶有本院歸還辦法如下:甲,以歸還政府之地段四萬餘呎所得之補償費償還;乙,推進發展本院嘗產,增加租項收入,預算可於二十年還清該項貸款。而來港警務處、工務局等對於此重建廣華新院計劃均表示同意,惟對於貸款方式,則認為不合。至於歸還政府地段,因該地段原為政府撥給,所以此次歸還,不能獲得補償。

政府既不肯貸款,又要無償收回地段,即等於漠視公共醫療服務。可見新廣華醫院的興建遲遲才實現的責任,不在三院總理。

到了 1957 年 9 月,單層病房的"丁酉室"又有人滿之患,再度出現孖舖情形,輿論對政府在興建新廣華醫院的討價還價態度,甚表不滿。三院總理亦不斷向華民政務司反映這種孖舖醫病的不妥當，並不斷提出可行的辦法。這樣經過幾個月的討價，才達成協議。

政府在 1958 年初才和三院總理達成協議的。在此之前，政府已不允貸款一千萬元給三院，後來三院總理又要求政府負責新廣華醫院的建設費五分之四，三院總理籌款五分之一。由於 1957 年初的預算是二千五百萬元，到了 1957 年底通貨膨脹影響物價，全部費用已達三千萬元，三院總理負責五分之一，也要籌款六百萬元，這筆數目鉅大。三院是慈善機關，並非商業團體，能慨然答應，已極難得，但政府仍要討價還價。結果以四比一的辦法，達成協議，即政府負責四分之三的經費，三院籌四分之一的經費。《香港東華三院發展史》記云：

一九五八年（戊戌）七月十四日下午五時，主席張鎮漢及全體總理，恭請香港總督柏立基爵士主持新廣華醫院奠基典禮，積極推行第一期工程。至工程及設備費用，亦蒙政府允予裏助，為四與一之比，即由當年總理籌募百分之二十，直至全部完成為止。其餘百分八十，則賴政府補助。

三院總理怎樣籌這四分一的經費呢？由於工程是分期進行的，故籌款的辦法，自然落在當年總理身上，規定每年的當年總理，必須籌募一個龐大的數目，以便支付這筆費用。當年總理傾全力去籌款。

值得一談的是當年籌款的辦法，是由一群社會名流的太太和千金小姐們組成的"閨秀劇團"，在利舞台演出《再生緣》粵劇籌款。這是香港粵劇史上一件盛事。以後每年"閨秀劇團"都參加義演籌款，為廣華醫院的興建而盡力。

　　新廣華醫院的工程共分五期進行。第一期是先建大樓中座及東翼十二層大廈，包括現時的門診部；第二期建護士宿舍及護士學校；第三期建北翼十二層大廈；第四期建醫生宿舍、中醫門診部；第五期才建西翼及職工宿舍。

　　全部工程完成於 1961 年，歷時四十二個月，差不多四年的時間。政府所負責的四分一的經費，不久就從拍賣收回的四萬餘呎的土地中得回，因為這些土地大部分是面向彌敦道的地段，地價非常之高，很容易就收回付出的款項。

　　廣華街亦在廣華醫院的重建後，近年來也重建了很多新型高層大廈，把戰前的舊式四層樓宇拆去，重新興建現代化的商住兩用樓宇。

　　但廟街的變化與廣華街的變化不同。廟街因榕樹頭收回，闢作公園，使廟南街和廟北街不能直通；中間又建了一座兒童遊樂場，和開了一條路通到停車場去，使這一段廟街的面貌完全改變。從前的廣智戲院已經不復存在，也和廣華醫院一樣，以新的面貌出現。

新蒲崗與佛堂門

新蒲崗原名蒲崗村

　　新蒲崗在九龍啟德機場北，佛堂門在藍塘海峽東北，兩地相去甚遠，本來風馬牛不相及。但研究兩地區的歷史，卻有不可分割的關係。

　　新蒲崗在界限街之北，故此在 1898 年之前，尚未劃入香港版圖之內，這地方從前是一條古村，村名蒲崗村，在宋朝時候，已經開村成族。該村以林姓為大族，聚居的鄉人，全部是林姓。他們在宋朝時，從福建來廣東，就在新蒲崗開村定居。

　　佛堂門有南北佛堂，北佛堂即田下山半島的尖端處，南佛堂即東龍島。由於東龍島與田下山半島構成一海峽，田下山半島既稱北佛堂，東龍島稱南佛堂，這個海峽，就稱佛堂門。在 1898 年之前，這一帶仍未劃入香港版圖。

　　至於佛堂門和新蒲崗，又何以拉上關係呢？原來，佛堂門之稱為"佛堂"，是因為北佛堂即田下山半島尖端外的海灣上，建有一座天后廟，天后廟是佛堂的形制，是以稱為佛堂山，因在北面，故名北佛堂。北佛堂的天后廟，是由福建人所倡建的，其中以蒲崗村的林族人出力最多，而且歷代都由他們負責重修及管廟，故此兩地距離雖遠，卻也有密切的關係。新蒲崗的新字，是港府在開發該區為工業區時加上去的，從前該處只稱蒲崗村，而"蒲"字則用莆田的"莆"，"崗"字是用"岡"字，名莆岡村。

《新安縣志》載有蒲崗村的村名，與竹園村、彭蒲圍等村同列。竹園村就是現在的竹園，又稱黃大仙區，彭蒲圍的位置在今大磡村的位置上，這些鄉村，都屬古鄉村，都是福建人來此開村聚居的。

據本港林族所存的《林氏族譜》所載，可以找出來這裏開村的始祖。始遷祖名叫林長勝，是福建莆田人，林長勝字昌宗，於宋初即舉家乘船來到九龍灣附近，先在新蒲圍落籍。林長勝生兩子名林雲遠、林雲高。林雲遠又生兩子，名叫松堅、柏堅。他們為什麼會來到這裏居住呢？因為宋朝九龍灣一帶，是個鹽場，名官富場。宋代的鹽稅，是國家徵收，凡鹽場都派有鹽官監督生產。當時官富場的鹽官，是福建人，福建人多以航海為業，這裏的鹽場出產的鹽，需要運往各地出售，故此便引來很多鄉里，到官富場來運鹽。林長勝是當時運鹽船隊的一位領袖，為了便於指揮，是以舉家前來定居。

蒲崗村林氏建南佛堂

當時在新蒲崗附近居住的福建人，不限於林長勝一族，有姓何的，有姓辛的，亦有姓鄭的，只因這幾姓的鄉人，沒有保存遠代的族譜，故難考證，但林族的族譜保存得十分完整，可以考證出佛堂門上的天后廟是由他們所建造的。根據他們的族譜記載在佛堂門上建天后廟的經過，頗為有趣。

當時林長勝的兩個孫兒林松堅和林柏堅，仍然負責運鹽船隊的工作，在官富場產鹽區上把鹽運上船，就運往各地去。有一次松堅和柏堅運鹽出海，突然遇著颱風，他們的船被風浪打沉，兩兄弟被拋下大海，幸得及時抓著一塊木板，隨著浪漂流了一日一夜，已昏迷過去。

及到他們醒來的時候，才知身在沙灘之上，兩兄弟是被風浪吹上一個小島的海灘，二人相距不遠，大家醒來，恍如隔世。後來大家看到海灘上有一塊木板，正是他們所抱住的東西，而這塊木板，竟是船上安奉天后神位的東西，他們認為，這是天后保佑他們平安的結果。

後來有船經過，救起二人駛回蒲崗村，他們向船員詢問該島是什麼島，方知正是現在的東龍島。他的父親林雲遠，本以為兩個兒子已經死了，如今竟能重逢，亦視為天后保佑之故。

考天后這一位神祇的來歷，據光緒二十四年（1898）刊行的《天后志》所載，天后為福建莆田人林願的第六女，林願是官宦人家，住於湄洲嶼。他的鄰居，全部是漁民，這位女孩子常常和漁民在一起玩樂。據說這位林家六小姐懂得看天色定風雨，常常勸告漁民，某時某日不可到某處捕魚，否則遇風。漁民們初時不信，後來果然應驗，因此視之為神姑，每次出海，都請教她，無疑成了漁民的顧問。

這位 "神姑" 未出嫁就病死了，當地的漁民懷念她，又認為她生前能保佑他們出海平安，死後一定也能保佑他們，因此便立廟拜祀。這是天后這神的來歷。其後元、明、清歷代的皇帝，都對她給予封誥，天后最初封為王妃，其後封為天后。福建人最信這位海神，稱為娘媽，故此有些天后廟，又稱娘媽廟，例如澳門的媽祖閣和馬灣的娘媽廟就是。

福建自古以來都有很多人從事航海和漁業，在航海技術未發達前，因天有不測之風雲，故生求天保佑之心，福建既有一位天后能保佑海陸平安，是以所有漁船及貨船，都安奉天后。林松堅和林柏堅的鹽船亦有這位天后的神位，他們在沉船時抱著的木板正是神位的木板，故認為天后有靈，救了兄弟性命。

這間天后廟名南佛堂，至今已經塌毀，塌毀之後沒有重建，原因是東龍島田下山半島的海灣，已建了另一座天后廟。至於南佛堂島的天后廟塌毀後不再重建的另一原因，是因東龍島後來劃為軍事地區，上面建有炮台，有防軍駐守。軍事地區是閑人免進的，故此不再建天后廟。本港考古學會，在東龍島上發現炮台遺址，掘出了炮台的台基和一些屋宇的牆基，證明此說不誤。

《新安縣志》對南佛堂建炮台及列為軍事地區，均有記載，如〈海防略〉云："南頭一寨，原轄汛地六處：曰佛堂門、曰龍船灣、曰大澳、曰洛格、曰浪淘灣、曰浪白。"所謂汛地，就是汛兵駐守的地方，佛堂門是汛地之一。但這一段記載，並未指出是南佛堂的東龍島，還是北佛堂的田下山半島，因此要參考另一記載。

在《新安縣志·山水略》內有一段載云："其南佛堂之山，乃孤島也。康熙年間，設炮台一座，以禦海氛。嘉慶庚午，知縣李維榆，詳請移建此台於九龍寨海旁。"這就說明了駐兵的地方是南佛堂的東龍島了。

南佛堂在明朝時已開始駐兵，後來成為一處抗清的基地，在明末清兵南下時，香港附近有很多志士在此抵抗清兵。後來這些志士和台灣的鄭成功互相呼應，清朝為保護內地，並切斷鄭成功與沿海各地游擊隊的聯絡，實行"遷海政策"，將沿海地區的鄉村列入"遷海"界內，強迫村人移居內地，將沿海鄉村全部燒光，然後在沿海建立炮台和煙墩，派大兵駐守。各處守兵如發現鄭成功的船隻出現，即在煙墩上發出煙霧作為訊號，各炮台即準備作戰。《新安縣志》說康熙年間在南佛堂島上建炮台，就是遷海計劃之一。這炮台到了嘉慶庚午，即 1810 年才廢置，另在九龍城砦建炮台。

　　香港考古學會在東龍島發現炮台遺址，又發掘出汛兵的營房牆基，足以證明《新安縣志》所記不錯。至於明末清初南佛堂被用作抗清基地，也有實物證明。

　　1956 年 11 月 8 日，法國公司因承接啟德機場填海工程，除了自九龍仔等地採取山泥填海外，並派挖泥船到佛堂門海面挖取海泥填海。當日一艘挖泥船在佛堂門海灣內，撈起了一門沉在海底已久的大炮，該大炮長五呎六吋，口徑約二吋半，重五百斤。這門古炮用鐵鑄成，作黑漆色，炮面全是鐵鏽。這門古炮運返香港，經考古學家處理後，發現炮身上鑄有銘文七行，全文云：

　　督理惠海督府

　　掛定海將軍蔡

　　欽命總督兩廣部院杜造

　　廣東總鎮宮保府范

　　督造參將蕭利仁

　　管局都司何興祥

　　永曆四年六月□日、重五百萬

永曆四年即清順治七年，公元 1650 年。當時南明桂王任命杜永和為兩廣總督，炮上的"欽命總督兩廣部院杜"就是杜永和。這門古炮在佛堂門海底被撈起，說明這一帶曾是南明反清的基地，想是在大戰之後，南明大敗，大炮被清兵拋到海底去，才能保存下來。這炮是香港現存年代最古的一尊鐵炮，它是證明本港若干地區曾抗清兵的實物。

北佛堂之興建

至於北佛堂的天后廟，又是怎樣建成的呢？據《林氏族譜》記載：謂當時林松堅、林柏堅兩兄弟，遇颶風而不死，先在南佛堂山，建了一座天后廟。後來，松堅的兒子道義，因繼承父業，運鹽到內地去而發了達，覺得當日他父親慶獲生還的地方雖在東龍島，但東龍島對面的田下山半島，與該島構成一度海門（即海峽），這海峽是附近船隻必經之地，南面有天后廟，北面也應有天后廟，因此就出資建一天后廟在田下山半島海灣上，與東龍島的天后廟，遙遙相對。於是，這座天后廟，就稱北佛堂。

1955 年，中國工程師學會會員余謙，字石齋，台山人，因承接了重修北佛堂天后廟的工程，到田下山半島去親自監督，暇時在廟後的山上遊覽，無意中發現山上有一塊大石，上面刻有文字，立即拿了石灰桶登山，將石塊上的文字掃刷，使現出字體來，方知是一塊宋代的碑刻，字體端正，拿出傳播。碑刻文字如下：

古汴嚴益彰，官是場，同三山何天覺來遊西山。考南堂石塔，建於大中祥符五年。次，三山鄭廣清，堞石刊木，一新兩堂。續，永嘉滕了覺繼之。北堂古碑，及泉人辛道朴鼎刱於戊甲，莫考年號。今三山念法明，土人林道義繼之，道義又能宏其規，求再立石以紀。咸淳甲戌六月十五日書。

這塊宋代碑刻，至今仍在天后廟後山上，政府為保護這歷史文物，在碑石外，圍以鐵網，街坊們有機會到該處旅行，仍可欣賞。

碑刻上的文字，說明咸淳甲戌（1274），官富場的鹽官是嚴益彰，他立石在山上的原因，是因為"道義又能宏其規"，即是將這間天后廟擴大改建。因此可與《林氏族譜》互相印證。

碑刻上把林道義稱為"土人"，可見當時從福建莆田來居的林族，已在新蒲崗落籍，建成了蒲崗村。但碑刻有"泉人辛道朴鼎刱於戊甲"之句，可見北佛堂的天后廟，最初由泉州人辛道朴所建的。戊申是公元1248年，即宋淳佑八年，距擴建的年份約為廿六年。

碑刻又有"考南堂石塔，建於大中祥符五年"的字樣，大中祥符五年，為公元1012年。可見早在東龍島未建天后廟之前，島上已有石塔。故碑刻先記石塔，然後以"次"、"續"及"今"三個次序，記述當時西堂的情形。

《林氏族譜》說林松堅、林柏堅在東龍島建天后廟，又說林道義建田下山半島的北堂天后廟，但考證這碑刻，似乎又不符事實。因為在林道義擴建北堂天后廟之前，已有兩人修葺這兩間廟，所謂"次，三山鄭廣清，堞石刊木，一新兩堂"。"滕了覺繼之"而修兩廟。

照筆者推測，當時東龍島已建有石塔，石塔是一種航海標誌和神佛標誌的混合物。由於東龍島和田下山半島形成一道海門，航運狹窄，很易發生意外，因此官府建一標誌在島上，使船隻遠遠望見而知所警惕。古時沒有燈塔，但石塔也具燈塔的作用，同時自佛教傳入中國後，也將這類建築物傳入中國。塔又稱浮圖，為靈神所居之地，故很多險要的地方，都建塔於其上。東龍島的石塔，便是在此種情形中建成。蒲崗村的林松堅、林柏堅遇風飄流到島上時，石塔已經存在，他們建廟在島上。大抵當時與林松堅、林柏堅遇救生還的還有一位辛道朴，他在北面的田下山半島建一天后廟，以別於林氏的天后廟。辛道朴是泉州人，泉州也是福建的一個古商港。他和松堅、柏堅是同鄉，也是運鹽到各地去出售的商人，彼此遇救，一在南建廟一在北建廟，同時祀奉他們的鄉親神仙天后，是合理的推測。

依這假設，筆者認為林松堅、林柏堅遇風的時代，是在公元 1248 年（戊申），初時這兩間廟規模很細，後來經"三山鄭廣清"修葺，三山是福州的古稱，鄭也是福建人，鄭廣清修葺後。不數年又由"永嘉滕了覺繼之"。永嘉是溫州的古稱，溫州和福建接近，是浙江一商港，當時官富場的鹽商也有溫州人。

由於福州的鄭廣清、泉州的辛道樸、溫州的滕了覺都沒有在香港地區馬村成族，只有林松堅的一族人建村於新蒲崗。故此後來林道義發了達，便斥資擴建北佛堂的天后廟，請當時的主管官到來開光。嚴益彰是當時的鹽官，他為這擴建的天后廟行開幕禮後，勒石紀念。

現時港人稱北佛堂的天后廟為"大廟"，每年天后神誕那天，很多船隻都駛到佛堂門去進香，油蔴地小輪公司更曾派出專船直航佛堂門，成為本港眾多天后廟中香火最盛的一間，故稱之為"大廟"。另一原因是這間廟是最古的廟，它建於宋代，為各廟年紀最大的一所。

抗戰前北堂天后廟並非香火最盛的一所，戰前也不稱之為"大廟"。戰前港人稱南頭赤灣的天后廟為大廟，每逢誕期，港人多到赤灣去上香，當時的三角碼頭一帶，彩旗飄揚，幾乎所有的漁船都是到赤灣天后廟上香的進香船，另有很多船隻載客到赤灣去。北堂的天后廟反而較少人到，故不稱它為大廟。

寶安縣的赤灣天后廟建於明朝永樂年間，《新安縣志》載：

> 赤灣地濱大海，永樂八年（1410），欽差中貴張源使還
> 罪，始立廟。又行人某，使外國還，捐金，令父老吳松山
> 等，買田供祀。前後朝紳奉使，每出經錢佐之。

足見該廟是明清時使臣必拜之廟。

　　赤灣的天后廟是官船必祭的廟，所以它的建廟年代雖不及北堂天后廟的久遠，卻被視為大廟。明清兩代的使臣赴南洋各國，以及南洋各國來華的船隊，經過赤灣，亦到廟上香，這就增加了它的聲價。

　　至於北佛堂天后廟取代赤灣天后廟而名大廟的原因，是中華人民共和國成立後，破除迷信，並不鼓勵港人到赤灣去進香，因此信奉天后的善男信女就改到北佛堂天后廟去，把它稱為大廟。

港英政府接管天后廟

　　北佛堂天后廟是由蒲崗村林族人重建的天后廟，是以歷代都由林族管廟。最後一位林族管廟司理，名叫林奇山。

　　原來，本港的廟宇從前是由街坊或鄉村管理的，有些廟由街坊每年選舉值理接管，例如文武廟和廟街的天后廟，佛堂門的天后廟則屬於鄉村管廟的。港府發現這許多廟宇都有很多廟宇財產和香火收益，認為可以利用這些廟宇作慈善用途，便於1928年通過《華

人廟宇條例》，著手接管所有華人廟宇，成立管理華人廟宇委員會，轄於華民政務司之下，管理各廟。

當時的華民政務司名那魯麟，根據通過的條例，要將佛堂門的天后廟接管。他查知天后廟是蒲崗村人林族的廟宇，便和蒲崗村林族交涉，與管廟司理林奇山幾經談判，才訂立一些條件，始允許政府接管該廟。

當時林奇山提出要求，首先是政府要修建該廟，使廟宇保持完整，其次是這間廟是屬於蒲崗村林族共有的，每年廟宇香火收入不少，這些收入是族人的福利，政府不能連族中福利也埋沒。結果當任華民政務司同意，並用信件的形式給當時管廟司理林奇山作為證據。

當時華民政務司的信，現仍保存於林氏族長的手中，該信的中文本全文如下：

啟者，按照一九二八年《華人廟宇則例》第七款第二節，本司茲請閣下，將坑口第二百四十約第九十一號地段之天后廟，轉讓與華民政務司。該廟現時閣下為司理人。華人廟宇值理決意於得該廟後，即將其修葺；華人廟宇值理經已答允。每年由該廟入息，首先提出五十圓，給予蒲崗村林氏家族。此致林奇山先生。華民政務司那魯麟啟。一九二八年十月四日。

這封信足以印證蒲崗村林族和佛堂門天后廟的關

係，拿信與廟後的摩崖石刻中的"土人林道義繼之，道義又能宏其規"等句結合，足以證明兩點：第一，蒲崗村在宋朝咸淳年間已經存在；第二，證明該廟自宋代到 1928 年 10 月 4 日前，仍由林族人管廟。從當時華民政務司當應每年從廟中香火收入，撥出五十元給予林氏家族這一點看，便知當時華人廟宇委員們完全承認該廟是林族的物業。

坑口的發展歷史

華民政務司於 1928 年接管佛堂門天后廟時，給林奇山的信中，提及這座天后廟屬"坑口第二百四十約第九十一號地段"。可以說明在 1928 年時，該處一帶地段都以坑口為中心。坑口是一條古老的漁村。

考本港的行政區域劃分，初期未如今日的精細。當 1898 年新界及離島劃入本港版圖時，對新界及離島的行政區劃分法，仍以主要鄉鎮為行政中心，如新界之荃灣、青山、元朗、大埔、粉嶺、上水、沙田等。至於偏僻地區，亦用主要鄉村為劃分。佛堂門天后廟在極偏僻的田下山的海邊，田下山並無鄉村，再向內陸伸展，左為將軍澳，右為清水灣附近的坑口，該處只有坑口是一條具規模的村落，因此就用坑口為中心，劃分該處的土地。天后廟亦劃入坑口範圍內，故有"坑口第二百四十約第九十一號地段"的字句。

坑口從前是一條漁村，後來發展成小墟市。由於漁民聚居該處加上漁船灣泊該處之故，附近幾條小鄉村的蔬菜和糧食，便挑到坑口來出售。墟市就這樣形成。不過現在的坑口，和以前的坑口有很大的轉變，其中最突出的轉變，是交通方便了許多。

由於佛堂門天后廟屬坑口所轄，藉此機會，談談坑口的近況，勝於另寫一章討論。在二十世紀五十年代，坑口因交通不方便，故此仍保持一樸素漁村的規模。但因漁民人口增加，漁民們的謀生工具漁船日久破爛，窮苦的漁民很多不能裝新漁船繼續出海捕魚，便在坑口將破漁船架以木樁，作住家艇居住，他們便上岸謀生。

因為當時坑口有很多住家艇雲集於海邊一帶，居住環境極為惡劣，但該處有一大群漁民可以出賣勞力，於是商人看中坑口，認為是一處拆船最佳的地方，因為該處有海灣，可將爛船拖到該處，因此便在坑口設立拆船廠。

六十年代，香港是東南亞拆船中心，世界各國的廢船，都賣到香港來拆作廢鐵，再轉運往各國出售。這是由於當時工資平，勞動量大，漁民們對船隻的構造早有認識，只需由熟練的工人指點一些竅門，就很容易上手，故此坑口和附近的將軍澳，變成了拆爛船的基地。

坑口的拆船工業，之後又跨進了一步，因為香港的建築業興旺，建築材料需要大量幼鐵枝和鋼筋，其中一家拆船廠附設鋼筋廠，將拆下來的爛船廢鐵，立即投入熔爐中，生產鋼筋和鐵枝，運入市區供各建築公司建築樓宇。這一來，坑口的居民已不能滿足拆船業的需要，便要從各處招請拆船工人。

坑口因拆船業的興旺，連村內的商業也興旺起來。村中的飯店和茶樓，為了滿足工人吃午飯和吃早餐，越開越多，一條小小的村落，竟有七、八家飯店和茶樓，每天早上和午間，經常擠滿拆船工人。

村邊海濱的住家艇，曾因失火之故，之後建成一條漁民村在山邊，原來住家艇所在的海岸，業已填平成平地，上建一座漁民學校，及一座球場。至於交通方面，比以前暢通許多，如有街渡到調景嶺去，有小船到將軍澳去，亦有巴士直到鑽石山的地下鐵車站。

拆船廠因附設鋼鐵廠，將拆下來的廢鐵料立即投入熔爐中，軋成供建築用的各種鋼筋及鐵枝，因此需用很多運輸工人。每天早上有很多工人乘地下鐵到鑽石山站，再轉乘直到坑口的巴士到坑口上班，坑口亦熱鬧起來了。

七十年代的坑口，成為漁鋼混合小市鎮，因此警方也在坑口村外的公路側，建了一座小型的警署，經常派有警員在坑口維持治安。[5]

5　編者註：1989 年，政府將坑口重新規劃發展，將該處海濱填海，建成了不少住宅及社區設置，現屬於將軍澳新市鎮的一部分。

佛堂門附近的古蹟

由於佛堂門的天后廟屬坑口地段，平時又沒有小輪到佛堂門天后廟去，因此平時要到佛堂門遊天后廟的，亦要從坑口請船到該處去遊覽。坑口的機動小艇可載六、七個人，小組旅行者多採這條路線，因為交通方便，船費不算太貴，每人花費少許便可暢遊一天。

近年旅行風氣極盛，很多遠足旅行隊都有安排到佛堂門天后廟作遠足旅行，街坊們如想參加，可以留意旅行消息。通常在秋冬宜於遠足旅行的季節，都有旅行隊行這條線的。行程通常是乘旅遊車或巴士到達大坳門，下車後即沿山路而下，上高落低三次，即可抵達田下山，從田下山下去，就是佛堂門天后廟。沿途可欣賞清水灣景色，並可欣賞嚴益彰的宋代摩崖石刻，還可以考察該處很多古蹟。

其中有兩古蹟可以考察，第一是佛堂門的砧板石，這塊石不在天后廟前，而在天后廟左邊的另一個海灣上，由於這塊有砧板石，所以從前佛堂門又稱鐵砧門。第二是東龍島的"藍塘"。

《新安縣志‧山水略》載："佛堂門在鯉魚門之東南，又曰鐵砧門，旁有巨石，長二丈許，形如鐵砧。潮汐急湍，巨浪滔天，風不順，商舶不敢行。"這段記載，說明了一件事，就是在未建天后廟之前，該處沒有"佛堂"，是以不叫佛堂門，但因該處有一塊鐵砧石，故稱鐵砧門。很多人到佛堂門去找不到砧板石，因為相信佛堂門即鐵砧門，以為鐵砧石亦在現時的天后廟的海灣上。其實該石在另一海灣，這海灣稱砧板灣，地圖上仍有砧板灣之名。由此可見，地名的變遷，每受建築物而變易，位置亦會因而轉移，並不是一成不變的。

另一可考察的古蹟，是天后廟對面的東龍島，這個島即南佛堂，現正由考古家在該處發掘炮台及汛兵營房遺址，據說將來修葺炮台，將闢作郊遊地區。東龍島上，有一個小山崗，地名叫"藍塘"，這山崗上面有石塔。此"藍塘"就是嚴益彰摩崖石刻上所記的"考南堂石塔，建於大中祥符五年"的"南堂"了。據工務司地政測量處編印的《香港街道地區（下冊）》的地圖，東龍島上有"藍塘屋"及"藍塘"的地名，它不叫南堂而叫藍塘，顯然有所取，不是譯文字異。照筆者所知，工務司地政測量處在編製香港郊外地圖時，曾與旅行界深入各處鄉村山頭野嶺，訪問村民，對一地一村的名字都經實地考察才訂定，故很多是譯音的。相信南堂名為藍塘，是古已有之，在未建南佛堂前，該處或原稱藍塘，及建天后廟後，才改稱南堂。這種不同的稱謂，與佛堂門古稱鐵砧門一樣，是有了天后廟之後才改稱。

遠足旅行到佛堂門天后廟不是容易的事，因為回程的時候，仍須爬上崎嶇的山路，回到大坳門才有公路乘車返市區，故自問具有行山經驗，且有速走幾小時的氣力才能去。很多人一口氣可以走下田下山半島，但到回程時便感困難。因此之故，有些旅行隊採用水陸聯運的辦法，即預約船隻在大廟灣口等候，乘船回來。

新蒲崗的變化

佛堂門的過去和現在已談過，應該談談新蒲崗的變化。上文說過新蒲崗從前是一條村鄉，叫蒲崗村，是福建莆田人林族開發的，自宋代迄今，已有近千年的歷史。現在到新蒲崗去，已看不出古時古村的半點面貌了。

但如果有計劃去探索，是不難找出一點痕跡的。目前新蒲崗的彩虹道路邊，不是有一條大水渠麼？這是一條很闊的明渠，渠的兩邊築有堤牆，以防路人失足跌下去，這一條水渠是古代鄉村唯一留下來的痕跡。[6]

中國鄉村的結構，多是依山而建村，凡鄉村必有水源，村前必有耕地，耕地需要水源，村民也需要食水，是以凡鄉村附近必定有小河或溪澗。這一條現在

6　編者註：即啟德明渠。啟德明渠在 2018 年完成復修工程，現名啟德河。

叫大水渠的東西，從前是一條溪澗，是附近鄉村用以灌溉耕地的水源。

這條溪澗從獅子山上流下來，流經啟德機場出海。因此現在站在這水渠旁邊，望向水渠下面，仍然可以想像得到，從前這條深澗兩邊，是稻田和菜田。溪澗兩旁，應有很多引流的小溪小涌，將澗水引到農田上。

目前在這水渠兩邊，除新蒲崗之外，有東頭村、竹園、九龍城，這些地名，從前都是鄉村，說明這些鄉村，都是依這一條澗水來建村的。新蒲崗的林族和竹園村的林族，都是因有這條可供灌溉的溪澗而在該處建村的。

當 1920 年興建啟德機場時，蒲崗村、竹園村、東頭村等鄉村，仍然保持原有的規模。當時水坑兩旁邊的地方，有魚塘、果園，也有農地，不過稻田已經很少了，因為香港的白米多由外洋運來，價錢較平，而香港因人口日增，需要雞、鴨、豬肉和蔬菜等副食品亦漸多。這些鄉村的農田，已改種蔬菜及蒔花。直到太平洋戰爭爆發時，這些鄉村仍保持古老的面貌。

戰後初期，蒲崗村仍然存在。到了五十年代，港府當時的城市設計原則，是由徙置政策和工業用地互相配合而設計，就是說，在設計徙置區時，同時在附近建設工業區，以便徙置區的居民，能在附近找到職業。當時政府設計在東頭村和竹園村興建徙置區，因此在這兩大徙置區之間，要建一工業區，便將新蒲崗開發成一個工業區。

這種設計，對工業家來說，是提供大量的勞力，以便發展工業；在貧民來說，是提供就業機會。這種城市設計模式，本來是無可厚非的，但到了1970年，已被批評為落後的設計。因為那時很多新的觀念普遍活躍，例如空氣污染、居住環境過於擠迫易生罪案等等，用這些新尺度去衡量，便覺得東頭村的舊式七層徙置大廈不好，新蒲崗的工業區亦不完善。

新蒲崗在五十年代時開始配合東頭村的發展計劃而闢作工業區，這期間，啟德機場一面擴建。新蒲崗原屬蒲崗村的土地，已整理而成工業用地，最先建成工廠大廈的是大有街一帶。按照初期的計劃，是準備將整個地區建成一新工業區，但後來發現這樣的設計太古老，因為現代的觀念，人的生活不是工作和居住這麼簡單。做工和睡覺的場所雖然重要，但一天廿四小時，除了八小時工作、八小時睡眠外，剩下的時間，如果不能好好地利用，就會產生很多複雜的社會糾紛。因此後來修改初期的藍圖，在新蒲崗工業區內，留下很多空地，作為興建學校、遊樂場之用，並且在東頭村、竹園村、黃大仙這些屋村附近，建成摩士公園，使這一區的居民，有地方從事康樂活動。

現時新蒲崗雖然有很多工業大廈，有不少大中細廠在該區生產各種工業製品，但不能說是本港最大的工業區，原因就是區內增設了很多學校和遊樂場。啟德遊樂場也在該區內，它是本港兩大遊樂場之一，另一是荔園遊樂場。[7]

　　1967 年的暴動事件，也是在新蒲崗挑起的，當時大有街一間工廠發生工潮，勞資雙方沒有沉靜地解決這次工潮，於是引起那一次令人難忘的事件。談街坊志，不能不順帶談談，讓街坊們能溫故知新。

7　編者註：新蒲崗工業區在歷年的發展下，現時已慢慢變成九龍東的一商貿區。啟德遊樂場及荔園遊樂場分別在 1982 及 1997 年關閉結業。

九龍城與龍津路

龍津路與龍津石橋

工務司署出版的《香港街道與地區》一書，沒有龍津路這條街道的，因為這條街，是九龍城砦[8]裏面的一條街道。九龍城砦的地位特殊，故此在編印該書時並無將該路編入。同時該書將九龍城和九龍城砦兩地區劃開，在九龍城砦外的一帶，稱九龍城，該地區包括衙前圍道及啟德機場的一部分，該部分街道井然，而九龍城砦只劃出一區域，並無街道註明。

查九龍城砦從前就只有一條龍津路，這條路由城砦內通出城門口，城門口有一座石橋，直通到海邊，這石橋叫龍津石橋。名之為橋，其實是一座石埗頭，是便利船隻停泊，讓人們經過這埗頭而入城去的。由於它連接城內的龍津路，故稱“龍津石橋”，從龍津路直達城砦的衙門，因此龍津路又稱聚龍通津。

現在，不只九龍城砦的城牆和城門不復存在，連龍津石橋也不留半點痕跡了，只餘城砦裏邊的一條龍津路，還保留到戰後。至於石橋和城牆是怎樣被拆

8　編者註：九龍城砦原名應為“九龍寨城”，舊時城門上亦刻有“九龍寨城”四個大字。但隨時間演變，不少人俗稱其為“九龍城寨”或“九龍城砦”。

的呢？

　　在未說拆橋拆城的原因之前，先談談龍津石橋的歷史，然後再談九龍城砦的歷史。現在先談龍津石橋。從前龍津石橋頭，有一塊石碑，這石碑的碑文，是由廣東才子何淡如所作的，何淡如是清朝咸同年間的一位著名的文人，他擅寫怪聯，有很多民間傳說，都附會到他的身上。

　　何淡如所寫的這塊龍津石橋碑，全文如下：

　　新安地瀕遐海，九龍山翠，屏崎南隅。環山居者，數十萬家。自香港埠開，肩相摩、踵相接，估船番舶，甲省東南。九龍趁集白夥；鹽人操舟，漁利橫流，而渡無虛期。地沮洳阻深，每落潮，篙師無所挺。同治歲癸酉，眾釀金易渡而渠。計長六十丈，廣六尺，為礅二十有一。糜金錢若干。光緒乙亥橋峻。夫除道成渠，古王遺軌，然工程坌集，往往道潰於成。謀夫孔多，職此之咎。今都人士，一乃心力，以告厥成功。使舊時澱淬之區，成今日津梁之便。垂之綿遠，與世無窮。此豈關地之靈歟？抑亦由人傑也。銘曰：叱黿橫漢，駕鵲凌宵。在天成象，在地成橋。杖擲虹飛，受書溪曲。抑桂攀丹，垂楊撲綠。斬蛟何處，騎虎誰人。高車駟馬，於彼前津。石昏神鞭，杵驚仙搗。乘鯉江象，釣鯨煙島。帽簷插杏，詩思吟梅。風人眺覽，雪客徘徊。繫彼雌霓，臨江炫彩。矧此滄溟，樓船出海。乃邀郢匠，乃命捶工。絪牽怪石，斤運成風。投馬完堤，斷鼇支柱。未雲何龍，屹立江滸。鹵潮碧暈，鹹汐珠圓。漁鐙掩月，蟹火沉煙。黃竹肩箱，綠荷包飯。彼往經營，此來負販。蘭橈翦浪，桂枻凌波。震天水調，月夜漁歌。陵谷雖遷，滄桑不改，鞏於金湯，萬年斯在。

下署"何又雄撰"和"冼斌書"。

查何淡如名又雄，這塊龍津石橋碑署名何又雄撰，當是何淡如所作。再研究碑中文字，亦有何淡如的文風，例如"在天成象，在地成橋"以及"黃竹肩箱，綠荷包飯，彼往經營，此來負販"，都是莊諧兼務之筆，是正正式式的何淡如文風。這四句寫出了當年九龍城內的小販有荷葉飯出售，真是雅俗共賞。

這塊碑是在光緒元年（1875）石橋落成之時所立的。由於這是一個石埗頭，當時伸出九龍灣海面，以利船艇停泊，可是十多年之後，這座石埗頭在潮退的時候已經無法泊船。原來，潮水將沙泥沖到岸邊，越沖越多，岸邊的海灘就越積越長，原長六十尺的石橋盡頭外，已積滿了高高的沙泥，只有潮水漲至最高位時，橋頭的地方才能泊舟，大部分時間都不能泊船。因此，又要把橋加長，才能達到聚龍通津的目的。

這一次加長埗頭的工程，建築費是由九龍城居民和商販捐出的，全部建築費一千七百兩白銀。不過這加長的一段橋，並不是石製，而是用木築成，而且並不是直形的，而是丁字形的。

加長的一段木橋，全長二十四丈，橋端打橫再建一條長達一丈二尺的橫橋，成丁字形。這樣長橋已把整個沖積的沙灘跨過，橋端的橫埗頭，更可以停泊更多的船艇。這座加長的木橋，於光緒十八年（1892）建成，建成之時，也立石紀念。

　　光緒十八年加長龍津橋的紀念石碑，是由當時新安縣舉人麥拔愷所撰。碑文詳述加長龍津石橋的經過，碑文如下：

　　天下事有致力於此，而收效輒及於他事者，其機不數覯，要惟好行方便者，往往得之。九龍濱海龍津石橋，創於同治癸酉，問津者咸便利之。顧地為巨浸所朝宗，潮汐往來，沙磧多停蓄，自成橋後，歲月積漸，滄桑改觀。邇來橋之不逮於水者，殆猶今之視昔焉。於是商於是地者，謀所以善其後也。乃仿招商局碼頭之制，續作橋廿四丈；又於其端，為丁字形，寬一丈二尺。其製精而其費較省，且易石而木，泊船時亦無兩堅激撞之患，其為用亦更適。計麋題捐洋銀一千七百有奇。至渡港小輪船以斯橋之利其載運也，每船願月輸碼頭租銀若干。會樂善堂施濟所需，捐款不恆，至僉謂碼頭租款宜屬之樂善堂，永資把注。蓋藉斯地之財，即以濟斯地之用，實一舉而兩善具焉。昔莊子有言：以鹵莽耕者，天即以鹵莽應之。茲則以方便行者，天非以方便應之。人事所感，即天心所錄，斯可以識其大凡矣。是不可以不記。且為之銘曰：長虹飲川，渡源雲屬。余木為樑，用捊鼇足。如雁齒之平，匪梟脛之續。資沽溉夫善堂，樂斯人之所欲。合藏市以出塗，慰成功以相告……光緒十八年歲次壬辰仲秋吉旦。

加長龍津石橋的時候所刻的石碑，本來準備立在橋頭上的，但想到湖水沖積海灘，該處污泥垃圾甚多，實在不適宜於作為立碑之地，因此連何淡如的石碑，亦一併移放到"接官亭"上。這接官亭，說來也有一段歷史。

接官亭又名龍津亭

查九龍城的城砦是在道光廿三年，即公元 1843 年興建的。當時由於港島已被英國管理，負責辦理"夷務"的耆英，認為九龍的地位，已日益重要，因此建議在九龍灣上，依山建一座城牆，作為保護該地區之用。同時，建議設官署守。因為建城設官，便在城門口外，建一座亭，作為迎接地方長官，便利行旅，以及遇有節日在此拜祭天地之用。

嚴格說起來，九龍城砦的興建，是耆英的一種軍事對抗心理所促成的。他認為對面的海島已是洋界，不能不想辦法防守，建城設炮台其上，便可把領土守住了。他主張把大鵬協副將調到九龍城來，鎮守在城中，便不怕再被侵略。在他的設計下，九龍城內有衙門，有兵營，有倉庫和學校，可以說是當時的一個新開發地區，亦是一個新市鎮。

城牆和城內的官衙、倉庫、兵營、學校，在 1843年興建，到 1847 年才完成。城牆高二丈，寬五尺至一丈，全長一百三十丈，面積達七十餘畝。城門有四，分東、南、西、北四門。

九龍城砦以正南的南門為正門，城牆上全用大石築成，在正門上，刻上"九龍寨城"四個大字，旁有"道光廿七年季春吉旦"，下面還刻有"廣東巡撫部院黃、太子少保兩廣部堂宗保耆、廣東全省提督軍門呼爾察圖巴圖魯賴"等字樣。這些石刻，說明建九龍城砦是當時滿清政府的一種政策，用以監視香港。

1847 年時，黃恩彤任廣東巡撫，耆英任兩廣總督，九龍是一處小小的地方，比縣城為小，建一座小小的城，卻用到兩廣總督、廣東巡撫和軍門提督來建造，顯然不簡單。就意義來說，這城是由清朝的中央政府決定興建的，而不是地方官紳決定興建的。

因此，當 1898 年中英簽立《展拓香港界址專條》時，滿清政府特別在條文中註明"所有現在九龍城內駐劄之中國官員，仍可在城內各司其事，惟不得與保衛香港之武備有所妨礙"字樣，這就足以說明建城之初，是由道光皇帝決定興建的，亦說明了這座城砦被受重視。

到了同治年間興建龍津石橋的時候，城門前的那座接官亭已經殘破不堪，因此也同時將接官亭修葺。修葺完竣時，南海潘士釗題了"龍津"兩個大字。命人刻石嵌在亭上，因此接官亭也就名為龍津亭，它和石橋、城門，連成一氣，通稱為龍津路，一直伸至城內。

這座龍津亭，一直保留到民國初年，到了1930年，港府的發展計劃已伸展到九龍城砦附近，當時要開闢到西貢去的道路，及開闢太子道和衙前圍道，便將石橋填去，又將龍津亭拆去。當時附近街坊，要求港府保留亭上的兩塊石碑，因為這是歷史文物，亭子有礙發展，拆去就拆去，但石碑是文物，必須保存。

這裏應補說一筆，當興建龍津石橋的時候，九龍城內的大鵬協副將，曾將城上的兩尊大炮移到橋頭上鎮守，橋頭的兩邊，各有一個炮壘，上置鐵炮。這時龍津石橋既填平了，橋頭的鐵炮現已搬走，坊眾又提出保存亭中的石碑，港府便把那兩尊鐵炮和兩塊石碑，移到清水灣道口的一塊三角形的草地上安放。

在三角形草地上，立了一塊石碑，上寫"世事滄桑"四個大字，在大字之下，有細字刻在碑上，云："此碑乃香港政府於一千九百三十年由通至九龍舊城之水埗門樓遷至此地，各炮為守該水埗炮台之軍用品，今置茲以保存古蹟。"在草地四周，圍以鐵索，以資保護。

這座"世事滄桑"碑，到第二次世界大戰時，日軍攻佔香港，已遭破壞不堪。現在碩果僅存的，是一塊刻有"龍津"二字的石碑，存於博物館內，這塊"龍津"石碑，是當時拆龍津亭時將亭上的石刻移下，才得以保存下來。[9]

龍津義學的建立

大家都知道九龍城砦的城牆，是戰時日軍為了擴建啟德機場而拆去的。當城牆未拆去時，九龍城內仍保存很多古蹟，其中一古蹟是"惜字亭"和"龍津義學"。

上文說過，道光年間在這個小小的地區建一座城砦，完全是清政府的"國策"，是以這個城砦，實際等於一個新城市，清政府在城中建官衙、兵營、倉庫、房舍和學校。龍津義學，也在這個時候建成。建這間學校的目的是向新城市提供教育，以便從教化上培養守土的思想，以對抗洋人的侵略。

因此龍津義學的建築形式，有別於各鄉鎮中的"社學"，而是和縣城中的貢院相似，從這一點亦可見當時清朝政府對該地區的重視。該義學的規模是這樣的，主要建築物之前，是一座門樓，門樓上左右有一對由當時新安縣知事王銘鼎所寫的對聯，聯云："其為龍乎？卜他年鯉化蛟騰，盡洗蠻煙蜒雨；是知津也，

9　編者註：該石碑現藏於九龍城樂善堂小學內。

願從茲源尋流溯，平分蘇海軒潮。」

　　至於主要建築物，佔地極廣，裏面共分兩進。第一進的大堂上壁間，嵌入《九龍司新建龍津義敘》的石碑，經過這大堂之後，就是一座闊大的天階，左右兩邊有走廊。第二進就是"講堂"，是教師授課的地方。大堂上有孔子像。至於門樓之外，有一塊照壁，壁上寫有"海濱鄒魯"四字。

　　《九龍司新建龍津義學敘》的碑刻全文如下：

　　有因時制宜者出，相機勢，備經營，即事求治，而招攜懷遠之意以寓。蓋世經濟之才。如此其難也！粵東素稱樂土，人文與中州相埒，貨財之所萃會，瓷舶之所駢集，富庶又甲於他省。新安地濱海邊。邑縣有官富司，尤濱海邊司耳。然衣之裔曰邊，器之羨曰邊，器敝自羨始，衣敝自裔始。則凡官邊地者，靖共厥職，宜什伯中土；而厭薄之，獨何心歟？道光二十三年，夷務靖後，大吏據情入告，改官富為九龍分司。由近量移於遠，築城建署，聚居民以實之。雖備內，不專為禦外，而此中稟承廟謨，計安海宇，誠大有濟時之識於其間，而非苟為勞民傷財也。今年余奉調視事，巡檢許君文深來言，有龍津義學之建。副將黃君鵬年，通判顧君章，喬大令應庚及許君捐銀若干為經始地，租歲可得若干以資生徒，仿古家削之制，擇其尤者居焉，人必胥奮。嗟乎！此真即事求治，能以無形之險，固有形者也。今國家文教覃敷，武功赫耀，無遠弗屆。九龍民夷交涉，人情重貨寶而薄詩書，有以鼓舞作興，則士氣既伸，而外夷亦得觀感於絃誦聲明，以柔其獷悍之氣。所為漸被邊隅者，豈淺鮮哉？落成，司人以文請，既滋愧許君能助我不逮，而重為司人深無窮之望也。記之，俾泐於石。

　　上引的一篇《九龍司新建龍津義學敘》碑文，是當時的九龍巡檢司王銘鼎所作。從碑文上，可以看到當時建九龍城砦的目的，完全是因為香港已由英人管治，不得不在適當的地點，建一座新城市，以應付當時複雜的形勢。

　　碑文所說道光二十三年夷務靖後，是指 1843 年《南京條約》訂立之後。所謂 "大吏據情入告"，就是指耆英向道光皇帝提出，將原稱官富司的土司，改為九龍司。"築城建署，聚居民以實之" 這句話，等於說明當時的九龍城砦，本來是很少居民的，因為形勢需要在這裏建一座城，派兵駐守，及將官富司升格而為九龍司，故此不得不建衙門、建學校，以及移民到城內居住。

　　這篇碑文的歷史價值，不在於說明龍津義學的緣起，而在於說明建九龍城的意義。碑文中有 "稟承廟謨" 及 "非苟為勞民傷財也" 之句，說明當時建設這一個新城市，曾花去很多公款，徵用很多人力，必然也曾引起很多人的不滿，但這是當時的政策，非這樣做不可。

碑中雖有"雖備內，不專為禦外"的字眼，但卻又有"有以鼓舞作興，則士氣既伸，而外夷亦得觀感於絃誦聲明，以柔其獷悍之氣"等句，已充分寫出了當時建城、學校和衙署，並從各鄉移民進城中居住的主要目的了。

"南武號輪船" 械劫案

耆英是中國近代史上，第一位與歐美各國簽訂不平等條約的外交家。站在愛國立場上，對他的出賣國家主權的行徑，應該加以譴責。但在當時國勢日衰，政治腐敗的環境下，他能考慮到要在九龍灣建一座新城市，來應付新的形勢，這一點是應該承認他有獨特的遠見。

當時香港已開埠，而九龍和香港只隔一海，這種新形勢是清朝執政以來所未遇過的，如果九龍方面仍然照從前的制度，設一個小小的官富司去管理，實在是不能應付很多華夷間的事情，因為九龍已經是一條邊界，只有設立新的官員和制度，才能應付邊界上的各種事務。

清朝制度，凡關隘邊遠重鎮，在離縣城遠的地方，多設一巡檢鎮守，使其負責當地治安和華夷間交涉的事，在對付少數民族方面早已行之已久，故耆英亦沿用這個制度，將官富司裁撤，改為九龍巡檢司，並派副將率兵鎮守。

這便是九龍城砦在道光廿七年（1847）建成時，在城門上刻石，題上耆英和黃恩彤等人名字的原因。很多研究九龍城歷史的人，都忽略這一點，以為九龍城的城牆，是無緣無故興建的，或以為該處本來已有官兵，故建城以資保護。實不知這座城是一個新城鎮，不僅城牆是新的，官也是新設的，甚至連城內的居民，也是從附近新移來的。故此它是和香港有密切關係的地方。

九龍城的建造，很多人以為是將舊時官富司的城牆改建而成，例如羅香林等所著的《一八四二年以前之香港及其對外交通》一書，其中就有誤解之處，書中誤解將官富司改為九龍分司，便是將從前的官富寨重建為九龍城砦。其實在鴉片戰爭之前，官富司只是一個小小的地方官，該處並無城牆，也沒有官署給他駐守的，因為當時並無此種需要。及到香港開埠，才有此需要，所以王銘鼎在《龍津義學敘》強調築城建署，並不是勞民傷財的事情。

有很多事例說明這一事實，例如 1890 年，香港發生一件著名的 "南武號輪船" 械劫案。該案於 1890 年 12 月 10 日發生。當時南武號從香港開往汕頭，是日下午船經平海附近海面，喬裝為搭客的海盜就在船上動手行劫，將船上護航員的槍械繳去，船長和二副因反抗而被擊斃。控制了全船之後，海面即出現六艘海盜船，海盜船泊近南武號，盡將南武號上的貨物及乘客的財物掠去，然後乘海盜船逃走。

事後南武號駛返香港，港府立即派人到九龍城通知中國官員協助緝捕，一面又知會駐廣州英領事向廣東當局要求緝捕海盜，當時九龍城的官員，就是具有辦理中英雙方地方事務的權力，九龍城內的巡檢司和副將，等於邊境地區的文武大員，有溝通雙方消息的作用。

到了 1891 年 4 月 17 日，即南武號被劫後約半年，九龍城的巡檢司和副將，通知香港當局，謂已將械劫南武號的海盜一共十九名捕獲，已由中國政府審結判處斬首之刑，請香港當局派員到九龍城來監斬，及審查各犯人的供詞。當時九龍城內的官員各方裕，是大鵬協副將。當時香港派出警務處長、船政司、華民司等五人前去九龍城辦理此案。於斬決十九名海盜時，並在刑場上拍照留念。這幅照片，在歷次的香港歷史圖片展中均有展出，相信讀者們或都已見過。它的意義說明了九龍城的地位，在 1897 年未簽訂《展拓香港界址專條》之前，是中英地方交涉的對象。

此外，亦可以從出席監斬海盜人員的官銜上，看出當時港府對大鵬協副將這位中國官員地位的看法，認為他的地位相等於九龍方面的警務處長。九龍巡檢司的地位，相當於華民政務司那一級，故此當時就派這些 "司" 級的官員去辦理這件海盜處決案。

大鵬協副將張玉堂的軼事

其實，清代的大鵬協副將的官階，相當於民初時的旅長，是領少將銜的武官了。這一點也說明了為什麼在 1847 年建成九龍城之時，要派一旅的軍隊到該處去鎮守這個小小城砦的原因了。說到大鵬協副將鎮守九龍城，有一位副將，名叫張玉堂，是很有名的。

張玉堂這位大鵬協副將，在九龍城留下很多遺蹟，其中的"惜字亭"，是他建築而成的。這座涼亭，除可供居民乘涼或歇息之用，同時也是收集字紙之地，因亭內有兩個大箱，箱上寫有"敬惜字紙"四字，讓人們不要把字紙亂拋地上，是今日港九街道上的"廢紙箱"的鼻祖。

張玉堂當時駐守九龍城長官的身分，提倡不要亂拋字紙，確實作過很多努力。他斥資建了座"惜字亭"用以收集字紙，另外在亭後，建兩座焚化爐，用以焚燒字紙。此外，又派人在城內各處撿拾地上的字紙。這些負責撿拾字紙和焚燒字紙的員工，是要支取薪酬的，不然的話，誰肯天天做這種工作？為了應付這些員工的正常開支，張玉堂特地建了一間舖戶，指定將舖戶的租金，用來支付員工的薪水。

張玉堂在九龍城任職的年代，約於 1853 年開始，至於他離職的年月則無從考證。他是一位文武雙全的副將，他在赴任之初，先經澳門而來，是從水路來港的，因此澳門的媽祖閣的山上，也留下他很多題字。他的書法別具一格，蒼勁如龍蛇，但不是用筆寫的，是用拳頭和手指寫的，稱為"拳書"與"指書"。他建成"惜字亭"時，寫了一篇《敬惜字紙銘》，也是用手指蘸墨寫成，刻石嵌在亭牆上。

張玉堂的《敬惜字紙銘》全文如下：

文帝教人，敬惜字紙。陰騭文中，力闡厥美。自古名賢，識者凡幾？食報縈身，實膺福祉。桂籍一書，彰彰可紀。乃有愚夫，任其拋棄。或拭灰塵，或包餅餌；或糊窗牖，或置床第；甚至穢污，殘踏踐履。疾病災殃，其應甚遍！余本書生，投筆而起，雖云荒經，時還讀史，從仕卅年，謬膺重寄。敬字築爐，隨處悉備。茲任九龍，倍深克己；地逼夷樓，如履虎尾。篤敬可行，聞諸夫子。單騎赴盟，艱險不避，六載從公，冰淵自矢。戎政餘閑，偶遊村里。見字多遺，行行欲止，拾歸焚之，願稍慰矣。惟是四方，街衢巷市，檢拾需人，必求專理，被閱輿圖，有地尺咫。築舖捐廉，義學鄰比，龍泰為名，賃租積累；檢字雇工，費出於此。督造雙爐，在寨城裏。外建一亭，重廊迴倚，石柱雕簷，匠工豈侈？工人攜籃，往來迤邐，土掩沙藏，棄殘破毀。檢拾勿遺，預惜寸晷。浣之香湯，晒之淨几，付之靈煙，歸之海涘。工如怠乎，吾則更爾。亭爐已成，私心竊喜，嵌壁大書，揮之以指。惜字有銘，莫嗤鄙俚。伏望群公，體僕斯旨，久而行之，功德無已。咸豐九年歲次己未仲秋。署大鵬協副將張玉堂指書。

按咸豐九年是 1859 年，當時是第二次鴉片戰爭結束之時。

張玉堂這篇《敬惜字紙銘》寫於 1859 年，當時第二次鴉片戰爭已近尾聲，伊利近已和滿清政府簽了《天津條約》，自尖沙咀到界限街的一大片土地已實際上劃入香港版圖。這是這篇銘文書寫時的歷史背景。

銘文中有很多字句和香港歷史是分不開的，如"單騎赴盟，艱險不避，六載從公，冰淵自矢"四句，就是說明了當時第二次鴉片戰爭時期，他以邊境大員的身分，曾多次和香港政府辦過不少交涉，其中不少交涉是和當時的戰爭有關。同時這幾句話，也說明了九龍城砦當時的地位，兼有辦理邊境交涉的性質。

張玉堂在 1859 年任九龍城長官已六年，又說明他是在 1853 年蒞任，他的任期剛在第二次鴉片戰爭的整個時期。第二次鴉片戰爭於 1856 年因"亞羅號事件"而起，到 1860 年正式結束，他在整個事件中任職於九龍城，和香港當局不斷接觸，故銘中有"地逼夷樓，如屐虎尾"之句，又有"單騎赴盟，艱險不避"之句。雖然是幾句簡單的字句，已寫出了當時他的任務和香港與九龍間的關係。

銘中寫出了當時為了支付檢拾字紙的工人的薪金，是將一間名叫"龍泰"的舖戶租金作為經常費用，這間"龍泰"號在龍津義學旁邊,又寫出了當時的焚化爐在"惜字亭"後面。

地位特殊的九龍城

九龍城的特殊地位,不僅在華人和英國人心中存在,連很多外國領事都承認它的特殊地位。歷史上有一件趣事發生於九龍城,時為 1872 年 7 月,這事可作為該地特殊地位的例證。事緣,當時西班牙駐港領事芝嘉,與秘魯駐澳門領事布因納,兩人本是好友,常常在港聚會,一次兩人在港因賭博而起爭執,各不相讓。布因納憤然而起,要和芝嘉決鬥。

十九世紀時,西方各國仍有決鬥的風俗,決鬥成為解決不能解決的問題的方法,但是必須找一處特殊的地方來進行。他們因此選擇到九龍城來決鬥,邀請雙方親友到場參觀及見證。

決鬥日期是 1872 年 7 月 29 日,地點在九龍城的刑場上舉行。他們得到九龍城方面的中國官方同意,准許在該處決鬥。決鬥之時,由公證人各給手槍一支,手槍內只有一顆子彈,二人在公證人面前宣誓,表示生死各安天命,然後轉身背立,由公證人叫"一、二、三",兩人開始步行,各走二十五步,到第二十五步時一齊轉身開槍,"砰砰",槍聲兩響後,秘魯駐澳門領事布因納發槍不中對方,而西班牙駐港領事芝嘉則槍中布因納的左肩。芝嘉即以勝利者的姿態凱旋，從龍津碼頭與親友下船返港，布因納受傷不重，亦由親友扶下船療傷。這件外交官決鬥於九龍城事件，本來沒有紀錄。

當時香港的外交界也知道布因納和芝嘉決鬥於九龍城的事，布因納因左肩受傷，在港醫治，不能回澳。很多外交人士都去慰問他，於是這件事引起香港的檢察官注意。

檢察官認為這件事如果不理，將來會引起很多決鬥的事發生，影響治安甚大。同時，中國地方官似乎默許決鬥為合法，如果不設法以儆效尤，恐怕以後會有更多人到九龍城去決鬥。因此要求當時到九龍城去參觀的西人做證人，向芝嘉及布因納起訴，控告他們決鬥。

該案於 8 月 25 日在高等法院審訊，結果罪名成立，布氏與芝氏各罰款二百元。法官在結案陳詞中，強調香港不容許決鬥，任何人有不能解決的事都應以法律解決，不應以決鬥的方法解決。因此這件事，就載於法院檔案中，成為一件有文字記錄的案件。

九龍城因為地位特殊，便被很多壞人加以利用，例如利用該處作為開賭的場所，已是人所共知的事。但在九龍城內開賭，說來已有近百年的歷史。中國方面的資料並無記述，但香港法院的紀錄中，則有詳細的記錄。這紀錄是關係南來西人虧空公款案件，表面上與九龍城開賭無關，但由於被告人在作供時，供詞上解釋他虧空公款的原因，牽涉到九龍城內有賭館這一事實。這件事亦足以說明九龍城的特殊情形。

在 1890 年 4 月，本港新東方銀行一位西人職員約翰格利，被控虧空該銀行公款六萬餘元，他在法庭上辯稱，該款是因多次到九龍城賭錢輸去的，約翰格利卒判有期徒刑三年。

根據法院的紀錄，1890 年 5 月 27 日，高等法院一位執達吏沙維亞盜用公款。沙維亞是葡萄牙人，他將公款一千零五十六元，乘假期之便，拿去九龍城賭博，全軍盡墨。原來，沙維亞是負責保管罰款部門的工作人員，星期六上午的罰款，通常星期一才入賬，但他星期日便拿去九龍城輸掉了。故星期一無須交代，便被控盜用公款，通緝歸案。

關於沙維亞因赴九龍城賭博一案，據另一法院紀錄，敘述得較為詳細。原來沙維亞在九龍城賭敗的時候，不敢返回香港，他自知難免被控，因此在九龍城向賭商請求，設法用船載他到澳門去。賭商有船經常來往九龍與澳門之間，便叫沙維亞落船，逃往澳門。

香港方面不見他返法院工作，再檢查賬目，知道他盜用公款潛逃，便下令通緝。沙維亞在澳門藏匿了一個月，自以為無事，卻不知當時港澳之間，已經訂立了"引渡協定"。該協定是 1881 年所訂立，凡刑事犯逃匿於港澳兩地，都可以引渡歸案。當時澳門政府已接到香港方面的通知，因此便將沙維亞拘捕，引渡回港審訊。

沙維亞在九龍城賭敗一案，於 1890 年 11 月 20 日正式由澳門引渡返港，於 12 月 18 日在高等法院由當任按察司提審，判處有期徒刑十八個月。案結之後，由於同年發生兩宗西人虧空公款拿去九龍城賭敗，法律界人士認為有訂立法例禁止公務員赴九龍城賭錢的需要，於是透過英倫方面，訓令香港政府，以後如發現公務員有赴華界賭博，一經查明，即行革退。這可見九龍城的特殊地位。

到了 1898 年訂立《展拓香港界址專條》的時候，由於九龍城是道光皇帝時代修築的一個新城市，故此專條之內，規定了保留這個新城市的特殊地位。雖然條文中規定，"惟不得與香港防衛有所妨礙"，但條文並無說明縱有妨礙亦不等於取消協議中的幾項原則，所以這個地方，歷來曾引起不少爭端。

究竟 1898 年時，九龍城有多少居民？有幾多戶人家呢？據香港的紀錄，當時城內有 64 戶，共 463 人，居民多從事種菜、養豬和養雞，以及做小販、泥水、做木、打石等工作。由於滿清政府已簽了這一專條，九龍城原屬九龍巡檢司及大鵬協副將駐守的意義已盡失，故在 1900 年以後，中國方面再沒有派官員到城中駐守。其道理極簡單，因巡檢司與副將，不是管理一個小小八十畝土地的小官。

大鵬協副將，是相當於一位旅長；九龍巡檢司，相當於縣屬一個專區的專員。他們的權力，是管理廣闊地區的。1898 年所有九龍地區都劃入香港版圖，只保留一座孤城，自然用不著派一旅的軍隊到來駐守，也用不著派一位專員到來，因事實上這個小城，也無須這麼多人來保護。故自 1900 年後，實際上九龍城是沒有巡檢司和副將在城內執行職務的。

　　當時只有一部分小官員和捕快之類的官員在城內，他們以新安縣的名義留在城中，保護城內居民、維持城內治安和徵收田賦之用。到辛亥革命發生，這些小官吏和小官兵，都已自動逃去，九龍城便成為一個沒有中國官員管理，但仍然被保留算作中國地方的城市。

　　民國成立後，新安縣改稱寶安縣。當時寶安縣曾派員到九龍城去管理，但被香港政府阻止。民國初年，因中國實際上是由軍閥割據，對這小小的一座孤城，誰也不敢插手。在 1925 至 1927 年大革命時期，人民反帝浪潮高漲，英政府亦沒有餘暇去理會這座小城。因此城內的一切，都保留著辛亥革命時期的狀態。

　　由於國內的動亂，來港謀生的人與年俱增，到 1930 年後，九龍城的居民，已不止初時的 64 戶和 463 人，屋宇已經多達百餘家，居民已近二千人，這是因為土地易得，建築不受限制。

1933 年 6 月 10 日，新界南約理民府派員到九龍城內張貼告示，謂政府要發展這個地方。為照顧當地居民起見，特地撥出狗虱嶺一地，作為他們建屋居住之用，限於 9 月之前，遷出該處，每戶補回足夠的建屋費，叫居民放心遷出，到理民府去登記。但是當時城內的居民，沒有理會這張告示。原因是狗虱嶺離九龍城太遠，所謂狗虱嶺，就是慈雲山新區附近的山邊。1933 年的公共交通落後，把居民遷到該處去，無疑是趕他們到"絕龍嶺"去。

同時，原住於九龍城內的居民，他們是知道九龍城的特殊地位的。這張告示，無疑表示不願維持現狀，因此居民用"快郵代電"的方式，向廣東省請願。

當時甘介侯是外交特派員，他只是問了英方一句話：請問貴方是不是想保持現狀？還是想撕毀清朝的條約？就是這一句話，南約理民府便不再強行限令居民於 9 月遷出了。

然而三年之後，日軍在華北發動戰爭，國內經濟不景，大量人口注入九龍城，搭木屋和簡陋的石屋居住。這一來，衛生環境自然惡劣，當時霍亂症流行，港府認為有制止人們在城內再搭屋的必要，於是派出英警二人，華警二人，拆屋人員五名，入城先行試探，拆去新建的磚屋一間，這間屋是龍津路 25 號門牌。

當拆屋的時候，25 號屋附近的居民，便敲打面盆大叫大嚷，居民紛紛聚集起來，那數位英警和華警，見情勢不妙，急忙與五位拆屋員工離去。但這件事，九龍城居民認為不是拆去一間屋那麼簡單，因此召開會議，選派代表，立即採取行動，保護自己的家園。

拆屋的日期是 1936 年 12 月 29 日，時間是上午九時三十分，當時居民選出代表兩人，一名盧章，一名楊偉雄，他們首先請攝影店派人來拍攝被拆的 15 號屋的照片作為證物，然後用長途電話向當時廣州的兩廣外交特派員刁作謙報告此事的經過，請求協助解決。刁作謙於 12 月 31 日，到廣州沙面英領事館去和當時的英領事費理伯談判。

31 日那天，九龍城居民代表盧章和楊偉雄已到廣州，他們先到省府去請願，當時廣東省政府主席是黃慕松，由秘書岑學呂接見，接受請願書；然後，他們又向刁作謙請願，也由秘書凌士芬接見。下午舉行記者招待會，宣佈他們請願的內容：一、請向英國提出嚴重抗議；二、請向英政府要求保證以後不作同樣行動；三、請求賠償已被拆去的屋宇的損失。

當時並無什麼結果，只是以後就不再見到有人入城拆屋，雙方也不了了之。不久七七盧溝橋事變，日軍攻陷廣州，九龍城問題已無暇考慮了。

到了 1941 年 12 月 25 日，日軍佔領香港，當時的日本軍國主義者並不把香港和九龍當作中國地方來看待，故把這個地區稱為"佔領地"，另派一位總督來治理。日軍派的總督是磯谷廉介。基於這一點，日軍便不必理會九龍城的特殊地位，直接把九龍城的城牆拆去。

九龍城的城牆是用大石築成，那些石塊整齊而完好，是現成的建築材料，日軍要把啟德機場擴大為軍用機場，就用這些石塊來填築地基，九龍城的城牆就是這時候拆走的。

1948年"九龍城事件"

城牆既被拆走，彷彿所有的界址都不存在，於是便發生了1948年戰後第一次九龍城事件，這一次事件，前後糾纏達三個月之久。

事件的背景是這樣的，第二次世界大戰後，英國和中國都是戰勝國，蔣介石和邱吉爾，於德國投降之後，與羅斯福於德黑蘭舉行會議。這個"蔣羅邱會議"表面上是決定要日本無條件投降，但實際上會議中，蔣介石向英美承諾她們在中國仍擁有特殊的勢力。根據邱吉爾的回憶錄所透露，香港及九龍仍由英國統治，故戰後英國即重來香港，從日軍手上接管治權。

中國既是戰勝國，戰勝之後，國家主權仍未完全恢復，國內人民情緒不易平息。因此當時國民黨政府有意準備在九龍城內，恢復治理主權，準備由寶安縣派人到九龍城內行使職權。

另一方面，香港政府亦覺得九龍城牆已經拆去，這地方應該由她治理，在這種歷史背景下，就引起了一次哄動國際的"九龍城事件"。

1947 年 11 月 27 日，港府通知九龍城內所有新建木屋，限於兩個星期內拆去。當時國民黨特派員郭德華在報章上發表意見，表示異議，認為港府無權干涉城內居民的生活。

當年 12 月 5 日，港府即發表聲明，謂歷來政府對九龍城均行使管理權，駁斥郭德華的議論，措詞是相當強硬的。

故此到了 12 月 16 日，港府向法庭申請，要求法庭頒令九龍城的居民，必須遷出該地。

1948 年 1 月 5 日，港督執行法庭的命令，實行武力強迫拆屋，大隊警察帶了盾牌和鋼盔，到九龍城去強拆四十餘間木屋。6 日，又繼續拆去三十間屋，共拆去七十餘間。

1 月 5 日拆去的是木屋，但 1 月 6 日所拆的，就不限於木屋了，其中有很多是歷史悠久的磚屋。其中一間，是曾家世代所居的祖屋，有八十多年的歷史，也被拆去。可見拆屋的目的，不在阻止新建的木屋繼續蓋搭，而在於強力行使一種歷史上未嘗使用的權力。

兩天的拆屋行動，未遇到反抗，但是 1 月 7 日，寶安縣長突然到九龍城來，向當地居民展開慰問，特別對那些無家可歸的居民表示關懷。

寶安縣長到九龍城去慰問被拆去居所的居民，顯然已表示寶安縣沒有放棄對這塊小小的土地所賦予的責任。但當時港府顯然漠視這一行動的意義，又在1月12日再派更多的軍警，配備更多的武裝，以更強大的陣容進城去拆屋，大有準備剷平這地區上所有建築物之意。

城內的坊眾已忍無可忍，城外的街坊亦深表不滿，於是釀成了一場流血的抗暴行動。

群眾以石塊磚頭向拆屋的人員攻擊，警察向人群開槍，一時秩序大亂。這次事件，被槍傷的居民六人，其中一人重傷。被警察強行拘捕的有兩人，這兩人於次日即提交法庭審訊，並立即判以苦工監三個月的徒刑。

事態發展到這地步，立即激起了全國人民的憤怒，各地都舉行集會，抗議英政府這一行為。1月16日，廣州市全市學生舉行大示威，到沙面英國領事館去抗議，當場扯下領事館的英國旗，並且衝進去，搬出使館內的傢俬，在門外焚燒。當時各國駐中國的記者，都有電報發返他們的通訊社，引起全世界注意這一件事。

當1月12日拆屋引起騷動傷人事，及13日判決被捕居民二人徒刑三月的時候，中國駐倫敦使館已向英國提交備忘錄，向英國外交部提出四點注意事項。但英國外交部通通不答覆，才會釀成 1 月 16 日的沙面英領事館事件。

自沙面英領事館事件發生後，港府再未派人到城內去拆屋，因為當時很多團體都組織慰問團進城慰問，漸漸已形成一種運動，若再繼續拆屋，將使社會更不安定。

有兩份歷史性文件，是這一次戰後有關九龍城地位問題的外交文件。其一是英國外交部對九龍城事件致中國大使館的文件；另一件是當時國民黨政府駐英大使鄭天錫給英國政府的照會。文件原文極長，全部引錄非這篇文章能為，特將其中要點，略述於後。

英國政府致送的文件，係於 1948 年 1 月 24 日發表，開頭寫道：

大使閣下：查貴大使最近迭次照會關於勒令擅居九龍舊城佔居公地者遷移事，一月十三日又承貴大使參事官，以備忘錄送到本部，列舉四點，提請注意。

接著，是關於九龍城地位問題，文件原文有如下的字句：

查關於九龍舊城治理權問題，貴國政府與本國政府向持分歧見解。諒貴大使亦有同感。本部長於此不擬討論及之。

惟乃欲指陳，除由一九四一年十二月廿五日至一九四五年九月期間外，事實上香港政府在該六英畝半之九龍舊城地方，由一八九九年起，從未間斷行使其完整之治理權，迄今幾已五十年矣。

這些字句，顯然不符事實，但外交文件，總是要引些事實予以證明其不斷行使治權的事實。

英國的說法，是說除了日軍統治香港時期之外，九龍城的治理權，一直由香港政府行使，並舉出事實如下：

查該地原有中國居民約六十五名，除三或四名外，彼等於一九三五至一九三七年，業經自動遷入香港政府予以交換及改良之住所。迨英軍光復香港時，獲悉日人經將城牆拆毀，將應得物資以助建啟德機場，並已有人擅佔該地。嗣以從公眾社會觀點，以該地寮屋狹迫，參差凌亂，既缺乏正常潔淨設備，公眾健康，顯屬堪虞，復易發生火警。香港政府，乃決定將此等寮屋拆卸。

這種說法，顯然不符事實，只屬外交辭令而已。歷史上只有 1933 年 6 月 10 日，南約理民府曾貼通告著居民遷往狗虱嶺，但並無人理會。另一次為 1936 年 12 月 29 日的強拆 25 號屋，其後亦停止再拆，未有居民自動遷出的事實。文件用 "擅用公地" 的字眼，亦可以和對九龍城治理權問題的"向持分歧見解"同觀。唯一符合事實的，是衛生環境不佳而已，但這種不妥善的居住環境，豈可用拆屋加以解決？

英政府的文件，對拆屋及槍傷居民事件，解釋為合情合理之事，並且將引起騷亂的責任，歸咎於寶安縣長的前來煽動，謂在1月5日和1月6日拆屋進行得十分順利，並無若何事故發生，只在1月7日，寶安縣長來過後，始發生暴亂。

英國外交部覆文曰：

> 查一九四八年一月七日，毗連香港之廣東省寶安縣長，偕其員司衛生及警察首長，到來"砦城"視察，立於中國旗下開會，並對群眾致詞，此舉被中國報紙解釋為重新確定中國主權。有木屋多間，蔑視法庭命令，又在原地非法重建。一月十二日，警察執行職務前往拆卸時遭遇抵抗。……一月五日執行拆除，尚無事件發生。嗣以一月七日寶安縣長抵達九龍城視察後，受煽動者及寶安縣之官員，鼓勵許多佔住人民隨之而回，同時誇張迷惑之報道，刊諸某類中文報紙……因此主要責任，必須歸諸在香港及中國之中文報紙，彼等曾於前數星期業經秘密煽動反英之星火，以及寶安縣長之刺激動作有如上述者。

可見，當時英國外交部，不僅將事件的責任歸咎於寶安縣長的視察，而且還責罵全國的中文報紙，好像中國報人對於國家大事的關心，是一種罪過似的，此話怎說？

最後，該文件寫道：

本國政府同時承認香港政府公正決定採取清除該地之臨時平房，以免有危害社會安寧之虞。香港政府經予以佔住人充分考慮，採取步驟驅逐之，以符良好行政與及維護法紀。本國政府意見，以為若香港政府為全體社會利益計，但自治權問題而不在九龍城採取此項行政上之措施，則殊屬錯誤。

從當時英國外交部的覆文措詞看，是認為九龍城的治權，中英的意見有分歧，但拆屋及把那六英畝半的土地視為公地，若因治權問題而不能實行，是一種錯誤。故此文件的實際意義，仍然是要堅持自己的意見。

當時國民黨政府於 2 月 5 日，由駐英大使鄭天錫遞交照會，駁斥英國的觀點。該照會的立場雖有商榷之處，但因已屬歷史文件，亦足引述，俾喜愛研究香港街坊歷史者參考。照會中第二節云：

中國政府茲須聲明者，即關於九龍城之管轄權一事，中國政府一向堅持其所訂於一八九八年中英展拓香港界址專條之解釋，認為該專條已明白規定，中國保有其在九龍城之管轄權。此種解釋，不但可由該專條之文句中明悉，且有同年為設立其他租借地所訂諸條約之規定，予以印證。蓋當時中國政府所採政策之原則，即為在每一租借地內，劃定一特別區城，仍由中國保留在該區域內之管轄權，而此種辦法之適用，不僅限於九龍城一地。該項政策之表現，舉例言之，一八九八年三月六日，中國與德國關於膠州灣所訂專條第一條，及一八九八年五月七日中國與俄國關於遼東半島所訂增立條款第四款中，均有明文。該中俄增立條款第四款，特別規定"俄國國家允中國國家所請，允將金州城自行治理，並在城內設立應需巡捕人等"。

當時國民黨政府是用承認一切不平等條約的原則去據理力爭，但也說得合情合理，照會中認為遼東半島的金州保留管轄權，故新界的九龍城亦然。所以照會的第三節寫道：

查中英展拓香港租借地專條有關條文中，雖有"現在九龍城內駐劄之中國官員"一語，並規定此等中國官員行使管轄權時，應不妨礙防衛香港之武備。但所謂中國官員，顯非僅指當時在九龍城內擔任官職之人員本身而不包括其繼任人員。且該專條訂有關於香港武備之條件，然並未規定中國官員在任何情況之下須撤退。反之，該專條又規定："其餘新租之地，專歸英國管轄。"由此項規定之含意觀之，在九龍城內，英國自不能行使此處管轄權利。

對於英國所謂原九龍城居民一向接受其治理，以及長久以來行使治權一事，照會亦有如下的駁斥：

關於貴部長來照所稱：自一八九九年後，九龍城之管轄權即始經由香港政府行使一節，本大使茲須向貴部長舉述若干事實，此等事實，貴部長亦已知悉。中國官員所以於一八九九年撤出九龍城及停止在該城內行使管轄權者，純因其受武力所壓迫所致。當時並曾提出抗議；第二，自該時後，中國政府不但從未放棄其在該地區內之管轄權，且凡遇香港政府企圖佔收此項管轄權時，均嚴厲反對。

對於“九龍城事件”的責任問題，照會亦有如下的反駁：

因此中國政府堅決認為九龍城各次不幸事件之責任，顯然應由香港政府負責。該政府於中英雙方正在舉行商談以求和平解決之際，悍然採取挑釁行為，實此次事態惡化之主因，終至引起以後之若干事故。一月十六日沙面事件，即係其一。就中國政府之觀點言，若將九龍城各次不幸事件諉諸報章記載或評論，誠屬有失公平。中國政府對於貴部長所持寶安縣長因前往九龍城勘察，故應對九龍城事件負相當責任一點見解，亦難以接受。按寶安縣長之前往該城勘察，並慰問一月五日被迫拆遷之居民，原係依法負有管理該城責任之縣長為執行其職務應從事之最低限度行為。

鄭天錫的照會，措詞相當強硬，而且是合情合理。他指出向被迫處於流離失所窘境的居民加以慰問，是寶安縣長對該地區的“最低限度行為”，連這最低限度行為都被視為有妨礙香港政府的政策，顯然是不通的。至於說到中文報紙要對這件事負責，更加費解。當時英國外交部照會所持的觀點，顯然仍用十九世紀強詞奪理那一套，在二十世紀四十年代後期，這一套方法顯已過時，但可惜當時英國政府還未覺悟，仍把中國人看成一盆散沙，以為仍然可以用從前列強加諸中國人身上的方法去處理九龍城。

　　因此，鄭天錫給英外交部的照會最後一段，特別向英國提出警告，該一段原文如下：

　　除以上所述事實外，本大使尚擬提出另一觀點，希望貴部長予以等量之考慮。為徹底了解一八九八年關於九龍租借地之條約，即必須憶及諸租借地設立之當時之環境。當時中國政府因不能拒絕列強在亞洲大陸爭設勢力圖之要求，遂僅作一最低限度之保留方法，即在其租借地內，劃定一特別區域，使地方政府仍繼續行使職權。換言之，中國為環境所迫，僅同意遷就有關列強軍事上之需要，而不放棄各該地區之管轄權。今者，九龍已成為一種過時制度之殘跡，因之凡遇英國政府對於中國政府關於九龍城之最低保留亦不尊重之時，不幸影響之發生，當不難想見。

全文最堪注意的一句話，是"九龍已成為一種過時制度之殘跡"，這句話的含意是什麼？英國政府當會明白，當九龍城最低保留亦不尊重之時，就會引起很多不幸的事。

因此自 1948 年 2 月之後，香港政府再沒有到九龍城去拆屋了。於是在九龍城城外各地正推行高地價高租值政策之時，不能負擔高租值的小市民，便湧進九龍城內建屋居住，把一個只有六英畝半的地區，住得密密麻麻，成為全世界人口密度最高的城市，衛生環境極差。

其實，在廣義的行使治權方面，歷來中國政府並不理會。例如刑事犯逃進九龍城內藏匿，香港的警察進城拘捕，並不引起嚴重的外交交涉，因為這地方既沒有中國官員在內行使主權，自不能引渡罪犯，況且對不法之徒，雙方政府都有責任繩之於法，是以可以通行。英國方面，亦應知道所謂行使治權，只限於治安方面。

查在 1948 年九龍城事件之前，國民黨政府曾於1947 年通知英國，表示寶安縣要派員來九龍城治理該地，英國卻反對，在照會中說："自一八九九年那時開始，中國官員在九龍舊城內行使治權，被證為與保衛香港的軍事需要有所抵觸，因而中止。"因此，1948年的拆屋事件，顯然是企圖用事實去表示治權的性質。但遭到反對後，反而暴露出她的無理。

戰後九龍城的發展

如果當局真的有整頓這地方的決心，是不應該從拆屋上去表現。為公眾利益設想，應該從公安方面著手進行，認真對付那些利用九龍城來開煙館、開賭館和開妓院的不法之徒，以及對付那些包煙庇賭的警務人員。

但是，在拆屋事件失敗之後，當局對九龍城其他真正影響公眾利益的罪惡活動反而不理，任由那些貪官藉口該處是特殊地區而包煙庇賭，使九龍城變成一個污穢萬分的地區。自 1950 年開始，該處煙館賭館林立，當局視而不見。

在五十年代至六十年代，香港給予世界各國的印象，被視為是世界毒品轉運中心。當時流毒世界各地的海洛英（白粉），是從香港偷運出去的，而海洛英和鴉片的實際基地，就是在九龍城。當時九龍城的光明街最多白粉檔，白粉道人稱該處為 "電台"，進去 "上電"。因為白粉道人稱吸食海洛英為 "上電"，那些賣白粉的檔口，就是 "上電" 的 "電台"。

九龍城的龍津路，是賭館最多的地方，有番攤檔、骰寶檔、牌九檔和麻雀館。而另一角落，有大型的煙館和紅丸格。這些煙館的規模，如非親歷其境，實在不容易想像。原來那些煙館，裏邊有十多張碌架床，每張碌架床的上層和下層，可以臥下五個道友吸鴉片，即一張碌架床，可容下十人，十張就可容一百人。紅丸格的規模亦同樣宏偉。經營此業的人，都要賄賂警方人員，並非全因該處是特殊地區，而警察管不到。所謂管不到，只是貪官用來推卸責任的話而已，否則毒梟就不必行賄了。

有一件事證明中國政府並不反對香港政府在九龍城內掃蕩不法之徒。在五十年代後期，有人以為九龍城是特殊地區，在裏邊攪脫衣舞表演。一時之間，九龍城又成為黃色基地，那些經營脫衣舞表演的人，派出汽車在油麻地和旺角招客進城參觀，每位收費十元，明目張膽。

當時九龍城內一共開了七檔脫衣舞場，到處招人進去看脫衣舞。那些攪手賄賂了該區的官員，才敢如此明目張膽。一些無知的看客，以為九龍城是特殊地區，是警方的力量達不到之地，竟然呼朋引類進去大看特看。誰知有一晚，警務處長竟然下令掃蕩，把觀眾帶返警署去，捉了幾個"主持人"。自此之後，九龍城就沒有脫衣舞表演了。

這件事說明，維持九龍城治安和風化，中國方面不會無理反對。因為該處既沒有中國官員執行治理之權，為了香港的安定，香港政府是要負責的，故此當脫衣舞被社會輿論攻擊時，不能不去掃蕩，這件事已說明了一切。

但是，在整個六十年代和七十年代初期，九龍城被毒梟和賭棍所利用，包煙庇賭的若干官員，又用九龍城是特殊地區為幌子，在裏邊大攪煙館和賭檔。拆穿了，只是貪官藉口"特殊地區"掩飾他們的包庇行為，而人們竟然相信這些話，認為此地是香港身上的"毒瘤"。

自從廉政公署成立之後，那些包煙庇賭的官員，逃往海外的逃了出去，不能逃往海外的都被捕。那些賭棍和毒梟，他們是知道九龍城內並沒有什麼特殊理由，容許他們在城內幹不法之事，因此逃的逃，被捉的被捉，餘下來的都收手了。所有的大型賭館和煙館已不能維持營業。

1977 年，九龍城已沒有大賭檔和大煙館，只有些零星的小煙館在裏邊偷偷經營。這種情形在九龍以外的各區都有，不足為奇。香港這個社會就是這樣。

但是，那一批從前在城裏活動的有勢力人士，發現了九龍城的特殊地位的"真締"。這"真締"是香港政府從 1899 年開始即阻止中國官員治理該地，而其著眼點在於該處土地的使用權，是以歷來都試圖把該地區的土地列入"官地"範圍，但每嘗試一次"列入"，都遭到中國的反對。於是這群有勢力人士不向黃賭毒方面發展，改向土地方面發展。

這批有勢力人士向城內居民收購石屋和磚屋，然後將之拆去，建成六層至七層高的樓宇，以分層出售的方式，賣給需要屋宇居住的人。這些高層樓宇所用的建築材料，不必依照規定，是以成本極廉，一個只有一間木屋般大的單位，售價四萬多元，正是一本萬利。

當港九各處地價飛漲，炒樓之風大盛時，同樣面積的樓宇，在各區出售，最廉價的也售十六萬元，而九龍城這些簡陋大廈的單位，只售四萬多元，自然吸引人們進城購買。因此那些簡陋大廈的住宅單位非常好市，一間未完成，又拆建第二間。經營者用各種方式進行拆建，有些除了補給屋主若干代價之外，並允許建成時給回舊屋主若干單位。

九龍城的街道，都是鄉村式的，每條街只有幾呎闊。從前建的鄉村小屋，樓高只兩層，街道雖狹但也有陽光照射。現在建了那麼多高層大廈，那些街道見不到陽光，舉頭向上望，有如走進了"一線天"的石屎森林之內。

由於本港的電力是商營的，是以九龍城的樓宇，都是電力公司的用戶，供電不成問題。而自來水供應，則由於水務局是官方的機構，城裏的樓宇都被視為"僭建"的樓宇，依規定是不會有入屋水喉的水表的，但是，那些簡陋的大廈並非沒有自來水喉，這是一件奇蹟。

當時似乎沒有人理會城內各大廈的水喉從什麼地方供水，但每個月卻有人到來按戶收水費，居民亦樂於給他水費，而且又能忍受水喉的水時斷時續。大家都知道在斷水的時候投訴無門，只好等待水壓充足時才儲水。

　　不過，七十年代城內的衛生情況，比三十年前更為不妥。從前城內的樓宇不高，人口不密，所用的溝渠都是明渠，污水流通快，尚且有一股難聞的臭氣。現在人口密度迅速增加，各大廈流下的污水更多，加上陽光不到，空氣極為污濁。有些被拆遷的各木屋區的小型工廠，因沒有充足的補償，他們只能搬進九龍城這些簡陋大廈去繼續生產，做成更多的污染。但沒有人去關心這些問題。為什麼呢？不知道！[10]

10　編者註：1987 年，中國政府與英國政府達成清拆九龍城砦的協議。1993 年九龍城砦已被完全拆除，並於原址興建 "九龍砦城公園"。

獅子山與飛鵝嶺

獅子山又名煙墩山

獅子山在啟德機場之北，飛鵝嶺在黃大仙新區之上，今飛鵝嶺下面的山則稱慈雲山，而其上的山則叫大老山。其實這是一條連綿的山脈，古時並無分開這許多的名堂，只叫做獅子嶺。

查九龍有幾個主山，劃分新界為三個部分，青山是西部的主山，大帽山為中部的主山，大老山則為東部的主山。大老山山脈綿長，向東北伸展到馬鞍山，向東南伸展到獅子山。若以主要市鎮為劃分，便分成青山、大埔、西貢三個部分。獅子山就是橫跨西貢到九龍灣一帶的主要山脈，但古時不叫大老山，而稱獅子嶺。

獅子嶺即今之獅子山，羅香林教授謂此山形如獅子，虎頭山形如老虎，故江山故人在《香港新界百詠》中把獅子嶺與虎頭山誤為一山異名。他說兩山都肖動物，易混而為一。其實獅子山並不像動物學中的獅子，至今人人都可以猜得出來，山峰完全不像獅子頭。

其實，今人所稱的獅子有二，其一為動物學中的獅子，即今動物公園獸籠內的活獅子，另一是在盛大節日用以賀節的獅舞中的獅子，即人們所稱的醒獅。

獅子山的形象，是後一種的獅子。山峰像一隻在舞動中的獅頭，而獅頭以下那綿長的山勢，更像獅頭後面的"獅裙"，整座山的形勢，極像在舞動中的醒獅。獅子嶺的得名在此，而不是像動物中的活獅子。因它像醒獅頭的高峰面臨九龍灣，形勢險要，故將整條山脈名獅子嶺。

《新安縣志・山川》有獅子嶺記載，記云：

> 獅子嶺在六都龍塘村側，透迤里許，有一石，屹立嶙嶸，雲掛則雨。康熙年間移遷，分界在此。煙墩故址猶存，又名煙墩嶺。

早期的香港地圖，多由英國工程測量師所繪，所署的地名，或訪之當地居民，就其口音以記錄，或詢之於久居香港的英國人，用他們的傳統叫法而定名。所有早期地圖的地名，全為英文，因此出版商繪印香港中文地圖時，亦根據英文地圖轉譯，便把許多中國古典圖的地名訛譯為另一個名字。例如獅子山，初期的地圖，則譯為"燕壇山"，因英文將"煙墩山"三字，譯為 In Tan Shan，再轉譯成中文，"煙"就譯成"燕"、"墩"就變了"壇"。這是譯地圖的人，沒有參考《新安縣志》之故。

事實上直到二十世紀五十年代，普通人是很難找到一本《新安縣志》來參考的。照所知，當時全港只有一本缺了幾頁的《新安縣志》，那是葉林豐先生在香港淪陷時期，從舊書攤上買來的，連香港大學的圖書館，也要借他的這本書抄錄和影成膠捲。到六十年代，台灣有三間出版社翻印全國縣志，普通市民才能買來參考。在早期既難找一本縣志供譯地圖者印證，自然引起很多誤譯。到了七十年代，工務司地政測量處認真地繪印全港的中文地圖，把很多地名都加以改正，不會把"煙墩山"譯成"燕壇山"，並且更正了很多訛譯的地名和街道名稱。

獅子山既然又名煙墩山，《新安縣志》所說"康熙年間移遷，分界在此"，指的正是本文以前提到清初為對付鄭成功而施行的"遷界"的事。

當時清帝殘酷地強迫沿海鄉村的居民遷入內地，為了監視沿海那一股反清復明的海上活動，便得在各處高地上設立監視哨站。獅子山是九龍灣上最高的山，該處可以遠望至鯉魚門外的廣闊海域。在此設兵駐守，並且建立通訊系統，以便發現敵人時立即通知各處守兵應付，是形勢上極需要的，因此就在該處建立了一座煙墩。由於該處有煙墩，故名煙墩山。

古時沒有無線電通訊設備，唯一可傳達訊息的方法，是利用烽煙。煙墩是一座用來燃燒烽煙，作為傳達訊息的建築物，它的形式和現代的垃圾焚化爐相似，但在結構上有分別。因為以煙墩傳達訊息，是分烽和煙兩種規格。烽是夜晚用的訊號，煙是日間用的訊號。由於夜晚在遙遠的瞭望哨處，看不見煙，只能見到火光，故晚上是要舉烽火為訊號的。

獅子山上的煙墩台的舊址，在道光年間已經倒塌，無法找到痕跡。但廣東沿海各縣，都有很多煙墩山，國內西北各地，仍有很多煙墩的故址可尋，根據這些遺物，亦可想像出獅子山上的煙墩台的結構來。原來煙墩所用的原料，日夜不同，日間舉煙，用的燃料以狼糞為主，狼糞是晒乾了的。據說燒著之後，狼糞的煙能從煙墩直上雲霄。夜間舉火，即用柴草。

由於煙墩所用的訊號分日間訊號和晚間訊號，故此墩台上，經常要預備兩種燃料。這兩種燃料，放在一個叫"桔皋"的運輸器具的兩端，以便將燃料倒到煙墩的墩口裏面。

墩台的結構，像一個垃圾焚化爐，下面是一個爐口，上面就是高高的墩口，下面的爐口內，經常放了乾草和乾柴，以便發現敵人的蹤跡時，能迅速把爐內的柴草點著，柴草燒著了之後，就將"桔皋"上的燃料，倒進煙墩口裏面。這個"桔皋"，廣州話稱為"屹高"。七十年代到新界去，經過橫越公路的火車路軌時，火車剛要駛到，公路的兩邊，便有一條髹上黑白的攔路棒攔著公路。這條攔路棒的構造，是掛在一條直立在地上的木柱處的。由於這橫攔在路上的棒的兩頭，都有同等重量的鐵墜著，故此把橫木吊起或放下，是毫不費力的。這種結構的東西，就是"桔皋"。

"桔皋"是用天平的原理和槓杆的作用構成，只要在其中一端加些重力，就可把另一端吊起。古時是用這種東西作吊水之用，煙墩台則用作運輸兩種燃料之用。在這"桔皋"的兩端，各繫一個鐵籠，鐵籠上放備兩種燃料，一邊放舉烽火時易於燃燒發出火光的物體，如乾的樹枝、松子和栗子殼等物，另一邊則放滿狼糞和易於發煙的物體。當夜間發現敵蹤時，守台的哨兵就將發火的一邊的燃料吊起，倒向煙墩口內，這樣下面已燃燒起來的火，就把燃料燒著。

由於煙墩是報道有敵人來進攻的通訊設備，故古人用"烽火"為戰爭的同義詞，又因為發煙用狼糞作燃料，是以"狼煙"也成了戰爭的代名詞。獅子山上的煙墩，雖是為對付鄭成功而設，但也是戰爭的通訊設備之一。

究竟是誰想出"遷海"政策的呢？就是說，是誰促使清兵在獅子山上建煙墩台的呢？據陳伯陶的《東莞縣志》載，建議施行這種慘無人道政策的人，是鄭成功的一個叛徒房星海。這個叛徒把鄭成功游擊戰術的秘密盡行供了出來，認為施行"遷海"政策，可置游擊隊於死地，鄭成功的部下，就不能攻入內地了。

《東莞縣志·前事略》載云：

台灣投誠官房星海倡遷海之議，奉旨令徙內地五十里，至是料、介二大人審度虎門形勢，盡為邊界，西自圳頭人，東望蓮花山，中駐蟻公嶺，分插三旗，旗外者，凡八十餘鄉，刻日盡遷於旗內。尋於三旗相對處，築長壍為防，山列墩煙台為守，海樹椿棚為閘，居民片帆不許出海，違者罪主死。

這是順治末至康熙初的事。文中所說的科、介二大人，都是當時廣東的主管官，科即科爾坤，介是介山。當時本港地區全部都在旗外，故此有八十餘鄉村要被迫遷拆，鄉人遷入深圳以北的內地去。在旗外的山頭，建煙墩台，派兵駐守。獅子山是插旗界線之外的高山，故此建了這座煙墩。

查香港不僅獅子山有煙墩，麻雀嶺也有煙墩，大埔、青山都有煙墩，《新安縣志‧兵制》載有墩台共八個，計開："碧頭墩台，咀頭角墩台，茅洲墩台，大埗頭墩台，屯門墩台，麻雀嶺墩台，鰲灣角墩台，九龍墩台。" 這八個墩台，只有三個不在香港界內，其餘五個，都在香港範圍內。

碧頭是在東莞縣與寶安縣交界處，咀頭角和茅洲都在深圳以北。其餘五個，大埗頭煙墩，是在大埔的八仙嶺山上；屯門即青山；麻雀嶺近沙頭角，現在是邊境禁區；鰲灣角在西貢萬宜灣的山上；而九龍墩台，就是獅子山上的墩台了。

由此可知，獅子山的整條山脈，古時稱為九龍山。王崇熙修志的時候，在〈兵制〉一章上，是從檔案中照抄上去的，而於〈山川〉一章，則用採訪的方法記錄起來。那時，獅子山上的墩台已經廢棄，故有"煙墩故址猶存"之句。古時編修縣志所用的方法，是用舊志作底本，然後依照縣府內所存的檔案文牘及田糧賦稅等記錄起來，再加採訪而編成的，是以縣志常有一地二名的記載，《新安縣志》特別多此種情形。故獅子嶺一條目上有"煙墩故址猶存"之句，而在墩台一條目上，卻又無獅子嶺煙墩台的記載，只說九龍山有墩台。

飛鵝嶺古名虎頭山

本港英軍當局，在 1936 年時，為應付戰爭，將九龍地勢重新測量，繪成軍用地圖，當時的軍用地圖，稱飛鵝嶺為廟山。

港府於 1936 年成立"作戰辦事處"，編印了全港九的軍事地圖，該地圖於獅子山附近一個高山處，名之為"廟山"（Temple Hill），這廟山的位置，即今之飛鵝嶺，亦即慈雲山。

考縣志並無飛鵝嶺的名目，亦無廟山的名目，英國軍事地圖稱這為廟山，是因為當時山上有廟，便以廟山稱之。慈雲山之名，是後起的名字，這個名字在二十世紀二十年代還沒有，三十年代由於觀音廟香火突盛，觀音向來有"苦海慈航"之稱，故把這座山稱為慈雲山。

查古時雖無飛鵝嶺之名，但卻有"虎頭山"之名。《新安縣志·山川》說：

> 虎頭山在官富九龍寨這北，亦名獺子頭，怪石嵯峨，壁立插天。其下凹路險峻難行，然實當衝要道，乾隆壬子年，土人捐金，兩邊砌石，較前稍為平坦。舊志虎頭山入東莞，與此別。

羅香林認為虎頭山即獅子山，因都是象形。但他忽略了同在〈山川〉一章內，前一條記獅子嶺，後一條記虎頭山，而且特別鄭重地註明："舊志虎頭山入東莞，與此別。"顯然說明虎頭山是另外的一座山，與獅子山有分別。同時，羅香林先生沒有到飛鵝嶺去作實地採訪，不知道飛鵝嶺有一條石砌的路，本港的旅行者，稱之為"萬里長城"，沿這條路可以到大老村，沿大老村可到西貢區的蠔涌，確是"當衝要道"。

到過飛鵝嶺作遠足旅行的人，自會發現虎頭山即飛鵝嶺，因為飛鵝嶺的基維爾童軍營地的山凹處，有一條小路，沿大老山腰而至大老村去。這條山路，其中一大段仍是用石砌成，仿如官道一樣。旅行者稱這一段路為"萬里長城"，這是因為石路似長城一樣的長，而左邊的大老山，怪石嵯峨，亦形如長城。縣志"怪石嵯峨，其下凹路險峻難行，然實當衝要道"之句，足以證明虎頭山即飛鵝嶺。這條從飛鵝嶺到大老村去的山路之所以為當衝要道，是因為它是從西貢各鄉到官富九龍寨去的唯一道路。古時從西貢各鄉去九龍，這是唯一最短的捷徑，自蠔涌沿涌邊而行，到大老山下，登石路而上大老村，入這一條要道，就可以到達飛鵝嶺，自飛鵝嶺過慈雲山，下去就是古時的官富九龍寨。

乾嘉年間，自九龍到西貢只能乘船而往，若從陸路，便要走很多山路才能到達，因為自九龍灣到西貢，中經幾座大山，上高落低，路程極長。現時乘巴士而去，也要登上幾次斜坡。古代沒有汽車，鄉人多靠雙腳步行，自當走捷徑，故從蠔涌而上大老山過飛鵝嶺。這條路現時走起來，四小時可達，較之從現時的公路步行往西貢蠔涌村，快一倍有多。這條路現時的石仍很平坦，縣志說是乾隆年間，鄉人捐金所築的。考諸石路上的石，都是就地取材，取自大老山的怪石鑿平而鋪砌的。

飛鵝嶺的山峰，完全不像老虎頭，怎能說飛鵝嶺即虎頭山呢？雖然山凹處有一條“當衝要道”，但不能因有一條要道就證明飛鵝嶺即虎頭山的。其實，虎頭山根本亦不像老虎頭，縣志裏不是說得很明白麼？它明明寫著“亦名獺子頭”。水獺的頭與老虎的頭有很大的分別，反為與飛鵝的頭較接近，足見這又叫獺子頭的虎頭山，就是今日的飛鵝嶺。

飛鵝嶺上有一座氣象觀測站，港人稱為天文台，這是香港北部測陣風紀錄僅次於大帽山觀測站的一個，因它的高度僅低於大帽山。故每逢颱風襲港，電台的天氣報告一定有該處的陣風紀錄報告。遇到降霜或結冰，也有報告。從前天氣報告仍稱飛鵝嶺，今已改稱大老山。[11] 獅子山下和飛鵝嶺下，現在是幾處大型的屋邨所在，慈雲山、黃大仙、竹園、鑽石山，都有新型和舊型的屋邨，這些地方在戰後初期，仍是荒山野嶺，五十年代初則成為木屋區，其後才發展而成公共屋邨。

大老山的得名，相信是由於山邊有條大老村之故。大老村在大老山邊，其下即為蠔涌鄉，這條大老村現時已經荒廢了，成為一條無人居住的荒村。村內的屋宇沒有人居住，村邊的禾田已長滿青草，但村邊的一座果園，以及村中的一條石澗，卻成為旅行人士在此休息和露營的理想地點。每逢秋冬遠足旅行季節，這地方十分熱鬧，正因如此，亦有人曾被歹徒在此劫殺。

清朝 "遷海" 的痛苦歷史

飛鵝嶺山凹處的這條石路，是乾隆壬子年所築

---

11 編者註：即現時香港天文台的 "大老山氣象站"。

成，即建於 1792 年，是清朝統一台灣以後才建成的。清朝於康熙廿二年（1683）統一台灣，但取消"遷海"政策則在康熙八年（1669），足見當時康熙皇帝早已知道"遷海"是一種勞民傷財而又毫無作用的行為。要統一台灣，避免鄭成功的海上游擊活動，只有發展海軍才是辦法，強迫沿海村民舉家遷入內地，絕對不是辦法。

　　首先建議取消"遷海"的是廣東巡撫王來任。王來任於康熙七年（1668）時，親自到廣東各沿海地區巡視。當時受"遷海"影響的有香山、新寧，及東莞寶安等縣，新寧即今日的新會和台山兩縣的沿海地區。相傳王來任當時到過今日上水石湖墟視察，故石湖墟有一條"巡撫街"，即為紀念王來任的。由於他看到沿海鄉村的慘狀，加上廣州方面的內遷移民賣兒賣女的慘況，便毅然上疏給康熙皇帝，請求"展界"。

　　所謂"展界"，即是取消遷海計劃，把從前迫遷的鄉村，擴展回來，故"展界"又稱"復遷"。《新安縣志》內有"遷復"一條目，其中"遷"即"遷徙"，"復"即"恢復"原狀。其"復"的一條載云：

　　康熙七年，巡撫王疏奏乞展界，奉旨特派欽保會同總督周勘展邊界，設防守海，士民歡呼載道，皆遠迎之。十月，總督因上疏請先展界，然後設防。八年正月展界，許民歸業，不願者聽便。

"巡撫王"即王來任,他當時是廣東巡撫,上疏力陳"遷海"之害,他的《展界復鄉疏》全文甚長,節錄其中展界一段於後:

　　題為微臣受恩深重,捐軀莫報,謹臨危披瀝一得之愚,仰祈睿監。臣死暝目事。

　　……粵東之邊界急宜展也。粵負山面海,疆土原不甚廣,今概於海濱之地,一遷再遷,流離數十萬之民,每年拋棄地丁錢糧三十餘萬兩。地遷矣,又在在重兵以守,其界內之地,立界之所築墩台、椿柵,每年每月又用人夫、土木修整,動用不貲,不費公家絲粟,皆出之民力。未遷之民日苦派辦,流離之民各無棲址,死喪頻聞,欲民生不困苦,其可得乎?

　　臣請將原遷之界,悉弛其禁,招徠遷民復業耕種與煎晒鹽斤,將港內河撤去其椿,聽民採捕,將腹內之兵盡撤,駐防沿海州縣,以防外患。於國用不無小補,而祖宗之地又不輕棄,於民生大有裨益。

　　如謂所遷棄之地丁雖少,而禦海之患甚大,臣思設兵原以杜衛,封疆而資戰守,今避海寇侵掠,慮百姓而資盜糧,不見安壤上策,乃縮地遷民,棄其門戶而守堂奧,臣未之前聞也。臣撫粵二年有餘,亦未聞海寇大逆侵掠之事,所有者仍是內地被遷逃海之民相聚為盜,今若展其邊界,即此盜亦賣刀買犢耳。舍此不講,徒聚議不求民瘼,皆泛言也。

這篇奏疏，是王來任病中所寫的。

康熙元年下令迫遷沿海居民入內地，這是初遷；康熙二年八月，再強行遷徙，是為再遷。故王來任的奏疏，有"一遷再遷"之句。

當時遷海，實際上導致廣東省的財政困難。由於強迫鄉民放棄田地廬墓而入內陸，田糧稅項等損失，每年達三十餘萬兩；再加以在界外建煙墩、柵寨、營房等工事，這些費用全都向附近鄉村抽剝；而大量移民流入內地生活無著，造成社會混亂。故王來任不得不上疏力陳此種措施不妥。疏中所稱之"未遷之民日苦派辦，流離之民各無樓址"，雖淡淡兩句，已刻劃出當時廣東的經濟危機及政府的財政困難。

王來任當時已染重病，故題本開頭有"臨危披瀝一得之愚"，及"臣死瞑目"等句。他寫了這張奏疏之後，就病死任所。奏疏至明年（康熙八年）才到達北京，故稱之為遺疏。《東莞縣志》記載更為詳細，其載云：

先是七年春，王來任卒於任，遺疏陳五事，一請展界。奉旨准復，遣官至廣東勘議展界。八月，兩廣總督周有德與都統特進戶部侍郎雷某，會同平南王勘邊，見遷民流離狀，疏請即復。疏中有云："若待會勘事竣始請安插，恐時日稽緩，開墾艱難，牛種不能早辦，有誤春耕。"至是遂令復業，倒懸立解。老稚歡呼，共頌王周兩公仁政。

原來周有德也是一位反對“遷海”政策的賢官，他在康熙三年在山東，已提議展界。

　　《清史稿·周有德傳》云：

　　周有德，字彝初，漢軍鑲紅旗人。順治二年，自貢生授弘文院編修，五年，從英親王阿濟格討叛將薑瓖，還，遷侍讀。康熙元年，遷國史院侍讀學士，尋擢弘文院學士。二年，授山東巡撫，三年，以獲選人加工部侍郎銜。迭疏請寬登、萊、青三府海禁，俾居民得捕魚資生，請以歷城明季藩府地視民田科賦，請復孤貧口糧。……六年，擢兩廣總督。七年，上遣都統特錦等會勘廣東沿海邊界，設兵防汛，俾民復業……

　　周有德在山東巡撫任內，已經反對實施海禁，他恢復了登州、萊州等地的漁鹽生產，早已知道“遷海”政策行不通，故此當康熙接納王來任的建議，派員來廣東視察時，他主張立即讓人民復業，不能再拖延，以免錯過春耕的機會。原來康熙派員來視察時，已是農曆八月，如果再向皇帝報告，又聽候皇帝派員來劃界安插，最快也得明年仲春二月才有結果，那時已錯過了春耕的機會，經濟危機再加深，就更難收拾。幸康熙立即答應，是以到了十月，各被迫遷的鄉人能返鄉進行耕作，迎接春耕。

　　這就是“遷海”與“復遷”的經過情形。復遷之後，整頓水師，用兵船在海上巡運，代替了只用墩台守望的古老方法，各鄉鄉人因為嘗過"遷海"的慘狀，也提高警惕，協助防守。故此到了康熙十一年（1672），台灣李奇曾率艦船來攻香港，也容易從水陸兩方面將他擊退。

《新安縣志‧寇盜》載云：

> 康熙十一年九月內，台灣巨逆李奇等，率寇船流劫地方，游移蠔涌登岸，屠掠鄉村。知縣李可成、游擊蔡昶聞報，即統集鄉勇官兵，協力擒剿。賊見劫難與敵，回奔無路，遂潛逃瀝源等山。李可成遊督兵押捕，盡行擒殺，地方始寧。

這是復界之後，台灣鄭成功的部眾首次來攻本港地區，他派李奇率眾從西貢海那邊登陸，該處地方即現時的白沙灣。蠔涌是該區最大的鄉村，也就是飛鵝嶺"當衝要道"所通的鄉村之一，但村民因受"遷海"之苦，不敢響應，且和官兵合作，將李奇擊退。文中所稱李奇"回奔無路"，亦足有一述。

查西貢一帶海域，屬易入難出的海域，到過西貢區旅行的人，如果曾租船作海上暢遊，相信一定發覺該區海島如林，海灣無數。這些海島有大有小，海灣多由陸上的半島所形成。現時的萬宜水庫一帶，海灣與海島特別多。從外海進入該區，必經牛尾灣而入，到了白水灣登陸，船艦就困集於該處。李奇等進攻蠔涌鄉遇到頑抗後，企圖回船撤退，被鄉勇和官兵封鎖了海域的通路，就變成了回奔無路。李奇等無法從水上退出，只能沿著山路逃遁。所謂"潛遁瀝源等山"，便是指他們無法由水路撤退，只好走山路。西貢背後有很多大山，這些大山的背後，就是沙田區，沙田古稱瀝源。李奇等從西貢登山，逃到沙田去。

從西貢到沙田，有很多山路可走，筆者曾隨本港幾個旅行隊，走過該幾條路線，研究李奇當年因回奔無路而登瀝源諸山的可能路徑。現時熱門的旅行路線是"麥理浩徑"，它的起點在北潭涌。北潭涌離西貢海不遠，而"麥理浩徑"的第四段路線，就是橫走"瀝源諸山"的一條路線，它的起點為企嶺下，終點為大老山的基維爾童軍營地，其中一段，就是上文所說飛鵝嶺下凹的石砌的"當衝要道"。從西貢到沙田去，可從企嶺下經黃竹洋而下開頭，該處已屬沙田海範圍，海面上有一奇景名"三杯酒"，是近岸海面有三座經風化的小島，形如三隻酒杯。沿海邊有十四鄉，其中烏溪沙是人們都知道的度假營地，在此有船渡海可到中文大學前的馬料水。[12]

另一條路徑由西貢西北的北港而登茅坪，從茅

12　編者註：隨著馬鞍山的發展，烏溪沙與馬料水之間的街渡已取消，市民可以鐵路或巴士等途徑來往兩地。烏溪沙碼頭亦已改為公眾碼頭。

坪而入梅子林，該處山上有一條亂石縱橫的大水坑，從這大水坑而下亦可以到沙田。又有一條路線，從白沙灣起步，登水牛山，穿過水牛山脊而到茂草岩，在茂草岩北面也有一條古坑可到小瀝源，水坑很長，直達沙田圍，相信當年李奇在白沙灣的船隻被堵塞了去路，是走這一條山路而入小瀝源。縣志上所說的"登瀝源諸山"，料必是登上水牛山和茂草岩，沿著大水坑而入小瀝源。這段山路崎嶇難走，但沿路有山坑及密林可作掩蔽及休息，只因當時各鄉害怕再被迫遷海，使李奇不能活動。

現時的"麥理浩徑"旅行路線的第四站和第五站，就是從大老山經獅子山而到石梨貝水塘去的一段路，這段路線即穿過飛鵝嶺及獅子山。由於已開了車路及小路，步行並不困難，到此一遊，可以認識虎頭山就是大老山，以及可以看到獅子山山頭上的山形似獅子頭。

清初的"遷海"政策出了很多悲劇，《東莞縣志·人物略》中有這麼一段：

> 方佐朝，字仲匡，號柱堂，亨美人。讀書知大義。康熙初，海氛未靖，下令遷界，四鄉廬墓，界外皆墟，亨美之西南二社，死者十之四五。佐朝痛之。值科爾坤、介山二大人巡邊，佐朝率男婦千餘人叩於馬前。大人曰：余任徙邊，不任為爾謀家室。佐朝泣訴，招男婦隨行里許，哭聲震野，乃

給諭免役。佐朝於距鄉半里大陂邊，結棚蓋茅，令得棲息。及復界，無轉死溝壑者。時尚藩方朘民財，海之涯，自軍鋪至虎門，鹽田千頃，產草可織蓆，藩委差於軍鋪，設廠濫徵，流民愈窘。佐朝慨然曰：死一人以生千萬人，不待智者辨也。挺身控於藩，未至為所執，繫私牢中。佐朝賂守者得逸，走訴於督撫，極言民不堪狀。遂奉諭禁革，眾感德之。

　　這是遷海與復遷中的一段小插曲。原來復遷之後，平南王尚可喜還要強迫東莞人織草蓆供軍用，令到民不聊生。方佐朝看不過眼，冒生命危險去請願。這件事雖與香港地區歷史無關，但亦可見當年人民生活的窘苦。

九龍塘發展史

從花田到貴族住宅區

　　九龍塘是一個充滿花園洋房的貴族住宅區。香港人都知道，香港島的半山區多花園洋房，但半山區的花園洋房並不密集，分佈地區極廣，不像九龍塘的花園洋房那樣多，那樣密。它的特點是建在一塊平原和一小小的山崗上。這個特殊的貴族住宅區目前雖然已有改變的趨勢，但大部分仍保持它的初期面貌。

　　九龍塘為什麼仍能保持初期的面貌，以及保持這麼多的花園洋房呢？說起來有很多有趣的歷史。現在先講九龍塘的命名。

　　九龍塘位於九龍城砦之西，現時的分界線是以九龍仔公園之西為開始，至窩打老道之西、廣九鐵路[13]邊緣為止。這個地區稱為九龍塘，原因是從前該處有一條九龍塘村。

　　《新安縣志》官富司管屬客籍村莊內，就有"九龍塘"村之名，說明這條村在嘉慶年間已經存在，而且是一條客家村。此村的建成，是在康熙八年"復界"

13　編者註：廣九鐵路即連接廣州至九龍的鐵路，現已分拆為廣州至深圳的"廣深鐵路"及香港港鐵的"東鐵線"。

之後，廣東省政府為了大力開發從前因為 "遷界" 而荒廢的土地，鼓勵內陸居民向沿海移民而開發的。

由於該村離九龍城砦不遠，而且村地平坦而較低，該處又有一條小涌流經區內而出九龍灣，利於耕種及養魚，開了不少的魚塘，故名九龍塘村。在該地劃入香港版圖的初期，仍然保持鄉村模樣。不過九龍塘村在 1898 年時期，已經甚少人耕田種稻，該村的村民，已經改種稻為種菜及種花，更主要還是以種花為最大宗。

經濟作物通常是隨著市場需要而種植的，當香港人口不斷增加時，需要蔬菜極多，需要鮮花亦多，因此，在鄰近市場的地區，就改種蔬菜與蒔花。九龍塘村的村民，亦因此而放棄種稻而種花。由於該處是一片平原，極適合種花之故，種花的人多，該處就儼然是一座大花園了。

九龍塘村本是一條小村落，當時村前的稻田在該地未列入香港版圖之前，是向新安縣繳納田稅的。自劃入本港版圖之後，這些土地便變成官地，要向香港的田土廳登記，該村的村民當時亦依法登記了他們的田土。到了 1916 年，香港因第一次世界大戰影響，經濟衰退，很多英國人要回國服兵役。當時九龍塘村的花農和菜農，收入大不如前，種了的蒔花沒有人買，蔬菜的銷路亦大減，很多村民都無法維持下去。他們只好放棄種花和種菜，而到市區去做工，有些則到廣州去做工。在歐戰的幾年當中，九龍塘的花田和菜田，有很多已經荒蕪，生了野草。

歐戰結束之後，本港經濟又漸漸復甦，到了 1920 年時，有一位英國商人名叫義德的，他覺得九龍塘的環境不錯，便組織了一間九龍塘花園置業公司，草擬計劃，將九龍塘建成一個花園洋房區，在港招股。他的計劃是向九龍塘村人，購買他們已荒蕪的花田和菜田，並向港府申請，把這地區建成一個適宜於西人居住的住宅區。他的計劃立即為當局接納，於是開始招股。

原來，自從九龍半島劃入香港版圖之後，當時很多西人都覺得九龍沒有適合他們居住的住宅區，他們住在港島的半山區，頗覺不方便。義德建議將九龍塘闢作宜於西人居住的住宅區，自然受到歐西人士歡迎，特別是一些需要在九龍辦公的高官，以及在尖沙咀設有分公司的洋行職員，都極歡迎這一計劃。因此他的置業公司立即就組成，不少人都認了股。

義德就將這些土地買下來，然後將九龍塘設計成每一座洋樓，都有一個花園。他所繪畫的藍圖且規定各洋樓不能超過三層高，更規定每座洋樓之間，都有一定的空間隔離，務使住在該處的住戶，戶戶獨立，不會騷擾他們的鄰居。據說義德當時的設計，是取材於英倫一處高尚住宅區的，因此頗受當時中西高尚人士讚許。

義德的九龍塘花園置業公司規定，每一位股東均有座花園洋房，因此在動工之前，就進行抽籤分配洋房，抽籤定了洋房的位置之後，各股東不得異議。這種情形，和現時的居者有其屋有點相似，亦和集體購買樓宇相似。

置業公司的清盤訟案

可是正當建屋的時候，義德不幸逝世，由於他的突然病逝，置業公司內部很多工作，別人不太清楚，以致影響整個九龍塘的建屋計劃。總之，當時各股東因為信任義德，沒有理會到他和各建築公司所訂的合約內容，亦不知道他將資金如何運用。他死後，眼看進展得如此緩慢，各股東極不滿意。於是各股東便要求清盤，成立債權人會，待清理賬目後再作打算。

當時九龍塘花園置業公司的股東，實際上具有雙重身分，其中一種身分是公司的股東，而另一身分則是花園洋房的業主，因為他們加入為股東，目的是建造花園洋房自住。因此在他們要求置業公司清盤之時，負責建築九龍塘花園洋房的建築公司，竟然是最大的債權人。

建築公司是最大的債權人，它向法庭依法申請查封九龍塘的所有花園洋房，以便償還義德所組織的公司所欠的款項。這樣一來，那些集資建屋的股東，不能不成立一個業主維持會，以便和建築公司打官司。

按照法例，公司清盤，公司所有的資產都必須凍結，用拍賣方式將產業換回現金，然後分派給債權人。建築公司是第一債權人，而各花園置業公司的股東又是花園洋房的業主，是不能提出異議反對查封各物業的。但實際上各股東並非義德的花園置業公司的執行董事，他們對花園置業公司的一切錢銀軋轇全不知情，實際上是集資建屋者而已，故此案情十分複雜，不能以一般有限公司清盤的方法處理。

那時是 1924 年底。依照當時物業的市價，位於九龍塘的樓宇，是屬於偏僻地區，毫無商業價值，故此有人估計，假若查封之後，拿出來拍賣，所得的價錢，還未足以還清債權人的欠債。換句話說，那些身為花園置業公司的股東，實際上即集資建屋者，將是一無所有，故此他們不能不力爭。

當時九龍塘的花園洋房已建成了七成，尚差三成就完成整個住宅區計劃，全體業主以業主維持會的名義，到處奔走呼援，向政府請願，向社會人士公佈建屋的全部經過情形，表明這一件事並非一間公司清盤那樣簡單。

想不到晴天霹靂，1925 年上海發生了五卅慘案，這年 6 月，香港又爆發了聲勢浩大的省港大罷工。這時候整個香港受到震動，很多工人都返廣州，富人亦不敢在香港居住。這一件 "清盤官司"，從 1925 年一直押後到 1927 年底，成為當時本港一件歷時最久且懸而不決的訟案。

1928 年，香港已漸漸恢復元氣，受罷工所影響的工商界各業亦漸漸恢復，建築公司的股東和置業公司的集資建屋者亦紛紛回港。經過罷工運動的震動，大家已心平氣和許多。當局亦不願再引起社會不安，由華民政務司和何東出面，召集各方面的代表舉行協商會議，和平解決這件懸案。

建築公司願意讓步，它要求業主維持會每一股東，照當時與義德的九龍塘花園置業公司所部的股本，各增百分之九，作為償還建築公司的欠債。由於所謂欠債，是包括未建成的三成花園洋房建築費在內，這些洋房根本未建成，實無所謂欠債可言，只因公司清盤，建築公司以未履行合約為理由，將未建成的三成建築費都劃入欠債項下。現在各人願意再加百分之九的資金給建築商，建築亦答應將未建成的三成洋房加以完成。

雙方協議之後，整個九龍塘的花園洋房住宅區，便於 1929 年全部完成，全部業主都先後入伙，成為全港一處屋宇最整齊而又多樹木花卉的住宅區。馬路清潔，環境寧靜，被譽為全港最理想的貴族住宅區了。

香港街坊會的先河

業主維持會成為當時團結區內各業主的組織。事件解決之後，這個組織本來應該解散，但區內各業主認為有維持該會的必要。除了因為它有紀念性之外，另一理由為區內業主必須團結，對於區內的事，應該大家協同辦理。

當時香港並沒有街坊會之設，否則這個維持會可以改為街坊會。在沒有適當的名稱以前，九龍塘業主維持會，實際上已等於街坊會。

它和街坊會有所分別，分別的地方是會員全屬業主。同時，由於義德成立九龍塘花園置業公司時，曾訂下很多守則，這些守則都是為保護住宅區內環境而設，維持會各會員，亦同意維持義德訂下的守則。

這些守則規定各業主在重建屋宇的時候，必須保持花園的面積，同時不得加高，以免阻礙鄰屋的陽光。享受陽光照射是該區的特點，故必須保持。守則的內容很多，大概還包括不得將屋宇作商業用途，或作家庭手工廠，以免影響居住環境及安寧等等；甚至犬隻吠聲，如擾人清夢，也在禁止之列。會員如有爭議，該會即開大會討論，務求以和為貴。總之，維持會仍有維持下去的價值，但當時該會並無會址。

九龍塘的街道命名，也是依照義德的藍圖而命名的，他是將英國的地名，作為街道的命名，如蘭開夏

九龍塘發展史

道、劍橋道、牛津道等。義德雖然無法看到他的設計付之實現，但他的設計備受英國人讚許。1929 年以後，很多英國人來港遊覽，亦到該區去觀光一番。

據說何東爵士是當時贊助建設該區最力的人，後來他又出面調停紛爭，因此該區特以何東之名命名其中一條街道。

1932 年，何東爵士建議業主維持會向政府申請撥地建築會址，因該區仍有一塊半月形的地段是屬於官地。何東爵士事先曾與有關方面研究該官地的發展用途，知道當局未打算加以拍賣，因此示意維持會改組為一會所，向政府申請將這幅地段改為會址。

維持會宣佈解散，成立新的會所，定名為"九龍塘花園城會所"。這個名字，以"花園城"三字最為起眼，亦標誌著義德所設計的屋與屋之間保持距離，以及每層必有花園的特點。維持會本是業主的組織，花園城會所則把會員資格擴大到住客方面，凡居住在九龍塘花園城的住客，都可申請加入為會員，但住客如遷出九龍塘區，就不是該區的居民，大會通過後即可取消其會員資格；至於業主則不同，業主雖然不是住在該區，但其業權在該區，故其會員資格被確定。會員方面，亦分兩種，一為有選舉權的會員，一為無選舉權的會員。

嚴格說來，九龍塘花園城會所是全港第一間"街坊會"。街坊會是由街坊共同組織的會所，成員包括業主與住客在內。因當時香港還未有街坊會之設,九龍塘這個會所,完全是街坊會的性質,可以說是創街坊會先河。

今日全港有很多街坊會,每一區都有一個街坊會,街坊會亦各有會址,這些會址各由政府供給使用。街坊首長由街坊選出,他們為街坊服務,而街坊會內亦各有各種康樂活動。這些現代街坊會的特點,九龍塘花園城會所在創立時已經具備,可以說後來的街坊會,是參考該會所的內容而設計的。

當局於 1934 年批准了該會興建會所的申請,就將那幅半月形的地段,撥給該會興建會所之用。該會址於 1934 年冬興建,於 1935 年 1 月 19 日落成,舉行開幕禮。

會所的情形如下:正中為一座大堂,鋪上柚木地板,作為餐舞會之用。這座大堂,可供一百五十人聚會及餐舞。大堂的另一角,則為酒吧。此外有桌球室、遊戲室、閱覽室、男女更衣室、廁所、浴室等。

最特別的地方,是會所的天台。這座天台設備桌椅,供會員乘涼及晒太陽之用;同時又是一座看台,因為在會所的側面,是網球場和滾球場,當球賽舉行時,天台就是最佳的看台。

名為花園城會所,當然不能沒有花園,所以會所四周,都有花草樹木種植。

九龍塘花園城會所成立後,該會一直擔任維持九龍塘區的花園住宅區的職責，彼此互相約束，保持該區幽美的居住環境。由於環境實在幽美，鄰近地區的地段，在興建住宅時，也仿照九龍塘花園洋房的形式興建，這些地區，伸展到太子道以及窩打老道北段。差不多所有鄰近地區的住宅，都是依照義德的設計標準而興建的，具見設計這龐大住宅區的義德有獨到的眼光。

成為日軍佔領的鹿島區

在"黑暗時代"，香港到處都當災，九龍塘亦在所難免。所謂"黑暗時代"，是指日軍佔領香港的三年零八個月的日子，當時日軍佔領香港後九龍塘所受到的災難亦不少。

原來日軍亦欣賞這個"花園城"，他們監視整個香港，覺得沒有那一區的住宅，有如九龍塘的幽美，於是決定把九龍塘闢作日本人的高級住宅區。所有對攻略香港有功的人士、日本的軍官，以及高級文職人員，一律佔住九龍塘的花園住宅，強迫住在該區的居民遷出。

當時該區很多花園洋房都有英國人居住，這些英籍人士，已被押往赤柱集中營，他們的住宅，已被日軍佔住，其他的屋宇住客，早在日軍攻入九龍塘時，不少已遭殺害、強姦與擄掠。日軍派了一隊軍人駐守該區，即使未遭殺掠的居民，已有風聲鶴唳之感，就是日軍不強迫遷出，他們都自願遷出去。日軍把該區劃為香港的"特別區"，為九龍塘改了一個日本化的名字，稱做"鹿島區"。九龍塘花園城會所，當然也被佔領。

九龍塘被日軍改為"鹿島區"之後，將此區列入"特別區城"。所謂"特別"，是指未經佔領軍當局批准，任何人不能遷入該區居住。

換句話說，這一個花園城住宅區，在淪陷時期，就成為特種人物的住宅區，住在該處的全部都是日本人，包括日本商人、日軍的高級軍官和高級文職人員。日軍為了保護該區的安全，派了大隊日軍駐守該區，並且將該區封鎖。在區內設有站崗，並在四邊入口的街道旁邊，用三合土建成"街壘"，每個街壘內，都架有機關槍，以防游擊隊衝入該區對付日軍高級人員。進入該區，如無通行證即格殺勿論。

因此在香港淪陷期間，普通市民從九龍城出旺角或油麻地，多不敢經窩打老道，要繞道由土瓜灣或紅磡而出油麻地，為的是怕經過這個"鹿島區"時，無辜被槍殺。原來，那些奉派在該區守衛"街壘"的日軍，生活極為苦悶，他們的獸性無從發洩，就以經過該處的中國人為靶子，因此常常有人無辜被槍殺，令到街坊敬而遠之，不敢經過該區的邊緣。

花園城市的面貌轉變

經過三年零八個月的黑暗時期，這個花園城住宅區在香港重光後，開始改變了。主要原因是由於戰時該區改為"鹿島區"，住上了大批的日本人。日本投降後，住在該區的日本人全都變成俘虜，他們所住的房屋，暫時先以"敵產"的名義加以管理，等待舊日的原業主申請管接。因此，戰後初期該區的花園洋房，很多闢作軍官宿舍。

香港重光之初，由於市區內大多數建築物都很殘缺，尤以住宅區殘破得更甚，大批英國的海陸空軍軍官要到香港來重建秩序，他們需要房屋居住，九龍塘在戰時為日本住宅區，這時日軍進了集中營，這些住宅，恰好作為來港工作的英國三軍軍官的暫時住所。

戰時被迫遷離該區的業主，住在香港的當然立即申請遷回原住所去居住，而戰時逃難入內地的業主，其後紛紛回來，也申請接管原業，但並非立即就可遷回原屋居住。原來軍方可引用"徵用民居"條例，暫時徵用，等到解決了英軍官居住問題之後才交回。這樣，就引起了很多業主把房屋出售給別人，因為他們回港急需地方居住，原住處又被徵用，為了解決住屋問題，賣出不能入住的屋，得款解決住屋問題是當時最急切的事情。所以該區的很多業權，在戰時至戰後初期，都起了變化。

其中有一部分房屋，在淪陷時期被日軍佔住，日軍娶了個華籍女人做老婆，住在該處。這些日人華籍妻子，不少是有積蓄的，她們知道原業主在淪陷時期生活很苦，多向他們遊說把業權出讓給她。日本投降後，這些無結婚證明的女人避開了一個時期，其後回來，由於她是有證明文件證明是用金錢買了房屋業權的，故此仍是業主，她們取得合法登記後，再將業權轉讓。另外一些房屋的業主是西人，他們在戰爭時期殉職了，由後人繼承業權後，又把它出售。故該區的業權，起了重大變化。

由於業權起了重大變化，原由義德成立的花園城置業公司時期的業主，大部分都換了新人，相信只有少數是"原始業主"而已。這樣，那些新的業主，就忘記了該住宅建設初時的宗旨，把這個花園城住宅區的幽美環境加以破壞，令到一些"原始業主"不勝嗟嘆。

義德在建設該住宅區的時候，曾作過多次演講，他提倡的幽美住宅區，環境必須寧靜而清潔，必須有更多的樹木和充足的陽光與空氣。因此他在組織公司、集資建屋時，主張業主們遵守一項"公約"，即大家合力保持上述的幾項原則。現在業權起了變化，這些原則便沒有人遵守。於是，商人看中了該區的環境幽美，認為是"汽車酒店"最理想的地點，於是在該區建設了不少"汽車酒店"，變成了尋芳客到來歡世界的地方。這種情形，首先引起一位住在該區的名流公開指責。但他的指責，並沒有作用，原因是業主們都不知道原始建設時的"公約"，而他們又沒有在公約上簽字。

很多貪官、毒販，也都成為該區的業主，他們利用該區幽美的環境，在區內幹最污濁的工作。後來當局大力肅清貪污，大力掃毒，在該區拘捕了不少毒販和貪官，總算已將該區清潔了一下。但"汽車酒店"，則似乎無能為力。

隨著地價高漲以及本港可用的地皮有限，看來這個花園城住宅區的幽美環境，已無法再保持昔日的面貌。現在已有不少高層大廈在該區興建了。

廣播道與廣播電台

廣播道是龍翔道附屬支路

　　廣播道在九龍獅子山下，是香港政府在二十世紀六十年代開發該區而建成的新路。道路本身沒有什麼史跡可談，但因為這條街道成為人們所稱的"五台山"[14]，它是電視台和廣播電台集中之地，正是街道雖新，但廣播電台歷史悠久，就值得一談了。

　　廣播道並非因為街道上有了電視台和廣播電台才得名，它是先命了名，然後才在該街道上設電視台和廣播電台的。換句話說，是港府先計劃將全港的電視台和廣播電台集中在該區，才將它命名為廣播道的。這樣的街道模式，從前無此設計。

　　廣播道的英文路牌，與鄰近各街道，如龍翔道等街道的稱呼不同。附近的街道，不是稱路（Road）就是稱街（Street），而廣播道則稱為 Drive，它的街道路牌，下面寫著英文全銜——Broadcast Drive，前一英文字是無線電廣播，後一英文字，原意為馬車路。

　　中國傳統街道分類，有大道、大街、路、街、

14　編者註：二十世紀七十年代，廣播道合集了香港電台、商業電台、佳藝電視、麗的電視、無線電視，一共五家電台及電視台，故被稱為"五台山"。

坊、巷、里。北方則有里、弄、胡同等分類。北方的胡同，在廣東也有類似的稱呼，它就是"圍"。這些傳統的街道分類，香港也保持，並且找到英國同類名稱給予稱呼。這些分類，亦有簡寫的代號，如 Rd. 為路或道，St. 為街，L. 為里。P. 為徑，Sq. 為坊，Ave. 為巷，Court 為圍。至於道路的稱謂，就較為複雜，廣播道稱 Drive，龍翔道叫 Road，碧景枝道則叫 Way，使人無法明瞭分類的原則是怎樣的。

當六十年代發展獅子山地區的時候，當局開發獅子山下的大片土地，建設一條主要的道路，使青山道和大埔道與獅子山隧道連貫起來，這條主幹道路就是龍翔道。在龍翔道經過的地區，開山劈石得了大片土地，便計劃將全港的廣播電台，集中到該區來，所以在開闢龍翔道的時候，已開闢廣播道。

大概由於廣播道是龍翔道這條主幹道路的支路，故把它稱為 Drive，表示它是一條附屬支路。本港早期街道的名稱，習慣了將附屬於主路的支路稱為 Drive，例如寶雲道的支路，中文叫"寶雲徑"的，亦用這個英文字稱呼；春坎角的環角徑、淺水灣的麗景道，也都用這個字稱呼。這個字原指一種可容小馬車通過的道路，所以初期的翻譯，把它譯成"徑"。但現在的廣播道，則比一些古老的稱 Road 的馬路要寬闊得多，是以仍稱之為"道"。

香港電台的最初

在廣播道上，有多家廣播公司開設，其中歷史最悠久的，應算香港廣播電台，現稱香港電台。其次是商業電台，還有麗的電視和無線電視，從前還有一個佳藝電視。[15] 廣播道雖新，而街道上的機構，卻有悠久的歷史，所以我們可以這樣說，假如沒有香港電台、商業電台、麗的電視等歷史悠久的廣播機構，就不會有廣播道。

現在先談香港電台的開辦經過，這個廣播電台，可以說是歷盡滄桑，它的台址，亦都搬遷過多次。

自從第一次世界大戰之後，歐洲經過戰爭破壞，各國為了重建國家，科技因而得到發展。歐戰時的無線電報，已發展為無線電傳聲，廣播專業亦發展起來。故在歐洲，已有廣播電台之設，英國亦設立了廣播電台，各國開始生產收音機，廣播事業為電子工業開拓市場。

香港是遠東一個大商港，上海也是一個大商港，這兩個商埠，歐美有什麼東西，亦會同時傳送過來。故此到了 1923 年，上海和香港，都有西人主張設立廣

---

15 編者註：現時廣播道上的傳媒機構，只有香港電台及商業電台兩家。麗的電視在 1982 改名為亞洲電視，在 2007 年遷往大埔工業邨，2016 年結束免費電視台營運，2018 年推出網絡電視服務。無線電視則在 1988 年遷出廣播道，現址在將軍澳電視廣播城。

播電台。

據 1978 年出版的《香港電台五十年》一書記載：

……早在一九二三年，已有一群市民，組織了一個香港廣播會，會員大部分是社會知名人士，經常播放重要新聞，及向聽眾宣傳廣播的重要性。他們也嘗試過把景星戲院的歌劇演出，廣播出去，收到良好的效果。

這和上海租界設立第一個廣播電台的時間相同。當時由於上海和香港之間，試辦無線電報成功，因而引起西人的興趣。無線電可以將聲音從遠處傳遞而來，故香港與上海，同時有一群西人，對廣播事業產生興趣。這群西人，大部分是當時的新聞從業員、政府機關的首長，以及洋行大班和洋行買辦。他們對廣播事業有興趣，一方面是因為這是傳播消息最快的方法，同時可以為收音機開拓市場。上引的一段文字，提及香港廣播會的成員，大部分是社會知名人士，這些人士包括遮打爵士、修頓爵士，以及《南華早報》的編輯和記者等。

根據現存的資料，在 1922 年時，英國和美國的無線電出口商，曾來遠東推銷無線電設備。他們帶了廣播電台的設備，到香港和上海展覽，並在會場作示範播音。當時兩地的洋行大班和買辦，以及新聞界等極感興趣。無線電收音機首次和市民見面，立即就吸引有購買力的人注意。這次展覽的一部分展品，出口商就以半賣半送的方式，或以寄售的方式交給洋行大班處理，因此就有了開設廣播電台的物質基礎。

香港廣播會就是在無線電展覽會結束後，由洋行大班、新聞從業員和一部分政府官員組成的。他們以展品中的廣播電台設備，試行播音，會員利用收音機收聽，研究廣播效果。廣播會的會員，協力推動廣播技術的成分，多於推動普及，原因是當時一切設備都在雛型時期，廣播技術和收音技術，都在探索中，播音技術搞得不好，是很難把廣播事業普及的。

香港廣播會的廣播電台，最初是開設於《南華早報》的頂樓上，首次播音亦在該處播出。《南華早報》的社址，當時在雲咸街，是屬於較高位置的地方。當時只有廿幾個會員，他們的收音機亦在附近的洋行內，因此收音相當良好，對於部分位於堅道和荷李活道的會員，收音亦頗清楚，於是就決定在該處廣播。

這時廣播是在 1925 年開始的，當時約定每逢星期三和星期六上午播音一次，下午播音一次。但是這個制度，不久因省港大罷工而打斷了。

1925 年 6 月本港爆發了一場罷工潮，使很多本港的基本建設都受到影響，廣播事業當然也受風潮的衝擊。香港廣播會的定期播放節目，實行了幾個月，即遭受風潮打擊，也無法定期播音。不過，經過這次風潮之後，香港政府認識到播音事業的重要，原因是在風潮爆發之初，廣播會的廣播，對若干買辦階級和歐西人士起了安定人心的作用。當時廣播會的廣播，經常播出政府的公佈，以及有利於政府的消息，所以定時廣播中斷了幾個月之後，香港政府立即支持該會的經費，又恢復定時廣播。

香港廣播會本是民間組織，初時廣播的費用，都是由會員經費支持的，大部分經常費由西報支持。到了大罷工時期，港府才支持廣播經費，使廣播能繼續下去，奠下了政府辦廣播電台的基礎。

1927年罷工結束之後，香港漸漸恢復繁榮，當時上海亦有一個較穩定的局面，上海租界的廣播電台所起的作用，香港是看得到的，因此香港也準備擴充廣播電台的設備。當時由於廣播電台設於《南華早報》內，受地理環境影響，較遠的住宅區收不到播音，港府建議將電台設在太平山頂，在山頂上連一座發射塔，使電波能傳播到每一個角落去。當時收音機已運港推銷，售價亦比1922年廉價得多，據說1922年一部收音機售三百多元，1927年則已降為每部二百元，但當時的二百元，仍是相當貴的。

1927年一具留聲機器也售一百元，故普通人很難買一具留聲機器，但對有錢人來說，一百元在他們消費能力之內，是以當時富有的家庭，都有留聲機器。二百元一部收音機，普通人更買不起，富有人家就買得起，因此到了1928年，本港已有三百多個收音機用戶。

在當時，買一部收音機，就自動成為香港廣播會的會員，出售收音機的商店，會叫他們繳納會費，代他們申請為會員。那時的收音機，要在用戶的天台上，豎起兩支長竹竿，拖一條長天線方能接收廣播，買收音機者很自然就要報上地址，所以沒有不成為廣播會會員的用戶。這種會員會費，就成為日後政府接辦廣播電台時，用戶需繳納收音機牌照費的基礎。

初期廣播電台的經費，靠廣播會會員的會費來支持，但會員所納的會費實在有限，只可夠交電費，其他一切支出，靠熱心的會員捐獻，例如唱片、器材的補充與維修，都是由熱心人士支持。至於播音員，則是義務的，他們每星期撥出兩天時間，擔任廣播。

故在大罷工時期，義務廣播員因受罷工影響不能工作，政府便撥出經費，支持繼續廣播。罷工風潮過後，政府認識到廣播工作的重要，就更加增多一些經費，支持廣播。當時香港政府內部，對於支持廣播亦分成兩派，一派主張政府應正式成立廣播電台，負責全部經費；但另一派認為這項開支太龐大，政府不宜負擔，應由商人辦理廣播事業。

港府接辦香港電台

當任港督金文泰，是極力主張由政府接辦廣播電台的。只因有部分官員頑固地主張政府不宜負擔太龐大的開支，他只好表示，不妨試試物色商人承辦，如果沒有商人承辦，就由政府接辦。因此，本來在 1927 年應由政府接辦廣播電台，卻推辭了差不多一年之後才實現。

無線電廣播在當時是處於萌芽時代，收音機的用戶數量不多，有誰肯投資到這塊未開發的荒地上去耕耘？是以經過一年多的招商承辦，始終沒有商人去投資。結果，港府便於 1928 年 6 月 30 日，正式接辦了廣播電台。

港府將廣播會的廣播電台接辦之初，仍沿用廣播會的舊呼號，這個呼號叫 GOW，同時將廣播時間定為每天定時播送節目。以前是逢星期三、六播音，那時改作天天播音，不過，播音時間只在晚上九時至十一時。在播音的時候，也加播粵語新聞報告，這樣一來，使很多不懂英語的富有人家，也買一部收音機回家，收聽播音節目了。

港府接辦廣播電台後，隨即宣佈收音機牌照費為每年港幣四元。這項收費，與廣播會會員的年費相同，以前廣播會會員繳費支持該會播音，現時則給政府，作為彌補廣播經費，因此大家都樂於領取牌照。自 1928 年 6 月 30 日以後，由於天天播音，收音機也暢銷起來，以前每年售出百多部收音機，自 1928 年天天播音之後，只九個月，就售出三百多部收音機。

關於九個月內售出三百部收音機，以及香港政府接辦廣播電台的情形，《香港電台五十年》一書有如下的敘述：

翌年，即一九二九年，前郵政總監被委任為廣播電台的台長，他就是史密夫先生。同時，廣播電台的台址，也遷到了德輔道中的郵政大廈，正式成立廣播電台了。

在新總部第一次會議時，主席高興地指出，自一九二九年初至今，平均每月增發三十二張收音機牌照，使政府增加了一千二百元的收入。並估計明年一九三零年，將會增至二千四百元。

每張收音機牌照費四元，增發三百張收音機牌照，就有一千二百元的收入。第一次會議是在 1929 年 9 月舉行，即九個月內，全港售出三百部收音機，等於過去幾年的總銷售量。

廣播電台第一次會議，由電台台長任主席，這次會議是議定廣播電台正式舉行開幕禮的日期，以及討論廣播時間及廣播節目，並且訂定新的呼號，以代替舊的 GOW。這次會議決定新的呼號為 ZBW，開幕禮定於 1929 年 10 月 8 日，播音時間延長，由原來每天兩小時增加至四小時，除晚上九時至十一時之外，並在正午十二時至二時播音一次。廣播會議並且編排當日的節目，為隆重其事，聘請音樂界參加演出。因此嚴格說來，香港電台的台慶應是 10 月 8 日。

《香港建造業百年史》有〈香港廣播電台開辦經過〉一章，載云：

　　根據可靠紀錄，香港政府無線電報局，是在一九二三年成立的，至一九二五年，開始設有廣播電台，借用南華早報樓上為台址，每逢星期三、六播音一次。後來台址遷往山頂，但因山頂交通不便，旋於一九二九年間，再將台址遷往郵政大廈二樓，重新佈置符合當時理想的播音室，而山頂方面仍設轉播台，傳達聲浪。新播音台於一九二九年十月八日下午九時開幕，由當任護督修頓親臨主持。當時本港發出收音機牌照僅有五百餘張，其中三百餘張為西人所有。到了一九三二年，播音台遷往告羅士打行三樓，直至一九五零年，才遷往電氣大廈七樓及八樓。

　　可見 10 月 8 日下午九時，是香港電台正式開幕的日子。但只因前一年，即 1928 年 6 月 30 日，是港府正式接辦廣播電台的日子，所以該台的台慶，也定於6 月 30 日。而且 1978 年，算是創辦的五十週年，慶祝它的金禧紀念。

　　上面引文中的郵政大廈，並不是現時位於愛丁堡廣場上的郵政大廈，而是現時位於德輔道中和畢打街之間的地下鐵車站。至於告羅士打行，現時已改建為置地廣場了。

　　至於當時廣播電台開幕，本來應由港督金文泰主持開幕典禮的，只因金文泰到菲律賓去訪問，任輔政司的修頓署理港督職務，是以由他主持開幕禮。

香港電台設立中文廣播電台

ZBW 這個廣播電台呼號，是英語廣播電台的呼號。從 1929 年 10 月 8 日開始，至電台於 1932 年遷往告羅士打行三樓廣播時，香港仍是只得一個以英語為主的 ZBW 廣播電台，當時該台只在播放新聞及天氣報告時，兼用廣州話廣播。直到七七盧溝橋事變之後，港府才考慮另外設立一個中文廣播電台。

1937 年七七盧溝橋事變，抗日戰爭爆發，很多華人來港避難，香港人口急劇增加。來港避難的華人，雖然窮人佔大多數，但是有錢人亦不少。當時的收音機牌照，已增加到約八千張，港府覺得有另設一中文廣播電台的必要，因為當時有很多緊急的措施，需要利用廣播傳達給市民知道，因此中文廣播電台，於 1938 年 1 月正式成立，不再依附於 ZBW 英語廣播電台，而另設呼號，稱 ZEK。

從 1928 年 6 月 30 日港府正式接辦廣播電台，至 1938 年，剛剛滿十年。就是說，自創辦電台之後，凡十年才設中文電台，中文電台的開設，可說是太遲了。

其實也難怪香港政府遲遲才設中文台的，因當時廣播電台的全年開支，約為九萬元。根據現存的資料，1938年當任港督羅富國在慶祝電台創辦十週年時致詞指出，在過去十年當中，政府用於廣播電台的費用，共達九十萬元，即是每年平均用去九萬元。至於當時的收音機牌照，已達八千張，每張年費四元，共三萬二千元，即尚欠五萬多元才收支平衡。

假如不是七七抗戰軍興，大量難民來港，港府也不會立即就開設 ZEK 中文廣播電台的。因為開設中文廣播電台，經費肯定大為增加，但因形勢要有一個傳播機構，不能不開設。

ZEK 中文廣播電台，最初只是每日廣播六小時，播音時間日間兩小時，晚上四小時。日間的節目由十二時開始至下午二時，晚上由下午七時至十一時。但稍後，則提前由下午六時開始廣播，如要轉播戲院粵劇演出，則會延長至深夜十二時，長時期維持這樣的廣播時間。

當時最受歡迎的播音節目，嚴格說來，是新聞節目。大部分有收音機的家庭，都是中上階層家庭，可以說是知識分子家庭，他們關心國家大事，因此凡到新聞報告的時間，家家戶戶都扭開收音機，聽新聞報告。其中不少商人聽眾，更留心國際大事及金融匯水行情，故當時收聽率最高的，是新聞報告。

其次是一個"故事演講"的節目，所謂故事演講，實際上是"講古"。記得首次在電台講古的，是方榮先生。他第一個故事，是講《七俠五義》，是一本古典繡像小說，又名《五鼠鬧東京》，內容是敘述一群江湖好漢的英雄事蹟。

日間新聞報告在一時正，晚上則在六時零三分，在報告當晚節目之後。第一次新聞報告，是轉播倫敦英國廣播電台的新聞。當時中國正在抗戰，歐洲亦極緊張，大家都關心國際大事。每逢新聞報告，涼茶舖門外都聚焦很多聽眾。

涼茶店成小廣播站

談到香港廣播事業的發展，香港的涼茶店是一位功臣，在收音機仍極昂貴的時候，一般小市民，只能到涼茶店去聽廣播。

自從 ZEK 電台設立之後，本港各街坊的涼茶店，都已購備收音機以廣招徠，因此涼茶店實際上是負起廣播站的作用。各處街坊坊眾最想聽廣播的，可到涼茶店門前去側耳傾聽，或者到裏邊去，飲一碗涼茶，坐下來聽廣播。

涼茶店成為廣播事業的支持者，亦有它的發展過程。當有留聲機器之初，那時約為 1920 年，涼茶店已用留聲機器作為宣傳工具，店家在當眼的地方，放一座巨型的留聲機器，這種留聲機器像一個巨型的木櫃，在櫃頂上有一個喇叭，喇叭對著一隻小狗，單這一點已具吸引力。涼茶店有專人負責放唱片，播出音樂。

當時本港已有唱片公司，錄取名伶的歌曲，出版唱片，其中有不少廣東音樂唱片。很多人一生未見過留聲機器及唱片，都到涼茶店來，欣賞整套留聲機器設備。

那時的留聲機器是用發條來轉動的，每唱一邊唱片，要上鏈一次，並且要換一口唱針。當時唱片的錄音技術是最雛型的蠟盆錄音，唱片的材料是又重又大的雲母片，一首粵曲要四張唱片才能錄成，錄音雖然很差，但因為是新出品，故吸引坊眾。及到廣播事業展開，涼茶舖的留聲機器已差不多超齡，他們就更換一種收音機和電唱機合成的櫃機，用廣播代替放唱片。

涼茶店從前是本港主要的商店，凡在人口密度高的住宅區內，都有開設。港人飲涼茶成為習慣，每個月總要飲幾次涼茶，因此各主要街道和住宅區都有涼茶店，他們不約而同都買備收音機招徠顧客，無形中就代替政府負起設廣播站的責任。他們義務為政府廣播新聞。

戰時的香港廣播事業

1940 年，本港已感到日軍的威脅，為了配合防空演習，當局在港九各區，設立廣播網。全港九所有的街市，都是廣播站，在街市的大門口兩邊，裝上巨型的傳聲喇叭，這些傳聲喇叭直接聯繫廣播室，它既可以傳送防空當局的消息，亦可以轉播電台的廣播。

那時港九各處都開鑿了很多防空洞，防空洞內亦有廣播設備，廣播政府消息。ZEK 及 ZBW 兩個廣播電台，在防空演習上，擔當極重要的角色。記得當時兩個電台，舉辦過多次防空講座，指導市民認識防空的各種知識。

當日軍發動侵華戰爭時，中國各城市均遭日機濫炸，平民死傷枕藉。這些新聞，每日 ZEK 電台都有廣播，因此港人都認識到，萬一戰爭爆發，為避免生命受威脅，必須跑到防空洞去避難。故在防空演習時期，本港的收音機銷路大增，很多有能力買得起收音機的人，都買一部收音機，以便收聽各種防空消息。

記得在第一次實行燈火管制的時候，各廣播站發出 "嗚嗚" 聲的防空警告訊號，接著電台宣佈敵機若干架，從東北方飛來，市民應把所有的電燈關上。

從前很多市民都不知道敵機在上空，是聽不到城市下面的聲音的，以為敵機飛來轟炸，除了關上電燈之外，還要默不作聲。其後聽了廣播，方知敵人的飛機在上空，是聽不到地面廣播的，市民可以照廣播指示的辦法避免遭受轟炸。廣播電台對於戰時體制，功效至大。

1941 年初，港府感到日軍有急於進攻香港的趨勢，因此宣佈一項新措施，這就是撤退英籍婦孺，以及勸令外籍在港人員，應將婦孺先行撤離香港。當時本港有很多英國軍政人員，都是有家眷在港的，她們奉命撤退，撤退的地點是澳洲。原來，那時歐洲方面已發生大戰，德軍攻入法國，直接威脅英倫。香港的英國婦孺，不能撤退返英，只好撤退到澳洲去。到了6月，全部婦孺都撤退到澳洲，但那時日軍仍無進攻香港的跡象。到了9月，很多英國人都上書給港督，要求將家眷從澳洲撤返香港，他們表示這種妻離子散的生活，實在是熬不住，其中以一批新婚不久的英國人最為煩悶，他們抨擊港府強行拆散恩愛夫妻。

港府表示戰爭的威脅並未解除，此舉是十分必要，但亦了解到他們妻離子散的心情，特地由 ZBW 電台，安排一個 "溫暖家庭" 節目，讓留港的英國男士，和在澳洲的妻子或兒女對話。他們可以藉著電台的聲浪，傳達心聲給對方，慰情聊勝於無。這個節目的播放時間在晚上十一時，每次廣播，盡量安排他們在 "空中見面"。

這個安排在港英人和撤退到澳洲去的婦孺交談的節目，約二十天舉辦一次，是由香港廣播電台和澳洲廣播電台合辦的。先由香港的英國人向廣播電台申請，要求與住在澳洲的某某人談話，香港方面收到申請信之後，通知澳洲廣播電台，約定她們於指定日期及時間，到澳洲電台去對話。這樣不僅恩愛的夫妻可以直接問好，同時所有的親友，亦可以在收音機旁邊，聽到他們的聲音。這是一個別開生面的節目。

這個節目進行得十分順利，亦可以緩和所有在港英人的情緒。當每次"對話"之後，電台接著宣佈下一次節目的日期，並宣讀一批名單，預告下一次將由某些人到電台來對話。它的受歡迎程度，比任何一個廣播節目為熱烈。

根據《香港電台五十年》一書的記載，這個節目的最後一次播放日期是 1941 年 12 月 2 日（星期二），當時亦安排在 12 月 21 日（星期日）進行下次廣播。但當年 12 月 8 日，日軍已向香港發動進攻了。

日軍於 1941 年 12 月 8 日越過邊界，攻入新界，12 月 12 日已攻佔整個九龍。上述由香港和澳洲合辦的節目自然中斷，但香港的兩個廣播電台，仍然負起戰時任務，繼續廣播。

日軍攻佔九龍後，日軍的司令官酒井隆佔據了半島酒店，作為他的行政機關。他希望利用廣播來達到不戰而勝的目的，於是在尖沙咀海面，放下大批的廣播浮台，拖出海中心去，向港島方面廣播。這是日軍攻佔九龍之初，設立的第一個廣播電台。

日軍這個廣播電台的播音室，設於半島酒店頂樓，利用半島酒店的頂樓發射聲浪，使聲浪經由浮出海面的喇叭接收及廣播出去。當時整個維多利亞港，自上環到灣仔的海面，都有這種浮台播音，播音用中英語播出，有時則間以音樂，目的在擾亂軍心與人心，勸港島方面投降。

這種海面浮台廣播，由 12 月 13 日開始，連續了差不多一個星期。港島英軍方面，亦同樣用木筏乘載喇叭，浮出海中心，向日軍廣播。港島英軍方面的廣播，是對日軍表示堅決抗戰到底，勸日軍馬上退出九龍。總之，當時的維多利亞港海面，發生一場"廣播戰"。

港督楊慕琦的廣播，也從海面浮台上傳向九龍。他的廣播表示香港將戰至一兵一卒，叫日軍不要妄想。他的廣播辭，除英語外，也用日語和華語播出。

港島和九龍方面，曾舉行過一次"和談"，這"和談"也是由海面浮台廣播而促成的。大約在 12 月 19日，酒井隆中將突然通過廣播，要求港島方面的英軍，派人到九龍半島來和談。廣播邀請港島方面，可派一艘電船，載三位代表到九龍公眾碼頭登岸，碼頭豎起一面日本旗的地方，日軍將歡迎他們。港島方面作出反應，果然派了三位代表渡海而來，由日軍帶到半島酒店酒井隆的辦公室去談判。原來酒井隆並非有什麼和談條件，而是向三位代表誇耀日本的武力，說如果英軍不投降的話，香港將被夷為平地，死人無數。

三位代表知道所謂和談，不過是要英軍無條件投降。當臨別時，酒井隆讓他們帶返一份最後通牒，說廿四小時之內如不投降，大轟炸、大屠殺就要展開。三代表返回港島後，日軍的浮台廣播，立即播出最後通牒的內容。

在海面浮台廣播的時候，日軍實在並未停止過炮轟港島的措施，也未停止過派飛機轟炸和掃射平民。當時灣仔修頓球場，已被闢作救濟難民的救護站，球場四邊豎起了紅十字會的旗幟，很多市民因住宅被炸、工廠停工，無飯可食，都集中到修頓球場來領取救濟飯。日軍的飛機，飛臨上空，投彈轟炸，又掃射領救濟飯的平民，死傷無數。同時，沿海邊的海岸線，已佈滿鐵網和軍隊，因此當時在香港生活的市民，很多都不知道海面上，正展開一場"廣播戰"。

日軍後來終於攻入香港島，12月24日晚，港督楊慕琦宣佈投降，香港開始渡過三年零八個月的黑暗日子。日軍佔領香港之後，他們第一件要做的事，就是佔領香港電台，並且很快恢復播音。由此可見，日軍對廣播事業亦非常重視。從他們佔領九龍之後，即開始懂得用電台廣播這件事看來，便知他們重視傳播事業。

日軍在12月28日浩浩蕩蕩，在港島舉行入城式，一星期後，即1942年1月4日，便恢復廣播電台的播音，並將電台的呼號，改為JPHA。這四個英文字呼號，是"日本佔領地香港放送局"的縮寫。從此之後，港人聽不到ZEK及ZBW了。

日軍佔領香港時期，JPHA電台的設備，實際上是ZEK和ZBW的設備，因此這兩個電台的一切，並未遭受破壞，尤以中文電台的唱片，保存得特別良好。當中原因是淪陷時期沒有什麼新節目，大部分時間都是放唱片，其中粵曲唱片和時代曲唱片，大多數沒有抗日色彩，隨便一張都適宜播放，主持中文節目的又是中國人，他們常常在舊料攤上收買很多古老的粵曲唱片，反而補充原來中文 ZEK 電台的不足，豐富了唱片的收藏。因此到香港重光之後，ZEK 電台恢復的時候，簡直不需要擔心沒有唱片播放。

戰後初期 ZEK 的廣播時間，仍和戰前一樣，中午播放兩小時，下午六時起，播放五個小時。到 1946年，收音機牌照費由戰前的一年十二元，加至一年二十元，當時有二萬二千多張收音機牌照發出，即港府每年有四十多萬元收入，用於發展廣播事業。

戰後初期香港的廣播，令很多戰時逃入內地避難、回港復員的市民一新耳目的，就是時代曲唱片的豐富。原來，在戰爭後期，上海方面拍了很多新電影，這些新電影有很多插曲，都是在戰時大後方聽不到的，這些電影插曲也出版唱片，日軍的 JPHA 電台也有播放這些時代曲唱片。這些唱片在戰後初期繼續播放，使很多從大後方返港的人聽到，頗有新鮮感。另一方面，戰時大後方的時代曲，也在日軍統治下出版，香港的人亦一新耳目。

屬於戰時在日軍統治下出版的時代曲，以李香蘭為最多，如"三年"、"四季歌"等，而周璇的"夜上海"及"瘋狂世界"，都是當時的作品。而屬於在大後方的時代曲作品，有"玫瑰玫瑰我愛你"、"杜鵑花"、"忘了我吧"等。ZEK 將這些時代曲一爐共治，比在廣州、上海等地的廣播電台，開放得多，因當時內地對於日佔時代的歌曲，仍未解禁。

香港電台的全面改革

1947 年，ZEK 顯現發覺自己落後於形勢，不得不計劃全面改革。

原來，1947 年下半年，廣州的廣播事業發展神速。廣州有四個商業性廣播電台，發射力強，而節目則有聲有色，而且是全日廣播。香港的收音機用戶，大部分都收聽廣州電台的節目，使 ZEK 的收聽率，空前下降。

廣州那幾個商業性的電台，完全靠廣告客戶支持他們的經費。其中有一個節目，名為"天空小說"，由一位自稱"天空小說家"的主持主講，收聽率最高，因此廣告亦最多。當時，全港的收音機用戶，都收聽廣州這一個節目。

這個節目是在中午吃午飯時間播出，當"天空小說"在廣州的電台播放時，本港的大街小巷、商店和涼茶店，都站滿人在傾聽，人們彷彿忘記了 ZEK 也在這個時間有廣播。廣州的廣播事業，對香港的廣播事業，起了一種刺激作用，它除了激發 ZEK 改進之外，同時也激發起人們在香港設商業電台的構思，影響到香港後來廣播事業的重要改進。

1948 年，ZBW 成立二十週年紀念慶祝，電台方面，作了重大的改革。首先是，將 ZBW 和 ZEK 的名稱取消，一律稱為"香港廣播電台"，ZEK 稱為中文台，ZBW 稱為英文台，同時延長了廣播時間，由早上七時三十分便開始廣播。不過並非從早上開始一直廣播到深夜，只是加了早上一段由七時三十分至九時的晨早廣播時間而已。

面對廣州廣播電台的挑戰，香港廣播電台增加了早晨節目還是不夠的。晚上，還增加了粵劇廣播節目。當時香港基本上集中了全部粵劇界優秀人材，經常有兩班粵劇演出，因此香港電台中文台積極發展粵劇廣播，到戲院去將粵劇上演的全部過程，直接廣播給家庭聽眾欣賞。這一項新節目，為香港電台爭回大部分香港收聽率，但並沒有使廣州方面的聽眾，收聽香港電台的節目。因為那時香港電台的設備，全屬戰前的設備，比廣州幾個商業性電台的設備落後，發射聲浪的能力，不及廣州各電台。

革新設備成為當急之務。事實上，當時在香港境內很多地區，在收聽香港電台時，仍有很多雜聲，收聽得極不清楚，收聽廣州方面的廣播時反而比較清晰。難怪當時在午飯時候，家家戶戶都收聽廣州廣播的"天空小說"。英國 BBC 電台，知道香港急需革新設備，答應供應最新的設備來港。因此香港電台遷往干諾道中的電氣大廈去，使用新的機器加強發射力。

1949 年，香港電台在電氣大廈廣播，使用剛從英國運來的設備，並加強了很多節目，用以對抗廣州方面的挑戰。

百花齊放的香港廣播事業

另一個廣州廣播對香港廣播事業的影響，是提出了廣播廣告的經營方法。1948 年夏，本港很多住戶都收到一張有線廣播市場調查的明信片，它就是 "麗的呼聲" 在建立前的市場調查。很多住戶對這個調查反應熱烈，於是 "麗的呼聲" 便開始在香港以嶄新的姿態出現。

當時收音機的售價仍然很貴，普通一座沒有中波或短波的收音機，仍售一百五十元。當時的物價，白米零售每斤五毫，普通一間房間的月租是六十元，一般工人的收入只是一百元左右，故很多市民買不起收音機。"麗的呼聲" 的收費是每月十元，包括繳納收音機牌照費在內，它供應一座像收音機一樣的收音座，可以收聽該公司的有線廣播。

買不起收音機的人家，對這項服務極表歡迎，因此麗的呼聲那一座收聽機，從一開始就成為廣大市民收聽廣播的工具，家家戶戶都申請裝設。

麗的呼聲因為是有線廣播，因此聲浪特別清楚，在天氣不穩定的時候，仍然收聽得十分清晰。它的播放時間甚長，自上午七時至晚上十二時，全日不停廣播。它又和香港電台有默契，可轉播香港電台的節目，因此即使家有收音機的，亦裝設一座"麗的呼聲"。這時候，把香港聽眾的收聽率，爭回收聽香港廣播。

　　1949年後，很多廣州廣播人材都來了香港，麗的呼聲延攬了一些人材，發展很多新節目。這時，廣州已沒有商業性的電台，香港廣播事業少了外在的勁敵，只有內部的競爭。由於麗的呼聲的廣告收入不斷增加，證實了廣州當年商業廣播電台的經營方法有前途，因此另一個新的商業廣播電台，就在五十年代中期開始籌備。

　　從廣州來香港的廣播人材，包括"天空小說家"、廣播劇的編寫人、廣播廣告從業員、廣播電台管理人員等，這些人材不是麗的呼聲能全部收容，多設一個廣播電台，不愁不夠人用。因此到了1959年香港出現一個新的廣播電台，這就是香港商業廣播電台。

　　香港商業廣播電台成立於1959年8月，它的台址並非在廣播道。當時廣播道還未有設計藍圖，可以說，在當時完全沒有人會想到，所有廣播電台都會集中在廣播道的。究竟當時商業電台的台址在什麼地方呢？原來，當時的台址在九龍的荔枝角，就在荔園遊樂場附近。

　　商業電台未成立之前，本港的廣播法例，作了若干的修訂。首先是 1953 年任命廣播處長，他的職責在於管理香港電台。同時，立法局亦通過了商業電台的成立，發給廣播電台牌照，這些立法程序，使商業電台也和香港電台一樣，有中文台和英文台，即既向華人提供廣播節目，也向西人提供節目。這時，本港市民多了一個廣播電台，可選擇自己歡喜的節目。

　　商業電台中文台初期的節目，基本上保持四十年代後期廣州電台的特點，以播放"天空小說"、"諧劇"、粵曲、時代曲為主，但亦有它的特點，特點是重視香港的突發新聞。它的外勤採訪和報館的採訪工作相同，遇有突發新聞立即驅車到現場訪問，爭取第一時間播放。用報社處理新聞的方法處理新聞廣播，原因是它的新聞採訪組的成員，大部分是向本港各報挖角而來，有些是從前廣州的新聞從業員，他們有採訪新聞的經驗，加上新聞界向來重視"第一時間"，是以把新聞廣播攪得有聲有色。

　　現場廣播球賽以及轉播粵劇演出，原是香港電台的特備節目，這時商業電台也重視這兩個節目。除了西文台之外，中文台播放歐西流行曲的時間並不多。

　　本港的人口結構，也影響廣播事業。1961 年，本港進行戰後首次的戶口調查。在戶口調查之後，公佈本港人口結構時，廣播界發現本港的人口與五十年代初期完全不同。當時本港人口平均年齡十分年輕，廿一歲以上的人口，和廿一歲以下的人口幾乎相等。換句話說，廿歲以下的年青人佔人口的比例極大。

《香港電台五十年》一書寫道：「電台已開始用年青的'唱片騎師'來吸引大量的年青聽眾，因為當時全港人口數字指出，百分之五十的人口的年齡，是在廿一歲以下。」全港整個廣播界，都注意增加吸引年青人的節目。

商業電台開辦時，香港電台已經實行由上午七時至午夜十二時的全日廣播時間。他們發現年青人擁有收音機的數量極多，原來當時半導體收音機已經流行，而且價錢便宜，三幾十元就可以買一部。港人稱這種半導體收音機為「原子粒收音機」，由於價廉，很多人都買得起，特別是在工廠工作的青年男女工友，擁有「原子粒收音機」最多。

第一個為青年工友而設的，是「工人樂園」節目。這個節目由香港電台始創，是一個將播音直接帶進工廠去的節目。電台的工作人員到工廠去訪問，其中有年青的男女 DJ 及一個四人樂隊，節目由工友們唱歌，或演奏樂器、有獎遊戲等。他們先到工廠去錄了音，然後於星期四下午播放。這個節目獲得廣大的工友支持，也得到工廠東主支持，非常成功。

商業電台也有同樣的節目，麗的呼聲亦有同一性質的節目，兩個無線廣播電台和一個有線廣播電台，紛紛修改那些過時的節目，以迎合年青人的品味。

這樣一來，年青人就和中年人與老年人在收聽廣播時，都感到電台的節目不夠味。雖然增加了年青人喜愛的節目，但他們仍是覺得不夠，而中年人和老年人更覺得不是味道，很多從前他們歡喜的節目，都被刪去。一個廣播電台，決難滿足老中青三種人口的需要。

廣播電台原則上是向市民提供娛樂節目，既然老中青三種人口的趣味不同，而一個廣播電台實在是不夠的。因此麗的呼聲有線廣播便開設第二個中文台，而商業電台也開設第二台，這樣，就可以把兩個電台作分類，其中一個電台為老年人和中年人而設，一個則為青年人而設，以滿足三種人口的需要。

商業廣告也因電台開設第二台而自動分類。那些以年青人為推銷對象的商品廣告，可在專為年青人播放節目的電台傳播；以中年人或老年人為推銷對象的商品廣告，就可以在老年和中年人的電台中播放。因此，兩個電台都有廣告支持，就可以發展起來，增加很多新節目。

電視廣播的發展

隨著科技的進步，世界各大都市都有電視廣播，香港被稱為遠東一個重要的商埠，怎可以沒有電視廣播呢？麗的呼聲有線廣播既然辦得十分成功，它的有線設備，是發展成有線電視的現成設備，因此麗的呼聲就開辦了有線電視廣播。1957年12月，香港成為英國屬地當中第一個有電視廣播的地區。當時"麗的電視"只播黑白畫面，而且廣播時間很短，每週只播二十八小時節目，其後逐漸增加播映時間。由於是一種新興的娛樂事業，加上該公司提供一批分期付款的電視機，使一般家庭能夠購買，故創辦不到一年，已有六萬多個電視用戶。

麗的電視也和麗的呼聲一樣，是要用戶交節目費的，因此該公司有雙重的收入，能加強廣播。

麗的電視雖然不斷加強廣播時間，但是由於它是專利事業，沒有引起競爭，對於節目的內容，改進得非常少，基本上，仍是維持五十年代粵語電影的水平。因此，它對只播聲音的香港電台和商業電台，並未構成威脅。相反地，由於半導體收音機不斷推陳出新，售價不斷下降，反而促進了播音廣播的發展。

1965年，當局宣佈取消收音機牌照的規定，從此，購買收音機時，不再需要報上姓名地址及每年繳納收音機牌照費。這是因為電視機的牌照費，可以代替收音機牌照，政府依然有一筆廣播收入，用以支持香港電台的撥款。

由於麗的電視的節目沒有多大的改進，商人經過市場調查，發現市民需要一個有豐富節目，而又不收節目費的電視台，因此就開始組織一間無線電視廣播公司，向政府申請成立無線電視廣播電台，為市民提供無線電視廣播。無線電視廣播的誕生，因為事前經過市場調查，故此它一開始，即受市民歡迎。

1967 年，無線電視廣播面世。當時適逢香港發生了一次騷動的風潮，在那一年的下半年內，經常有宵禁及各種動亂的事件發生在街頭上，很多人不願外出，寧在家中看電視。無線電視在這段日子內，外勤採訪隊工作得非常積極，常以第一時間播出動盪的新消息，及播出政府的重要新措施，它基本上已經打下了深厚的基礎。故此到了 1969 年，無線電視每週已可播放一百六十小時的節目。

各廣播機構遷到廣播道

當無線電視成立之初，廣播道已經建成了，故它的台址被規定在廣播道上，而且，當局也將各個廣播電台遷到廣播道來。廣播道，就成為廣播電台集中的街道。那時，商業電台已從荔枝角遷到廣播道來，香港電台也從水星大廈（前稱電氣大廈）遷來，麗的電視也在廣播道建了新台址。

廣播道的興建，是經過顧問公司的調查研究才建成的，並非徒然由政府用行政力量指定所有廣播電台都要集中在該處的。據說顧問公司當時在港九各地作了一次廣泛的地理調查，結果認定在獅子山下這個地點最佳。原因是，該地面對整個港島的北部地區，港島亦可接收，而它的地勢又較高，在此發射電波，基本上整個九龍市區都可接收，故認定該處為最理想的電波發射地。因此港府才將該地位置較高的地區，開闢為廣播區，亦因此將這條街道，稱為廣播道。

事實證明選擇廣播道為廣播區的決定，是非常正確的。香港電台自遷入廣播道之後，它的播放能力已經大為加強，收音比在水星大廈時清楚很多；無線電視在"試播"期間，亦證明市區大部分地區收視清楚。但這只是就大部分地區而言。在初期從廣播道發射的電波，仍有很多"死角地區"，這些"死角地區"收接電波的能力很弱，收音不甚清楚，或聲浪很弱，螢幕上的畫面亦不理想。原因是，有些地區在山谷地帶，以及在獅子山背面，這些地區包括港島跑馬地、鰂魚涌、香港仔及赤柱，在對海則是新界大部分地區。

雖然在廣播道上廣播的電台，初期遇到不少"死角地區"，但並非證明當局選錯了地點。相反，是證明選擇地點正確，因為該處是發射電波"死角地區"最少的地區，只要在那些接收不到電波的地區，另建轉播站，就可以解決了。自1969年開始，各電台都在港九各處山頭，建了不少轉播站，將電波傳到每個角落去。

由於轉播站的不斷加建，不但使從前收看和收聽不到的地區可以收看和收聽，連帶遠方地區的地帶，也接收到這些廣播電波。例如澳門，從前是收不到香港電視的，在收聽香港廣播時，也收聽得不清楚，加強了轉播站後，澳門也收得十分清楚。於是乎，廣播電台和電視台，就可以把業務擴展到澳門去，而且可以把節目伸展到澳門去作現場廣播，使其廣播事業與澳門打成一片。廣播電台藝員到澳門去演出，直接轉播，使香港觀眾和聽眾，享受到從澳門播出的節目。

電視台三台鼎立

1969 年，當局宣佈取消電視機牌照費的規定，這是一項推進無線電視廣播的措施，促使更多的市民購買電視機，這無疑對有線電視是一項嚴重的大打擊。因此麗的電視亦從那時開始，急需從有線電視，改革成無線電視，否則就追不上形勢。所以稍後，"麗視"亦以無線電視的姿態出現，爭取觀眾和爭取廣告了。

正當"麗視"和"無線"展開節目競爭和業務競爭的時候，另一個新電視台，亦加入競爭，這個電視台，就是"佳視"。

佳藝電視於 1975 年 9 月成立，記得當天開幕禮時，由當時紅到發紫的日籍華裔歌星翁倩玉主持一個大型節目，載歌載舞，非常精彩。當天開幕時，很多家庭都收看。可惜佳視沒有把握這個新鮮熱辣的時機，在當天將最佳節目推出，以致新鮮感一過，收視率就下降。

在香港廣播事業史上，佳藝電視是唯一不設英語台的廣播機構。如上所述，香港電台是先有英語廣播，然後有粵語廣播的，麗的呼聲也是有一英語廣播台和兩個粵語廣播台的，商業電台也是一樣。其後電視廣播，無線和麗視都是各有一個英語廣播台，只有佳視是唯一不設英語台的。在經濟上，佳視似乎佔有優勢，因為"英語廣播"是一項虧本的廣播。

香港人口百分之九十九是華人，而只佔百分之一人口的西人，卻享受到百分之九十九華人同樣的廣播節目。試想那百分之一的人口，要他們收聽或收看那麼多個廣播台的節目，實際上是不可能的。事實上，一個英語廣播台加一個英語電視台，已經足夠滿足他們的需要，其餘的都屬於浪費，在節約能源的時候，首先是應考慮削減這些英語廣播的時間，以免浪費。在經營上也是如此，因為人口的不平衡，致使英語廣播的廣告收入經常不如理想。佳藝電視能夠不播英語節目，在經濟上是減輕了很多負擔，應該是有利的。但是它又另外負擔了一個大包袱，這個包袱是負責播放"教育電視"節目。

"教育電視"是本港特設的一項廣播，它是由香港教育司署的教育電視組製作的一個節目，在學校上課時，學生於教室內一邊收看，一邊學習的。政府既有

"教育電視"之設,但卻不設一個電視廣播電台,看起來十分矛盾,其實是絕不矛盾。

原來政府在批准電視廣播電台成立之時,已有條文規定電視廣播電台,必須撥出時間,播映"教育電視"節目,同時也要撥出節目的時間,播映香港電台電視部所製作的片集。因此政府雖然有電視製作,卻不必設立廣播電台播放電視節目,"教育電視"就是規定要由各電視台播放。[16]

當佳視未成立前,"教育電視"節目由無線和麗視兩個電視電台播放,播放這種節目是完全義務的。當佳視成立時,它和政府訂立了合約,就是不設英語電視廣播,但卻要播放"教育電視"。這樣一來,佳視等於放下了"英語電視"這個包袱,而又背上"教育電視"這個包袱。

當"教育電視"節目由佳視全責播放時,往常播放"教育電視"的時間,在無線與麗視來說,是獲得"解放",這些時間給它們有更多機會發展其他節目。從前這些時間是毫無收益的,這時多多少少都有一些收入,反過來佳視就沒有這種收入了。因此有人說,佳視的經營上處於劣勢,是與此有關。

---

16 編者註:1976 年,教育電視與香港電台合併。2020 年,香港通訊局指經免費電視播放的教育電視收視持續偏低,故此後毋須電視台在廣播時間播放教育電視,而香港電台在下一年度起亦不再獲撥款拍攝及製作教育電視,政府會尋找外判商拍攝相關的教學影片。

佳視因為要播映"教育電視"，日間的全部時間，就成為無收益時間；而麗視與無線卻在這個時候，加強了日間時間的節目，使觀眾習慣了收看他們的節目，反而增加了晚上佳視的節目收視。因此佳視經營了年多，就告支持不住，不得不來一次"改組"，以便振作起來。但"改組"之後，依然難逃停業的命運。

　　佳視結束的時候，曾有過一段小插曲，就是有人向當局請願，認為佳視可以繼續經營下去，因為有人肯大量投資，但當局卻不願意接受投資者投資。請願並不能改變佳視的命運，因為對於無線電廣播事業的經營，每個政府都有其投資原則，香港也不能例外。這是由於廣播傳達消息最快，又是宣傳的最有效方法，政府必須對投資者信賴，才容許他們投資，這是無可厚非的。於是亦可以看到當時號稱自由經濟的香港，投資並非有絕對的自由。

　　佳視結束後，"教育電視"便又回復以前的播放情況，由無線與麗視於上課時間播放。兩個電視台亦從此展開激烈的業務競爭。

　　香港的電視競爭是集中於所謂"黃金時間"內，這段時間乃下午七時至晚上十一時，其中七時至九時是"黃金鑽石時間"，兩家電視台都在這段時間內爭取收視率，形成一種短兵相接狀態，鬥得難分難解。這樣一來，使很多電視觀眾有難以取捨之感。這種情形是別的地區所無的，因為別的地區的電視節目並不一窩蜂向低級趣味競爭。

　　香港電視競爭做成競向低級趣味發展，主要原因是香港的電視機全部放在家庭內，家庭成員大部分在吃飯時間看電視，下午七時以前人們都在工作地點回家途中，故七時至九時這段時間特別重要。為了迎合知識水平較低的一大群觀眾，便不得不以打打殺殺、奸淫邪盜等情節去愚弄觀眾。

　　在外國，汽車電視機極為普遍，很多人在返家途中亦能在汽車內看電視，去旅行也看電視，"黃金時間"較長；同時一些電視台的策劃人，製作一些既有趣味而又富知識性的節目，供知識分子收看。故並非全部鬥低級趣味，節目開展的廣告天地亦較闊。

　　本港的汽車電視機甚少，但汽車收音機則極為普遍，因此電視台對播音台的影響極微。即使在電視"黃金時間"內，收聽播音的人也多於看電視的人，因為很多知識分子寧願收聽播音，也不收看電視，播音的"黃金時間"比電視為長。很多工廠為了調劑工人的工作情緒，都開亮收音機；當"教育電視"播放時，家庭主婦也聽收音機，使兩家廣播電台得到空前發展。

　　進入 1981 年 6 月，廣播電台又有新的發展，那是英語電台的廣播，將會採用中英合璧的方法播音。在英語廣播電台上，聽眾會聽到國語時代曲及粵語流行曲，唱片騎師有時說粵語有時說英語，這是一項突破。

尖沙咀和大包米

尖沙頭村林維喜命案

　　尖沙咀是九龍半島南部最尖端的地方，由於該處原來是一處沙灘，形成一凸出的尖角，故名尖沙；"咀"是廣府人對地形凸出之處的通稱，例如山角凸出的地方叫山咀，沙洲凸出的地方叫沙咀。尖沙咀是因為它的地形凸出，而且又是沙灘，故名尖沙咀。

　　尖沙咀從前有一條鄉村，名叫"尖沙頭村"。《新安縣志》"都里"表上，屬於官富司鄉村所轄的村莊，有"九龍仔、長沙灣、尖沙頭、芒角村、土瓜灣"等村莊名稱。尖沙頭村的位置，相當於現時叫"大包米"[17]的山腳下面，這條鄉村在林則徐任兩廣總督，應付鴉片戰爭的時候極為有名。

　　1839 年，林則徐來廣東執行禁煙政策，他先將泊在黃埔的各國商船的鴉片煙全部查封，集中到岸上將之燒毀。當時從印度運鴉片來中國的商船，不敢進入黃埔，便停泊在尖沙咀和香港島之間的海面上。義律是當時英國駐華商務總監，他的辦公地點設在澳門東印度公司之內，他下令英船停在尖沙咀海面，不可入黃埔，以免到了黃埔又被林則徐搜去船上的鴉片。義

17　編者註："大包米"即位處尖東的訊號山，現時該處已闢作訊號山花園。

律希望能取得澳門葡人的合作，將運來的鴉片放在澳門的貨倉內，然後通知停泊尖沙咀海面的船隻赴澳門。不料林則徐已經先發制人，下令澳門葡人將存倉的鴉片交出。這一來，義律只好通知各船仍停尖沙咀海面。

尖沙咀之地名，可說比香港之地名，更先寫入中國官方的文書上，清朝的道光皇帝，也是首先見到尖沙咀的地名，然後才見到香港的地名。因林則徐禁煙之時，曾向道光皇帝報告禁煙情形，他曾向道光皇帝奏稱：

> 至該國貨船陸續來粵，計至此時已有三十二隻之多，該夷商滿載而來，將本求利，無不早圖進口，開艙貿易，乃被義律一人把持阻撓，俱在尖沙咀一帶聚泊。廣東天氣炎熱，各船中如洋米、洋布、棉花等貨，難免潮濕霉爛，業已怨懟同聲。臣等令洋商通事齎諭分付各船，剴切開導，催令進口，咸稱義律係伊國領事，不得不唯令是從。其中潛帶鴉片之奸夷，既不甘呈繳，又不願空回，則正樂於遷延，冀以私售禁物。現因各口查緝嚴緊，整箱煙土不能運入內洋，而蛋船漁舟與番舶每相貼近，乘間買其零土，以圖轉售獲利者，節經文武拏獲，已據確切供明。且查夷人私放三板，裝載鴉片，潛赴偏僻口門，以本片為招帖，寫明鴉片一箇洋銀幾圓字樣，隨潮流入海口，以賤價誘人售買。是義律之勒令夷船聚泊口外，仍為圖賣新來鴉片，恐被進口搜查起見。夷情詭譎，如見肺肝，即無別滋事端，亦不能容其於附近口門，佔為巢穴。

從這份文書可以看到，林則徐已知道義律下令英船停泊於尖沙咀海面的原因。這文書也是在中國文書中首次提到“尖沙咀”三字。

　　從林則徐向道光皇帝報告英船停泊尖沙咀的奏稿，可見林則徐有意下令驅逐英船離開尖沙咀。這張奏稿中的最後三句：“即無別滋事端，亦不能容其於附近口門，佔為巢穴”，正是指出有驅逐英船出尖沙咀之意。道光皇帝甚至很多當時的王公大臣，對中國的地理觀念殊不正確，他們將中國沿海地區，分為內洋和外洋兩種，在內河之內的地區，稱為內洋，在內河以外的沿海島嶼地區，稱為外洋。他們既無領海觀念，又無疆界觀念。故林則徐向道光帝說明，尖沙咀雖在“外洋”，離省河很遠，但它在“海門附近”，不能被“佔為巢穴”。並且強調“即無別滋事端”，必要時亦要採取行動。這是向道光皇帝預先佈下的一著棋子。誰知幾個月後，尖沙咀海邊，真的發生了一次“別滋事端”的事來。有一位尖沙頭村的村民林維喜，被飲醉了酒的英國水手圍毆，將他擊斃。

　　這件案發生於 1839 年 7 月 7 日，即道光十九年農曆五月廿七日。當時天氣炎熱，被困在船上多月的英船的水手，少不免要到岸上來散散步。當時的尖沙咀是一處沙灘，較香港方面的海邊易於登岸，水手登岸到尖沙咀已習已為常，離沙灘不遠的一座小山下的尖沙頭村的村民，亦經常到海邊和水手買賣物品。其中叫林維喜的村民，在當日到沙灘上和水手見面，兜售一些物品。哪知這群水手飲醉了酒，強搶林維喜的貨物，於是糾纏起來，把林維喜打至重傷。

當時尖沙頭村內的村民聞訊趕出來，那群水手已經乘舢舨返回海面的洋船上，村民把林維喜抬返鄉中施救，已來不及，次日他就因傷斃命。

尖沙頭村民只好向新安縣知縣報案。當時新安縣知縣梁星源便到尖沙咀來查驗，驗明是"棍毆斃命，頂心及左乳下各受木棍重傷身死"。於是新安知縣向兩廣總督林則徐報告，林則徐下令給澳門海防同知蔣立昂，要求義律交出兇手。義律這時才知道英國貨船的水手，在尖沙咀滋事，他正在為林則徐的禁煙政策而頭痛，再增加一件林維喜的命案，添多幾分麻煩，他只好乘船到尖沙咀來，調查這一件事。

霜崖先生編著的《香江舊事》，也有〈英水兵毆斃林維喜血案〉一章，但文中記述此事發生於道光十七年五月廿七日，即公元 1837 年 6 月 29 日，顯然是寫錯了日期。考林則徐於 1839 年初，即道光十九年農曆十二月才出任兩廣總督，如果此事真的發生於道光十七年，便不會由林則徐負責辦理。霜崖先生的錯誤，也有原因，因為《林文忠公政書》載林則徐和鄧廷楨聯名向道光皇帝報告此事的奏稿，該書排印本誤排道光十七年，致引起此種錯誤。實則此事發生於公曆 1839 年 7 月 7 日，不是 1837 年 6 月 29 日。義律當時到尖沙咀辦理此案之前，先行懸賞緝兇，表示對殺人兇手絕不留情，亦希望目擊者供出兇手。

郭廷以《近代中國史綱》第二冊，亦載有尖沙咀林維喜命案的詳情，他寫道：

七月七日（農曆五月廿七日）一部分英國水手酒醉行兇，尖沙咀村人林維喜棍毆重傷，翌日斃命。義律立即於七月十日（五月三十日）懸賞調查兇犯及暴動證據，並出款撫恤屍親。欽差大臣和兩廣總督當然是照例索兇，委員赴澳諭令義律負責交犯，如是者先後數次，而義律"竟抗不收閱"。八月二日（六月廿三日）欽差總督和廣東巡撫會銜佈告再令交兇。十五日（七月初七日）禁絕柴米食物，飭令買辦工役人等於三日內退去。

八月十二日（七月初四日）義律自行在英船開庭審判，結果有五名水手被處以輕微的罰金和監禁，十五日（七月初七日）將審判結果以說帖通知澳門同知蔣立昂轉稟欽差總督（翌日林鄧到香山城），說兇手不能查出。

《近代中國史綱》的作者郭廷以，是參考中西兩方面的史書和資料才下筆的，不是只根據中國方面的資料人云亦云，故較為可信。郭指出義律於命案發生後第三天，就懸賞予供給證據的人緝兇，又出款撫恤死者的親屬。當林則徐嚴令交兇，否則斷絕糧食運往澳門的通知未到之前，他已開庭審判。雖然他是有意輕判犯事的水手，但也是不得不如此的，原因是此案出於群毆，且是誤殺，水手自辯當然是說出於自衛，無人肯認殺人。

義律不敢重判在尖沙咀行兇的水手，另一原因是生怕引起停泊在尖沙咀海面的英國貨船水手不滿。當時義律是採取拖延政策應付林則徐，他需要時間等候英國兵船到來，又需要運貨來中國的貨船聽命不入黃埔，故不能不輕判犯事的水手。但是這樣一來，就無疑鼓勵那些貨船上的水手更加無法無天了。

當時林則徐的禁煙政策，在英國人眼中看來，是殊不科學的，因此認為他實際上無法禁絕鴉片貿易。為什麼認為他的禁煙政策不科學呢？因為他只知禁絕英國貨船運煙進口，把煙土燒毀，但卻沒有注意到如何引導有鴉片煙癮的人去戒煙；他只知用高壓手段去禁煙，捕捉抽鴉片和販賣鴉片的人治罪，而不設法令他們戒絕吸煙，結果一定做成很多癮君子，千方百計向英國貨船買鴉片，使鴉片貿易在地底下來進行。這種不科學的禁煙方法，不僅在林則徐時代證明無效，直到二十世紀六十年代，全世界屬行禁毒，仍然無效。直到七十年代，人們才了解到單單嚴屬風行禁毒是不科學的，必須同時強迫有毒癮的人戒毒，以及勸導他們戒毒，雙管齊下，才有成果。由於義律用拖延手法應付林則徐，輕判了犯事的水手，於是尖沙咀海面的貨船，就更加有恃無恐地以尖沙咀海面為基地，到處去私售鴉片，在私賣鴉片的時候，常因糾紛而亂殺無辜。尖沙咀之名更加全國知名。

當時全國朝野，尚未知有香港，但卻知道有尖沙咀，主要是尖沙咀海面，停有兵艦多艘，而貨船則有二十多艘。當時的貨船，亦配有大炮，英船視該處為基地，悄悄地開出兩三隻船到鄰近地區，向當地土人出售鴉片，售出之後，又駛回尖沙咀海面。

林則徐當時派一委員余牧到澳門為聯絡員，余牧除與義律聯絡之外，並經常將英船的動態，向林則徐匯報，實兼任情報員之職。他有一份報告給林則徐，內稱："近日尖沙咀各船，紛紛散遣三板，裝載鴉片，偷赴東西兩路售私，西路廣海，有來船四隻，東路平海，有來船三隻，俱經該處師船追捕，始行逃田。"可見當時尖沙咀海面，成為偷運鴉片售給毒販的水上基地。風聲一緊，他們又集中在尖沙咀海面，風聲稍弛，又四出活動。結果尖沙咀海面的鴉片貨船水手，在廣海海面，又鬧出人命案。據《信及錄》的〈會諭義律飭交兇夷並遵式具結由〉內載：

現據新寧縣稟報，八月十九日（1839 年 9 月 26 日），有大小夷船四隻，在廣海白石角洋面，槍斃無辜民人李象先一名，拋屍落海，復持刀過船，砍傷無辜民人朱洪恩等三名，割去七人髮辮，經師船追至，該夷船向東逃出外洋，仍回尖沙咀等情，更堪詫異！廣海洋面，並不通番貿易，該夷已不應到，何況白日殺人，一死三傷，割去七人髮辮，不法至此，更何可容！

新寧縣就是今日的台山縣，廣海是台山縣的漁港。當時在尖沙咀海面的英國貨船，常常將鴉片偷運到廣海去出售，林則徐派往澳門做眼線的縣丞余牧，早已有所報告，故林則徐下令水師船到廣海查緝。不料水師船未到，又發生了李象先命案，案發之後，英國貨船又逃返尖沙咀海面來。當時義律不會曉得英國人的船隻又在中國領海內殺人。

林則徐接到廣海縣知縣的投訴後，立即又向義律提出交涉。義律這時候知道自己實在無法約束英船和水手的活動，只好對林則徐的追究，用外交辭令回報，表面上裝成加緊緝兇，實則是採取拖延政策。

林則徐給義律的信說：

……應著該領事查明竄赴廣海之大小四船，系何船名，殺傷華民之夷人，系何姓名，據實稟覆，以憑懲辦。……大抵該夷非善言所能感化，本大臣本部堂惟有派令師船，赴尖沙咀圍拿各兇犯、煙犯及藏匿夷商之漢奸。用特明白諭知，以便防備。本大臣本部堂辦事正大光明，並不肯出其不意也。特諭。

林則徐知道尖沙咀是當時英國兵船商船結集的地方，各船守望相助，並且時常在附近考驗自己的實力。

林則徐早已準備集中兵力，將結集在尖沙咀的船隻驅逐出去，義律亦經常留意清兵的動態，因此尖沙咀一帶的海面，時有衝突。據《籌辦夷務始末》所載，1839 年 9 月 4 日，中英兵船曾在九龍灣至鯉魚門一帶開火，林則徐曾將當時海戰情形，上書給道光皇帝，奏明一切：

證七月廿九日（9 月 6 日），接大鵬營參將賴恩爵稟稱：該將帶領三隻在九龍山口岸嚴禁接濟、防護炮台。該處距尖沙咀二十餘里。七月廿七日（9 月 4 日）午刻，義律忽帶大小夷船五隻赴彼，先遣一隻攏上師船遞稟，求為買食。該將正遣弁兵傳諭開導間，夷人出其不意，將五船炮火一齊點放。有記名外委之兵丁歐仕乾，彎身料理軍械，猝不及防，被炮子打穿脅下殞命。該將賴恩爵見其來勢兇猛，亟揮令各船及炮台弁兵，施放大炮對敵，擊翻雙桅飛船一隻，在旋渦中滾轉，夷人紛紛落水，各船始退。少頃，該夷來船更倍於前，復有大船攔截鯉魚門，炮彈蜂集。我兵用網紗等物設法閃避，一面奮力對擊，瞭見該夷兵船馳來幫助，該將弁等忿激之下，奮不顧身，連放大炮，轟擊夷人多名，一時看不清楚，但見夷人急放三板下海撈救。時有兵丁陳瑞龍一名，手舉鳥槍，斃夷一人，被回炮打傷陣亡。殆至戌刻，夷船始遁回尖沙咀。

這一場戰爭，是在今日的九龍灣附近展開，但亦可見清兵水師，不敢接近尖沙咀。

184

鴉片戰爭源起之地

查 1840 年以前，當時中國朝野所寫的文書及著作，從未提及"香港"二字，只提到尖沙咀。可見當時全國沒有人料到英國要取得這個小島的。但最奇怪的是，當時大鵬灣的水師船，似乎不敢到尖沙咀來，例如管將賴恩爵，也只是率領師船巡至九龍灣而止，即巡到現時土瓜灣與紅磡之間的海面，就不再前進。這是什麼原因呢？

原來當時尖沙咀集中英國商船和兵船凡三十艘之多。十九世紀的商船，為防海盜，多有大批槍械設備，這些商船和兵船守望相助，清兵水師只得三五船隻，實力太懸殊，故不敢到尖沙咀海面巡視，恐防英船集中炮火進攻，就不易逃去。其次是，尖沙咀當時已經派了軍隊駐守，自從發生林維喜一案後，林則徐已通知新安縣知縣梁星源及大鵬營派兵駐守官涌、芒角、尖沙咀、獅子山和鯉魚門一帶，從四面八方監視這些船隻活動。當時中國官兵，基本上認為中國是一個大陸性質的國家，只要夷人不觸及大陸的土地，就可以容忍，是以多把大陸以外的小島忽視。尖沙咀是九龍半島最尖端之地，是以滿朝文武都注視此地，而忽略了尖沙咀對面的那個島——香港。

相反的是，英國是個海島國家，當時英國滿朝文武的來往文書，卻不說"尖沙咀"，都說"香港"。這是海島國家和大陸國家的人對地理的觀念不同之證。

　　林則徐有一奏稿，向道光皇帝談及當時他在尖沙咀、官涌、宋王臺等處佈防情形，可以說明鴉片戰爭前夕，尖沙咀一帶的形勢：

查該夷船所泊之尖沙咀洋面，群山環抱，浪靜風恬，奸夷久聚其間，不惟藏垢納污，且等負隅縱壑，若任其踞為巢穴，貽患易可勝言。臣等自嚴斷接濟以來，已於尖沙咀一帶擇要紮營，時加防範。本意祇欲其畏威奉法，仍聽貿易如常，原不忍遽行轟擊。而乃抗不具結，匿不交兇，迨兵船由穿鼻被創逃回，仍在該處停燒修理，實難容其負固，又奚恤其覆巢？節據派防各文武稟稱：尖沙咀迤北，有山梁一座，名曰“官涌”，恰當夷船脊背之止，俯攻最為得力。當即飭令固壘深溝，相機剿辦。夷船見山上動作，不能安居，乃糾眾屢放三板，持械上坡窺探，即經駐箚於該處之增城營參將陳連陞，護理水師提標後營游擊之守備伍通標等派兵截擊，打傷夷人三名，奪槍一桿，餘眾滾崖逃走，遺落夷帽數頂。

　　這張奏稿是在 1839 年 11 月 3 日（農曆九月廿八日）由驛送往北京的。原奏甚長，後面還有幾節與本港街坊地理有關，現先談談這奏摺的時代背景。當時英艦曾在穿鼻洋上和中國水師船交戰，被水師提督關天培擊退，林則徐誠恐道光皇帝說他孟浪，故將當時各種情形詳細稟知道光皇帝，文中所說“迨兵船由穿鼻被創逃回"，即指此。

　　當時尖沙咀已紮了不少清兵，清兵駐紮之地，就是尖沙頭村及村前的小山上，這座小山，俗名"大包米"，因這山遠望所見，像一包米放在岸邊。由於該山位置極高，可鳥瞰尖沙咀一帶海面，清兵把守該山，有據險以守之便。

　　尖沙頭村就在這座小山之後，它只是一條小小的鄉村，只不過三十多戶人家，村民以半漁半農為業。它名為尖沙頭，是和另一座小山有關。1839 年時的尖沙咀的地形，不如今日的平坦，現時的天星小輪碼頭、星光行以及天文館一帶，都是填海而成的陸地。在未開發前之尖沙咀，那時從"大包米"這座小山開始，有一條長長的沙灘，一直迤至廣東道口尖沙咀警署 [18] 那座小山崗下，這小山崗下面的沙灘，形成一條長沙咀，伸向南面，這座小山，就是沙咀的沙頭，所以在這沙灘後的小村，名為尖沙頭村。這座名為"尖沙頭"的小山崗，有一條小路和九龍公園的小山相連，九龍公園那座山，就是林則徐奏稿中所稱的"尖沙咀迤北，有山梁一座，名曰'官涌'"，它就是官涌山。

　　林則徐當時一面對付販毒的商船，一面又約束官民，不可和英人衝突。自林維喜案發生後，他先命尖

18　編者註：廣東道口尖沙咀警署指的是前水警總部大樓，即今廣東道的 "1881 Heritage"。

沙頭村的村民遷離該村，派兵駐守該村，又調派一營原駐於增城的清兵，駐守官涌山，並在山上築炮台。故尖沙頭村在鴉片戰爭爆發前，實際上已經由軍隊駐守，村民則徙入內陸。

清朝用兵，常常採取遷徙原地村民往別處的政策。清初因對台灣的鄭成功用兵曾用遷海政策，在對付結集於尖沙咀的英船和英艦，要把尖沙咀作為軍事地帶，自然也要將尖沙頭村民遷離該地，避免村民和洋人私相授受，又可避免引起糾紛。故自林維喜命案發生後，自尖沙咀警署的山邊起至"大包米"，及九龍公園一帶沿海地區，實際上已被清兵列為禁區，附近鄉村的村民，被迫遷往別處居住。除了恐怕被英艦和英船集中火力進攻之外，又因陸上有官涌山和"大包米"上的軍隊監視，故不必冒險巡至尖沙咀海面。

當時停泊在尖沙咀海面的英船，已知道尖沙咀一帶駐紮很多中國軍隊，他們為了試探虛實，曾向尖沙咀一帶炮轟及派兵登陸。林則徐曾向道光皇帝奏聞此事，奏章說：

九月廿九日（1839 年 11 月 4 日），夷船排列海面，齊向官涌營盤（即現九龍公園）開炮，仰攻數次，我軍紮營得勢，炮子不能橫穿，僅從高處墜下，計拾得大炮子十餘個，重七八斤至十二斤不等。官兵放炮回擊，即聞夷船齊聲喊叫，究竟轟斃幾人，因黑夜未能查數。

這是繼上一次英兵派三板登陸尖沙咀被擊退之後的另一行動。除了這一次炮轟之後，稍後尚有多次軍事衝突，都是發生於尖沙咀。

林則徐的奏稿又有如下的一段：

十月初三（1839 年 11 月 8 日），該夷大船在正面的開炮，而小船抄赴旁面，乘潮撲岸，有百餘人搶上山崗，齊放鳥槍，僅傷兩員手足，被增城右營把總劉明輝等率兵迎截，砍傷打傷數十名，刀棍上均沾血跡，夷人披靡而散，帽履刀鞘，遺落無數。次日，望見沙灘地上，掩埋夷屍多具。初四日，夷又至官涌稍來之胡椒角開炮探試，經駐守之陸路提標後營游擊德連將大炮抬炮，一齊回擊，受傷而走。

由此可見，當時英軍曾多次登陸尖沙咀以探虛實，他們已經發現尖沙咀駐了很多官兵，在九龍公園的山上監視他們的活動，是以派兵滋擾，探測虛實。從奏稿中所提示的資料，已說明林則徐當時已將增城的軍隊調到尖沙咀來。奏稿中說英軍向官涌以東的"胡椒角"開炮試探，這胡椒角到底是什麼地方呢？有人說胡椒角即今日的荔枝角，亦有人說胡椒角是今日的大角咀，但二說都沒有足夠的證據支持。照筆者推測，"胡椒角"的位置應在現時油麻地公眾四方街即天后廟的地方。因英船當時仍在現時的維多利亞港內結集，不會遠駛至荔枝角去；大角咀離尖沙咀海面不遠，亦可能即胡椒角所在。但公眾四方街榕樹頭的天后廟，是一座山咀且凸出海面，該山咀稱為胡椒角亦有可能，因無實際的證據可考，無法證明。

林則徐給道光皇帝的奏稿，又有如下一段：

臣等節據稟報，知該處疊被滋擾，勢難歇手，當又添調官兵二百名，派原任游擊馬辰，暨署守備周國英，把總黃者華帶往會剿。復思該處既佔地利，必須添安大炮數位，方可放遠攻堅。復興捷臣撥得力大炮六門，委弁解往，以資轟擊。並派熟悉情形之候補知府南雄直隸州知州余保純，帶同候補縣丞張起鷁馳往會同新安縣知縣梁星源相度山梁形勢，妥為佈置。復札駐守九龍之參將賴恩爵，都司洪名香，駐守宋王台之參將張斌，亦皆就近督帶兵械，移至官涌，併力夾擊。

茲據會稟，十月初六日（1839 年 11 月 11 日），該文武等均在官涌營盤，會同商定，諸將領各認山梁，安設炮位，分為五路進攻。陳連陞、伍通標、張斌各為一路，賴恩爵及馬辰、周國英、黃者華為一路，德連、洪名香為一路，該縣梁星源管帶鄉勇，前後策應。

這就把當時守衛尖沙咀的軍力，全面刻劃出來了。原來當時宋王臺由張斌把守，九龍灣陸地由都司洪名香率兵把守，這些兵力，卻集中到尖沙咀，另外派馬辰、周國英、黃者華等將領前來，協助防守。其

中連余保純和張起鷗都調來尖沙咀，余保純本來是南
雄州的候補知府，林則徐因為他熟悉夷情，調他到澳
門去，作為他派往澳門的聯絡員兼情報員的張起鷗，
這時也調到尖沙咀來。

　　林則徐調動兵力，添置大炮，全面監視尖沙咀海
面的英船活動。照他的奏章說，尖沙咀一帶，曾引起
六次衝突，其奏稿云：

　　該文武等因夷船尚未全去，正在查探間，即據引水等報
稱，查有原扮兵船在九龍被炮打斷手腕之得忌利士。及訪明
林維喜命案係伊水手逞兇之多利兩船，尚欲潛圖報復。該將
領等因相密約，故作虛寐之狀，待其前來窺伺，正可痛剿！
果於初八日（1839 年 11 月 13 日）晡時，多利併得忌利士
兩船潛移內向，漸近官涌，後船十餘隻相隨行駛。我軍一經
瞭見，仍分起趕赴五路山梁，約計炮力可到，即齊放大炮，
注定船頭攻擊。恰有兩炮連打多利船艙，擊倒數人，且多落
海漂去者，其在旁探水之夷划一隻亦被擊翻。後船驚見，即
先折退。而多利一船，尤極倉皇遁去，無暇回炮。

　　計官涌一處，旬日之內，大小接仗六次，俱係全勝。惟
初八晚間有大鵬營一千斤大炮，放至第四出，鐵熱火猛，偶
一炸裂，致斃順德協兵丁二人。除與穿鼻洋的陣亡兵丁，及
受傷兵如有續故者，一體諮部請恤外⋯⋯

　　這一段奏稿，說明清廷當時不僅從增城調兵到

來，而且也從順德縣調兵到來。同時也顯出當時官涌山上的大炮，仍然不脫"土炮"的性質，發了四炮之後，炮內的鐵不耐熱而爆炸，炸死了兩名炮兵，暴露了防守方面的弱點是不利於長時間的繼續攻擊。

經過這一次戰役之後，英國兵船已窺出當時中國方面的軍事弱點。這些弱點可歸納於下列四點：第一是兵力集中在尖沙咀的官涌山；第二是中國方面的大炮射程並不遠；第三是炮的構造不精密，不宜於連續發放五口炮彈；第四是中國的水師船陳舊不堪，並無新兵船出現。

因此之故，當時義律已開始根據上述的窺測，而作出適當的部署。他首先下令所有的船隻，不可集中在尖沙咀海面，以免集中在一起，給尖沙咀官涌山上的大炮攻擊。他將船隻分散到長沙灣、大嶼山、筲箕灣、龍鼓洲海面，佈成一個以香港為基地的陣勢，使集中在尖沙咀的中國兵力，無所施其技。林則徐後來接到新安縣知縣梁星源的報告，亦將此種情形，向道光皇帝奏聞：

現據新安縣營稟，據引水探報，士密、華倫兵船，義律三板，暨英夷未進口大小各船，自尖沙咀逃出後，各於龍鼓、筲洲、赤瀝角、長沙灣等處外洋，四散寄泊。查粵省中路各洋，為漢夷通商總道，雖皆可暫許泊舟，亦須察看形勢，隨時制馭。即如道光十五年間，夷船藉稱避風，輒泊金星門，該處地屬內洋，不得任其逼處，經臣鄧廷楨嚴行驅逐，至今不敢進窺。年來改泊尖沙咀，祇於入口之先，出口之後，暫作停留，尚無妨礙。今歲佔泊日久，儼有負固之形。始則抗違，繼且猖獗，是驅逐由其自取，並非釁自我開。

　　林則徐以為英船的分散停泊，是被官涌山上的大炮擊退，這樣分析新安縣的情報，未免過於自大。同時，他的領土觀念，亦極古老，將龍鼓洲、長沙灣、赤瀝角、筲箕灣，全稱外洋，案中的"筲洲"，當是筲箕灣。用現代的觀點去看當時英船分佈的形勢，可知是用香港島為中心，東面控制筲箕灣和鯉魚門的水路，西面則在大嶼山附近的赤鱲角，控制急水門的海面，而西北則控制長沙灣海面。這些船隻，遠離官涌及尖沙咀的炮台，使炮彈射不到，正是避重就輕的部署，並非被驅逐。但林則徐卻說"驅逐由其自取"，把英船的新部署，說成是被驅走，看得太過簡單。

　　義律也知道清朝的官吏每多好大喜功，他也曾派出海軍將領士密，向水師提督遞上一稟，求他不可摧毀尖沙咀海面的英船，魏源的《海國圖志・夷情備采二》，曾將當時在澳門出版的西報《澳門月報》譯出，說明此事：

　　十月廿八日（1839 年 12 月 3 日）英國兩隻兵船，自澳門洋面起碇赴虎門，因風被阻，延至十一月初二日早才到（原註：共走五日方至虎門）。兵頭士密，一到穿鼻洋，即稟求不要燒毀尖沙咀灣泊之船，容在彼處等候國王回信，或另設法卸貨。遞稟後，退出三里，靜候批示。及至次早，提督發回。並未啟視，諭速交出兇犯。旋見提督師船出洋，將次英國兵船，士密先放大炮攻打，即有師船四隻，一同放炮回擊。……

《澳門月報》是當時唯一在澳門出版的英文月報，登載華洋各地新聞，是當時貿易商人必讀的刊物。林則徐亦派有專人將該報譯出，以供參考。該報刊登士密請求水師提督關天培不可攻擊尖沙咀的英國兵船的新聞，還有下面的一段續聞：

這一仗，打了兩點鐘之久，因提督顯其大勇，扶持船隻，致未大傷。我們華倫船上，被提督炮傷船頭，並繩索等件，人亦受傷，速即退出，回到澳門洋面。義律、士密、馬禮臣隨即上船赴尖沙咀，趕回保護。

這段新聞透露了 "馬禮臣" 也隨義律返尖沙咀，"馬禮臣" 就是馬禮遜的兒子儒翰馬禮遜。他當時是義律的秘書，擔任中英文翻譯工作，很多由義律呈交的公文的中文本，都是出自這位 "馬禮臣" 之手的。他當時也來了尖沙咀。

林則徐最後下令關天培向尖沙咀的英船進攻。後來林則徐向道光皇帝稟告，其中一段提及有關本港很多地名，以及詳述進攻時部署的情形。原來，當時水師提督關天培分五路向尖沙咀海面的英船進攻，一路由大嶼山東涌出發，一路由青山出發，一路由后海灣出發，一路由長沙灣出發，一路自九龍灣出發，共分五路圍攻英國兵船。這次進攻，發現香港島的沙灘上有寮棚六座，並將這六座寮棚燒毀，捉到了接濟英人的走私者十名。但可惜，關天培並不注意到搭寮棚的地方是香港島。

　　林則徐的奏章提到攻尖沙咀的情形，原文如下：

茲接關天培函稱：正月二十七日（1840 年 2 月 29 日）丑刻（午夜二時）原任游擊馬辰帶水勇四十名由東涌上下濠前進，加都司衛之守備盧大鉞，帶水勇頭目盧麟等由屯門前進，以都司用之守備黃琮，由后海青山前進，把總楊雄超帶水勇四十名，與千總王應鳳、外委朱鎮邦、余興邦、黃文祥、區鎮江等由長沙灣前進。將近夷船寄碇之處，出其不意，一齊發火，復將噴筒火罐，乘風拋擲。燒毀屠牛換土之大海船一隻，買運煙土之艚船一隻，大買辦艇一隻，大扒艇一隻，蝦筍辦艇三隻，雜貨料仔艇一隻，賣果子糕餅之扁艇十五隻。又將夷船高頭三板，前後燃燒，該夷駕駛逃開，撲救漸熄，未經沉沒；又燒毀海中沙灘所搭棚寮六處。所有通夷各奸民，除在船燒斃，及遁水脫逃、淹斃，不計其數外，生擒身穿長袴，腳穿夷鞋之匪犯黃添福，及接濟逃犯陳永生、喬亞先、林亞長、鍾亞受、劉亞五、袁亞二、巫亞式、梁得勝、林亞得共十名。派委備弁管解來省審辦等情。

奏章中的"燒毀海中沙灘所搭棚寮六處"，可見當時滿清將領對於地名的不加深究，這六處寮棚只用"海中"兩字概括它們的所在地。寮棚不會搭在海中的，沙灘在海中，自然是海島，這個海島當然就是香港島。

從林則徐及水師提督關天培的所有文書，直到1840年，尚未提到香港島的地名，甚至在港島海邊發現寮棚，亦不重視。可見他們當時對香港島是完全忽略，也料不到英國人對這個島會有所要求。

這張奏稿顯出很多有趣的事物，如燒毀"賣果子糕餅之扁艇十五隻"，這些賣果子糕餅的小艇，就是"水上小販"。他們以小艇載運小食品到洋船去出售，藉此以維持生活。當時尖沙咀海面泊了這麼多船隻，船上的水手需要吃零食，他們無處購買，便由水上小販用小艇運到船邊出售。這些出售糕餅水果的水上小販，相信大部分是附近漁村的漁民，他們日間不敢出售，到了晚上才出售，因此等到關天培分五路圍攻時，他們無法逃避，被殺的被殺，被捉的被捉，船艇也被燒毀。

此外，在奏稿中亦看到當時英船的體制。其中有"屠牛換土之大海船",所謂"屠牛",就是宰殺牲口,換土是交換鴉片煙土。這隻船,實際上是一艘屠宰牲口的船,牲口是英船用煙土換來的,此船負責屠宰牲口,供應在尖沙咀海面的船隻,實際上是一隻糧食船。此外又有一艘"大買辦艇",這是當時從澳門撤退到尖沙咀去的各洋行大班所住的船。其他的"大扒艇"、"蝦筍艇",都是便於到各處海岸走私賣煙土的船隻,也是到各海岸去購買糧食回來的船隻,也有運清水供應各船的。

經過 1840 年 2 月 29 日的圍攻戰之後,不久鴉片戰爭就正式爆發。英國遠東艦隊司令伯麥率艦隊而來,他們知道廣東沿海備戰極積極,又了解當時中國的國情,深悉"山高皇帝遠"的心理,認為在廣東用兵,即使大獲全勝,滿清皇帝也不知道,倒不如向中國的心臟地區進攻,會事半功倍,於是揮軍北上。伯麥向福建沿海發炮轟擊,又向舟山進攻,北方所有海防,毫無準備,果然把道光皇帝嚇壞。道光皇帝於是說林則徐"貪功啟釁",又說他"誤國傷民"。他下了一道聖旨:

前因鴉片煙流毒海內,特派林則徐馳往廣東海口,會同鄧廷楨查辦,原期肅清內地,斷絕來源,隨地隨時,妥為辦理。乃自查辦以來,內而奸民犯法,不能淨盡,外而興販來源並未斷絕。本年福建、浙江、江蘇、山東、直隸、盛京

197

等省，紛紛徵調，糜餉勞師，此皆林則徐等辦理不善之所致。……林則徐即行來京聽候部議。

　　道光皇帝於是派琦善出面，和英方議和。琦善和義律訂下了《穿鼻草約》，這草約就是初步佔領香港的條約。在談判之初，中國朝野才第一次聽到“香港”這處地名。那時林則徐、關天培等在廣東作戰的文武，才知道英船結集在尖沙咀的原因，原來是英船對尖沙咀對面的一個海島有特殊的“感情”，認為它可作未來的商港之用。

　　在鴉片戰爭之際，很多史書都忽略了英船仍以尖沙咀海面為一處軍事中繼站，這是由於英國的炮艦在北方進攻，攻陷了舟山定海，以為英艦全部都北調。其實，當時尖沙咀海面，仍有不少英艦在該處活動。當伯麥率兵北上之前，義律曾在廣東各地，派發封鎖沿海的“通告”，其中很多都在尖沙咀發現，該“通告”原文，載於《兩廣奏稿》中，全文如下：

　　大英國特命水師將帥，為通行曉諭事：照得粵東大憲林鄧等，因玩視聖諭，相待英人必須秉公謹度，輒將往省英國領事商人等詭譎強逼，捏詞誆騙，表奏無忌。故此大英國主欽命官憲，著伊前往中國海境，俾得據實奏明御覽，致使太平永承，妥務正經貿易。

　　且大英國主恭敬皇帝，懷柔內地安分良民，嚴命本國軍士，設使民人不為抗拒，即當凜行保全各人身家產業，是即該民無庸驚懼，乃可帶同貨物接濟，赴到英師之營汛，定要施恩保護，給爾公道價錢也。且林鄧捏詞假奏，請奏皇帝停止英國貿易之諭，以致中外千萬良人吃虧甚重。緣此大英國將帥現奉國主諭旨欽遵，為此告示。所有內地船隻，不准出入粵東省城門口，兼嗣後所指示各口岸，亦將不准出入也，迨俟英國通商再行無阻，本將帥給符官印，發檄曉諭所應經商之港口，但漁船日間出入，不為攔截。又沿海各邑鄉里商船，亦准往來，可赴英國船隻停泊之處貿易無妨。特示。

　　這張"通告"先在澳門派發及張貼，然後在各處廣東沿岸派給漁民。尖沙咀一帶更是少不了的。因此各地官員都抄貼向上司敬告，能原整地載入各種奏章之內。此通告的目的，在於分化中國人民與官府的團結，並鼓勵漁民接濟英船的糧食及私販鴉片，用心非常惡毒。

　　西方史家常引用這張"通告"，作為英國發動戰爭是為了打開古老的中國貿易之門，因"通告"內並無販賣鴉片的字眼，而用"經商"、"貿易"等字句，使後世研究歷史者以為真的是貿易戰爭。而中國方面的史家雖了解到這是鴉片戰爭，卻很少注意到當時失敗的原因，是和禁毒的政策不完善有關。林則徐和鄧廷楨只知銷煙和拘捕吸毒者及販毒者，卻不知上了毒癮的人必須千方百計得到鴉片來頂癮，這樣就有一種無形的力量，驅使他們和販毒的英船進行交易，接濟糧食和供給情報，使英軍能在遠達千里的補給線上，得以完成軍備與糧食的補給。加上官員中那些吸毒成癮者，更願與英方妥協，令到戰爭失敗。香港被佔領之後，尖沙咀名義上仍是中國地方，但實際上該處已屬於緩衝地區。滿清政府為了防守九龍，於1847年建九龍城砦，作為防守九龍之用。九龍城的城牆是那時建成的，城池不築在官涌山上而築在九龍城，顯出尖沙咀一帶常有英兵登岸遊蕩，官涌山上的炮台亦被拆去，當時的尖沙頭村，已不存在。

尖沙頭村在鴉片戰爭時已將村民徙入內地，其實這條村的大部分居民都是漁民，他們並非全部徙入內陸，而是大多數乘船出海。上文說過那些販賣果子糕餅和雜貨的小艇，其中一部分正是尖沙頭村的村民所經營。及至香港開埠，該村的村民首先到香港島來謀生。由於毀村，於戰爭之前他們又依水為家，故沒有回尖沙咀復村的必要。尖沙頭村就只餘村前的一座名叫"大包米"的小山，供人憑弔而已。

巴夏禮向勞榮光租借九龍半島

尖沙咀一帶自九龍城築城之後，在滿清官員心目中，這是個緩衝地帶，不敢派兵駐守。因為該處經常有英兵渡海登陸，地方官為免引起外交問題，故意使這地方"真空"，於是無形中成為三不管地帶。這名叫"大包米"的小山，又被一些盜賊作為瞭望台，很多盜賊在香港打家劫舍之後，即乘船逃到尖沙咀來。英軍雖然追擊，但他們向內陸深入逃跑，英軍又不能強入內陸追擊，匪徒常能於得手後逃去無蹤。有什麼證據，證明香港開埠之初，尖沙咀一帶是三不管地帶，而且還是滿清政府不敢派兵去駐守的地帶呢？我們可以從 1860 年 3 月 20 日，英國駐廣州領事巴夏禮致兩廣總督勞榮光的信中得到證明。這封信是英國取得九龍半島統治權的第一號文件，它的性質，有如《穿鼻草約》的意義一樣，是初步佔領的官方文件。文中提到尖沙咀當時的三不管情形。

巴夏禮致兩廣總督勞榮光的文書說：

本人榮幸地向兩廣總督閣下，提出下列問題，即九龍半島的混亂狀況，以及由此而引致英國利益蒙受損失，並向閣下建議租用該地，直到能達成永久消滅此種狀態為止。

該半島距離香港最近之地，僅四海里而已。當年割讓香港時，以為九龍當局，易於控制位於該處的少數漁民及打石工人，因而對該處居民准其自由進出香港。不料自當時開始，不法之徒竟利用該處無責政府官員駐守，遂使這個半島成為不法之徒的避難所。香港市面的強盜及竊匪，只須越過海灣，到了尖沙咀上，不僅安全，而且能將盜劫而來的財物，也可任意出售。

這封信很長，上面只是其中一段。它是當時英國廣州領事巴夏禮初次提出將九龍半島納入本港版圖的第一號文件，從上引的一段文字中指出尖沙咀一帶是當時的三不管地帶。由於當時九龍的政治和軍事中心在九龍城砦，而尖沙咀一帶因最接近港島，滿清地方官怕引起麻煩，故不敢派兵駐守，形成一種"真空狀態"。有些人對巴夏禮這封信存有偏見，認為所謂盜匪逃到尖沙咀後即人贓均安全，把尖沙咀說成是中國盜賊的避難所，只是一種藉口而已，當時並不這樣的。但其實如果親自到過尖沙咀和九龍城砦考察，就會發覺巴夏禮並不是徒然找藉口的，從前交通不便，尖沙咀至九龍城道路崎嶇，不易聯絡，故清兵不便駐守尖沙咀。

自香港割讓之後，清政府即在九龍灣擇地建築城牆，作為防守九龍城的要塞。選擇這個地方建城設治，目的在於利用背後的獅子山作為天然屏障，防止英人越入。九龍城的位置，在於西貢與青山之間的中心點，這是積極方面；消極方面，是將城砦範圍以外，接近港島的大片土地，視為緩衝地帶，故不派兵駐守。由於沒有官兵駐守，尖沙咀一帶成為盜賊避居之地。巴夏禮給勞榮光的信，還有下面的一節：

要改變此種現狀，只有兩種辦法可行，其一為由中國當局派遣官兵及軍隊，到該處去拘捕不法之徒，故必須經常在該處駐紮一支精銳部隊。另一辦法則為，中國方面劃出一條界線，將界線內的地方，由英國管轄，如同管轄香港一樣。惟港督閣下在請示皇上之前，可用出租方式，將界線之內之地區租給英政府。本人深知此法並非最佳辦法，但由於急須對付不法之徒，仍須代表英國政府接受此種辦法。

這段文書說得很明白，當時尖沙咀一帶無中國軍隊駐守，巴夏禮亦明知清朝的地方官不能派兵駐守，故而提出暫以租用的形式，將"界線"之外的地區由英人管轄。當時勞榮光對於香港和九龍的認識，已經不若他的前輩那樣陌生，主要是省港之間經常有船來往，官商文武都可到香港和九龍半島來考察，他是知道尖沙咀一帶是不能駐軍的，否則即會和英軍衝突，故對巴夏禮的建議加以考慮。

巴夏禮對以尖沙咀為起租借九龍半島提出的要求，是仿照葡人在明朝時租用澳門的方法而行的。澳門在明朝成為葡人遠東的貿易港，也是用租用的方式來進行。到了清朝，仍用明朝制度，每年繳付租銀給香山縣，到了道光年間的鴉片戰爭之後才不交租的。巴夏禮提議租用九龍半島，完全是有先例可沿。

巴夏禮當時將一幅地圖，連同一張租地草約附在信上呈給勞榮光研究的。這張地圖，在九龍城之外，約在馬頭圍的海邊起，劃一條直線，至昂船洲北部止，表示這條界線之南的地方，就是租給英國之地。

他是故意將九龍城劃出界外，表示對中國地方政府的尊重。勞榮光見當時尖沙咀一帶屬三不管地帶，而巴夏禮所劃的界線僅到馬頭圍為止，離九龍城砦尚遠，加上當時正是太平天國起義如火如荼之時，勞榮光希望借助英國之力對付太平軍，於是就簽了這張租約。由於租約只屬勞榮光和巴夏禮所簽署的私人文件，故在中國文書上沒有這張"租約"的原文。但英國的史書，常引該租約的片段。該租約有下面的特殊意義的規定："每年租銀五百兩，交予中國地方當局，若英國政府準時交租，中國政府則不得要求歸還上述土地。"這等於永遠租用，與那些所謂租界或租借地完全不同，因此這份租約，並無租期的限制。後來，額爾金攻入北京，強迫清廷簽訂《北京條約》時，就連租銀也撤回。

尖沙咀的 "大包米"

九龍半島正式劃入本港版圖之初，英軍先在尖沙咀兩個山崗上佈防，這兩個山崗就是廣東道上尖沙咀警署的小山，以及近漆咸道、俗稱"大包米"的小山。接著，將九龍公園的官涌山作為英軍的軍營。

現時的天星小輪碼頭，古老的尖沙咀火車站鐘樓，以及新世界中心等大片土地，都是後來填海所得的土地。尖沙頭村早於 1841 年已經無人居住，田園荒無，英國的工程兵在此開闢一條道路，通到廣東道口的山腳下，連接碼頭，然後在這條山路的中段，開闢一條馬路，連接兵房。這條馬路，就是現時的彌敦道。

九龍公園的官涌山，與天文台山原本是相連的。屬於官涌山的整部分，即現時的聖安德烈教堂、尖沙咀街坊會，最初是和對面的九龍公園相連接，是兩峰之間的一處較低的斜坡。英國工程兵將這山坡劃平，開闢一條大馬路，故現時兩山被彌敦道所阻隔，看起來似是兩座小山，其實當初是一座山而已。

不過，這條路未開闢成彌敦道之前，已有一條山路。這條山路迂迴向東伸展，可到紅磡及九龍城去，向北則可通到青山。英國工程兵是依這山路而開成彌敦道的。工程兵將此路直開至界限街，它現在已成為市區中最直最長的一條馬路。曾聽聞電視台的有獎問答遊戲比賽，問者問九龍最長的是哪條路，答者說彌敦道，主持人卻說是青山道，是把錯的答案作正的答案了。

九龍最長的馬路應是彌敦道，而不是青山道。青山道是屬於新界的，它在界限街以北，是屬於新界範圍，而非九龍範圍，至今很多人被不正確的答案所誤導，令其廣泛的流傳。曾見一些警員竟以這問題向懷疑非法入境者詢問，被問者答九龍最長的是彌敦道，警員竟以為他答得不對，盤問更多。英軍於九龍半島上的佈防，的確有保護香港本島的作用。當時除於官涌山及尖沙咀的兩座山崗駐軍之外，並在九龍灣上駐軍，現時近油麻地的槍會山，仍留下軍營的痕跡。這軍營伸展至加士居道，控制東九龍地帶，這樣一來，就不怕盜賊在港島犯案後，逃到尖沙咀來。[19] 尖沙咀的"大包米"，英人稱為"黑頭山"，因此山是當時尖沙咀最凸出海面的尖角，而山上的山石是黑色的，樹木和草則為深綠色，遠望如黑頭。尖沙頭村，亦以此山如頭而命名。但遠望則又似一包用黑布袋載著的米，故又名"大包米"。此山於香港天文台未成立之前，曾擔任過天文台的工作，其主要的工作有二：第一是擔任報時，另一是報告潮汐和風力。英軍在"大包米"的山上，建一間紅磚屋，此屋之前，有一長旗桿，長桿上有一球形的訊號，稱為"時球"，是一種報時訊號，它是給泊在海港上的船隻用來較準時鐘之用的。從前未發明無線電，報時只有用兩種方法，一是鳴炮，一是懸掛"時球"，讓船主較準他們的時鐘。

香港早期的報時方法，只有鳴炮，這就是燒午炮，到了正午十二時，即鳴炮一響，讓船主較準他們的時鐘。鳴炮有缺點，就是遠離鳴炮地點的船隻，聽不到炮聲，就不能較準時鐘。為了方便泊在遠處的船隻對時，故在"大包米"山頂，設一"報時台"，懸掛

---

19 編者註：1997年香港回歸中國，槍會山軍營由中國人民解放軍駐香港部隊進駐。

"時球"報時。

現時我們在收音機旁邊聽到的報時訊號，是由天文台發出的無線電訊號，它是用一種類似"嘟、嘟、嘟、嘟"的聲音發出的，一共發出六響，最後的一響特別大聲而且聲音特別長。這最後的一響，就是較準時間的一響。在每一"嘟"之間，相隔一秒。船隻在對時的時候，先從第一聲"嘟"開始，如果此"嘟"在正午前六秒之時響起，這船的鐘就準確；如果聽到第一聲"嘟"，船上的鐘的秒針不在正午前六秒的位置，就不準。立即較正，便可和最後的一聲"嘟"搭正在正午十二時。但本港開埠初期還未發明無線電，不能用無線電報時，只能用"時球"代表。"時球"在正午十二時前六秒即在長杆下出現，以後它每秒彈高一些，六秒之內，彈升至旗杆頂，就是正午十二時。由於"大包米"這座山凸出於尖沙咀的頭角上，停泊在北角以至在青洲海面的船隻都可以看得很清楚，故船隻全部以"報時台"的"時球"來對準時鐘，只有泊近銅鑼灣渣甸倉的船隻，才以渣甸倉的午炮作為對時的訊號。

今年（1981）6月30日上午八時，天文台的報時訊號比平時的報時訊號多"嘟"了一聲，即表示當天的時間，多了一秒，當天各報都說這是"閏秒"。其實這是全世界因改用了原子鐘作計時標準之後，發覺原子鐘和地球自轉的時間，每隔若干時候，就相差一秒，因此通知全世界天文台，擇定同一時間，將時鐘對準，使和地球自轉的速度相適應。為什麼這一秒這樣重要呢？原來船隻在大海上航行，船隻所在的正確經緯位置，要靠時鐘和日射的角度來計算出來。故此這一秒相當重要，尤以對於在天體上運行的人造衛星所在位置的計算更為重要，因此要對準時鐘。"大包米"山上的"時球"，也是一秒彈高一次，彈到最頂時，就是正午十二時，可見在十九世紀，英國人已懂得用秒去對準時間。此外，"大包米"的報時台上，另有一個 T 字型的鐵架，這 T 字型的鐵架，是用來懸掛風向和潮汐信號的。左邊掛的是風向信號，右邊掛的是潮汐信號，船隻看了上面的信號，知道現時吹什麼風，又知道是在水退還是水漲時候。這是給一些用風帆的船隻看的，因當時仍有很多用風力的帆船從外洋來港，其中很多是初次來港的，他們不知本港的潮汐時間，又不易知道正在吹什麼風，看到那 T 字型的長桿上所懸掛的信號，就一目了然。故 "大包米" 可以說是雛型的天文台，擔當了天文台部分工作。

"大包米"的"時球"以及潮汐和風向信號，到天文台成立之後，仍然照常懸掛，因為"大包米"的報時台是由海事處管轄的，主要是給停泊在海港內的船隻觀看。

香港天文台在尖沙咀成立

天文台是在 1884 年成立的。本港大部分政府中心機關，都設在港島，天文台是第一個不以港島為基地的中心機關。在 1945 年以前，除天文台外，並無中心機關設在九龍的。那時各機關的總部都在港島，原因是受一種傳統思想所縛束。英國人認為港島較為安全，易於保護和控制，甚至在第二次世界大戰時的戰略部署，也受這種思想所約束，把防守力量集中在港島上，認為可以防守一個長久的日子。但自日軍發動"香島攻略戰"之後，這種想法已證明不合時宜，故此後已有很多中心機關，移到九龍設立總部。

天文台成立於光緒年間的 1884 年，而總部則在九龍官涌山的一個高峰上，顯然是經過一番爭議和研究，然後才會如此決定的。這個山並非九龍半島最高的山，港島的太平山比它更高，為什麼天文台不設在港島的太平山，卻設在尖沙咀的官涌山上？原來，天文台建立的地點，必須在一視野廣闊的地點上，而又能經常有陽光照射，以及可見到天空中的星象，同時又要接近海港。

天文台如果設在港島，它就必須設在港島最高的太平山上，但港島的太平山頂，常常有大霧籠罩，視野並不廣闊。另外，天文台主要的日常工作是對天氣的記錄和預測，記錄天氣方面，有相對濕度、氣壓分佈形勢、室內氣溫、雨量、風向、風力、露點以及對準時鐘的時間，而這些工作都不適合在太平山頂進行。因山頂的濕度高，不能代表香港整體的相對濕度；而山頂的氣溫比山下低幾度，亦不能代表香港的一般氣溫。若將天文台設在太平山下，則視野又狹窄，妨礙了各種正常的工作。有此原因，導致自1843至1884年，凡四十年，天文台無法在港島成立。直到1884年，才找到官涌山頂這塊地方，設立天文台，放棄將一切總部都設在港島的傳統束縛。

這裏就是現時本港天文台的現址，稱為天文台山。這個山只有一條小路自彌敦道直達山頂的天文台，另有一條馬路在山背，稱天文台道，是不能登上天文台去的。天文台設在該處，有很多地理因素。首先是1884年時，該處對面的山崗，仍是英軍軍營所在，保護著天文台的安全；其次是，天文台上視野極為廣闊，它可鳥瞰整個香港的海港；再者是它的位置相當於在港島市區位置的中心點，各種紀錄都較有代表性，沒有地理環境的偏差。

1884年選定官涌山頂作為天文台的總部所在，主要仍是因為它是尖沙咀區最高的一個山崗。由於山上的山峰，早於1864年時已由英國工程兵將之剷平，成為一個平台，故在建築天文台時，極為方便。天文台的建築物，仍保持十九世紀英式樓宇的形式，以石為柱，有廣闊的露台，以及樓底特別的高。這座建築物包括天文台台長的住所在內，他是第一位長駐九龍的機關首長。[20]

初期天文台的設備已極先進，在當時來說，是東南亞地區首屈一指的。根據紀錄，當時天文台設置的儀器有下列幾種。

首先，有兩部測風機，一部設在天文台的屋頂上，用來測驗當時風力的級數和風向，另一部測風機則放在室內，用以測驗風力對建築物的影響力。

雨量計共有三副，一副用來記錄每小時的雨量，一副用來記錄廿四小時的雨量，另一副用來記錄最大陣雨的雨量，並對雨水的成分加以分析，三副雨量計各施其功能。

天文台的主要建築物前，有一座小亭，亭內裝有兩個溫度計，一個用來記錄高溫，一個用來記錄低溫。記錄高溫的水銀柱上升之後不會因氣溫下降而跌下，記錄低溫的水銀柱同樣不會因氣溫上升而上升。從這兩個不同的溫度計，就可記錄出一天內最高溫度和最低溫度，可知當日氣溫的變化。

最初天文台的星象望遠鏡是三吋口徑的，這是香港第一座觀星台，設在主體建築物的頂層，每晚觀察

---

20 編者註：1983 年，天文台在樓高兩層的 "1883 舊大樓" 的附近，落成一幢新的 "百週年紀念大樓"，部分技術及職務部門遷往新廈。而 "1883 舊大樓" 於 1984 年被香港古物古蹟辦事處列為香港法定古蹟，現時仍是天文台台長及行政部門的辦事處。

天空的星象位置，以測定時間，記錄香港的 "星野"
位置，制定香港每月的星象圖，確定二十四節氣的
日期。

　　另外有一部十九世紀最先進的 "日照機"，這是
一座由水晶體製成的儀器，它的功能是記錄日照時
間。有時本港天氣整日陰雲密佈，但間中有陽光，如
無這副儀器，就無法測出陽光露白的時間究竟有多久。

　　此外設有一座天文鐘，這是機械鐘，用來作報
時之用。另有一座氣壓計，這儀器外型似一時鐘，但
它並非計時，是計算本港的氣壓。本港氣壓低時，指
針即指在較低的數字上，用來測量本港氣壓的變化。
因為氣壓低時常有風雨，因此人們稱這種儀器為風雨
針，其實它並非量度風雨，只度當時的氣壓。

　　地震儀設在地庫之內，這儀器較為先進，是有
"刻紙" 將震波記錄下來的，用以記錄地震強弱的刻
紙，是一種晒圖紙。發生地震時，可根據震波的角度
而知震源在什麼地方。

　　這些是當時先進的儀器，現在雖然已顯得落後，
但是這些儀器，在當時已能進行基本的工作。現時我
們仍可在天文台下的玻璃櫥窗中，看到當天的天氣
圖，天氣圖上所記錄的一切，上述這些儀器基本上已
能順利完成。

侯王道與侯王廟

侯王廟不在侯王道

侯王道在九龍城區，侯王廟也在九龍城區，但是現時的市街地圖，侯王道並不在侯王廟範圍之內，而且侯王道並不直通往侯王廟。侯王廟在聯合道和東頭村道交界的小山上，看不到侯王道和侯王廟有關，這是什麼原因呢？原來現時的市街地圖，是將最近已發展的情形繪成的。這個地區因為發展迅速，開闢了很多街道和建成很多樓宇，遂把侯王廟和侯王道隔開。在這地區未發展起來之前，侯王道的確是到侯王廟去最快捷的道路。侯王道近九龍城的一段，有一條小路，迂迴而經過九龍城砦邊緣而到侯王廟去，這一條通往侯王廟的小路，直達侯王廟，從前稱這條路為"廟道"，因它是到侯王廟去的唯一道路。

"廟道"是一條用石板砌成的小路，石板長約二尺，闊約八寸，兩塊長石砌成路面的闊度，這條"廟道"約闊十六寸。當界限街以北地區，未因 1898 年的《展拓香港界址專條》而劃入本港版圖時，侯王道當然還未興建，但這條用石板砌成的"廟道"已經存在，它在九龍城的城牆西面，向侯王廟伸展而去。"廟道"的另一端，伸至界限街，故後來該區列入香港版圖之後，開闢馬路和街道時，就將近界限街這一段的"廟道"建成街道，並將"廟道"這一段，名為侯王道；而另一段尚未開發，直到 1941 年之前，那條石砌的廟道，仍然保留，後來才將其填平，加以發展。

侯王廟和"廟道"的由來

遠在道光年間，"廟道"已經建成，原因是侯王廟是附近香火最盛的廟宇。凡香火旺盛的廟宇，一定有很多有錢的善男信女，他們為求"神恩保佑"，每多捐出鉅款建設廟宇。侯王廟位於九龍城後的一座山上，為方便進香的人往廟進香，善信捐款築路是很自然的事，因此"廟道"很早就建成。現存的文獻可以證實它的建築年代，在九龍城建築城牆時，這條"廟道"，亦同時築成。

古時的"廟道"由侯王廟直通到九龍城的龍津石橋去，龍津石橋是九龍城城門前的一處碼頭，是供各地來九龍的船隻停泊上落之用的。當侯王廟的侯王神誕時，很多人乘船來進香，進香船亦泊在龍津石橋旁，登岸沿"廟道"而往侯王廟進香，故"廟道"築成石板路，方便進香客。

"廟道"口從前有一座石門牌坊，面向海邊的橫額，上有"廟道"二字，這兩個字是張壽仁所寫的；向侯王廟一邊，有"鶴嶺鍾靈"四字，也是張壽仁所寫的。他是大鵬協副將，是第一任駐守九龍城的武官。由此可見"廟道"的歷史，可遠溯至道光年間。香港淪陷時，日軍為擴建啟德機場而將九龍城的城牆拆去，亦連"廟道"上的石板也拆去，牌坊也被拆毀。尚幸前人曾將該處的石刻和碑記抄錄下來，不致完全湮沒，"廟道"當時有石碑一方，名《廟道橋路碑》。

《廟道橋路碑》全文如下：

維新安縣治之南，有九龍焉，濱臨大海，香港蔽其前，深圳環其後，左有大鵬之嶺，右有大奚之山，一帶村落，迤邐而居。雖僻遠而往來九龍通道者，不知凡幾。崖谷峻隘，十里百折，負重而上，若踏刀刃。盛夏水潦，窮冬雨雪，深泥積水，相輔為害。驚顧迂延，顛踣騰藉，行者苦之。目九龍以東，大坳、三坳、牛池灣、將軍澳、蠔涌園等處，其路橋皆已次第收功，而惜於九龍之西，尚未經始也。於是茂才張君靜山，請於協戎陳君，少尹黎君，相方視位，傍侯王廟建牌門以壯觀，負陰抱陽，於風門坳築石牆以障缺，復集眾人之力，從寨城門處轉風門坳而西，乃闢乃墾，乃宜乃理；剖巨石，撲大木，摧其堅剛，平其峻險，隨山之曲直以休人力，順地之高下以殺其湍悍。

跨石橋，砍石路，甲午夏舉事，迄乙未秋而功成。是役也，計用石工若干，土工若干，灰料若干，所費不多，而為利已溥。萬夫呼忭，莫不如意。孟子云：民未病涉；詩云：周道如砥，莫是之謂歟？此雖未足以畢利物濟人之思，而其用心可知也。自中外通商後，風俗日壞，而與戎居接境，耳濡目染，鮮有不移者，況九龍本華夷雜處，獨能講明正學，以教化斯土，又議建善堂，稍有裨補於世道人心者，不遺餘力，以期事之有濟，然後知國家之深，雖在遐陬，且能樂善不倦也，豈特伐木通紹而已哉？吁！可謂克自樹立者矣。工既訖工，願勒諸金石以示來也，使役之興者，各竭其心力以醫所不遠也，而惡於是邦，乃屬記於余，余嘉其志之靡有是也，敢拜手而為之記云。甲午科舉人，三水梁殿之蕙綢甫拜撰，里人張壽仁靜山氏番丹。

　　這一塊《廟道橋路碑》，現在不知落在何方，因在香港淪陷時期，日軍恣意破壞香港文物，不知是否已將之埋下海底。不過，前人將此碑記抄錄下來，仍可供研究"廟道"歷史者參考。這碑記提到東九龍的各段官道，在當時已先後築成。這些官道，就是現時自九龍城通往西貢、清水灣及大澳門去的公路的前身。大坳，就是現時叫大澳門的地方；將軍澳和濠涌，當時已築路通往九龍城。九龍城的交通，可說四通八達。

　　照碑記所說，當時築"廟道"的原因，並非為了通往侯王廟，而是築一條路，方便九龍城西方的鄉人從西邊進入九龍城的西門，因為城的西門建於山坡的風門坳之上，該處崎嶇難行，故築一條路以利往來。只因當時請風水先生看風水，所謂"相方視位"，才將這條路連接到侯王廟去的舊小路，把該路稱為"廟道"，並"建牌門以壯觀，負陰抱陽"、"築石牆以障缺"，這些都是因為風水的原故而建成。但由於此路連接侯王廟的小路之故，獲得不少善男信女捐款，使這條路更易集資築成。從碑記可知，築此路並非只為了侯王廟。

自從 1898 年新界劃入本港版圖之後，九龍城砦已失去了它對於清廷在九龍的政治地位，這條方便西面村落村民入城的道路，就變成唯一通往侯王廟的道路，因此也成為"廟道"，而非入九龍城西門的通道了。從"廟道"到侯王廟去，會先經過很多奇形怪狀的山石，其中有一塊巨石，刻有一個巨型的"鵝"字。這個"鵝"字的寫法，是一筆直寫而成，它的字型，是"我"字在上，"鳥"字在下，用行草的章法寫成，人們稱之為"鵝字石"，寫這個字的人，也是張仁壽。他是用拳頭蘸墨寫在紙上，然後請刻工刻在石上的。另有一塊巨石，上面也寫有一個字，這個字是"鶴"字，也是用行草的章法寫成，不過寫這個字的人，不是張仁壽，而是"鳳山"。在這兩塊石前後，有人刻了一副對聯，上聯是"古石看鵝摹逸少"，下聯是"名山駕鶴仰侯王"，有"光緒十三年（1887）東莞黎慶堂書"字樣。另外，在"鶴字石"上，也有對聯一副："古道仙岩歸鶴嶺"，"侯王顯赫鎮龍疆"，寫這對聯的，署名謝桂廬。從這副對聯的上聯，看得出侯王廟這個山崗，原名鶴嶺，它和"廟道"牌坊上的"鶴嶺鍾靈”的“鶴嶺”互相印證，可知這座山，古名鶴嶺。
相傳此山從前常有白鶴飛來，在山上築巢而居。白鶴
向來被人視為神仙的雀鳥，故將此山名為鶴嶺。

　　侯王廟所記的山，本名叫白鶴山，鶴嶺只是時人
墨客對它的雅稱。《新安縣志·山》載之：

　　白鶴山在九龍寨西北，上有遊仙岩，岩下三小石如品
字，上盛一石高約六七丈，廣約三丈餘，榮立難升。石頂有
棋枰棋子，至今猶存。石北刻“遊仙岩”三字，第年遠字稍
模糊。昔常有白鶴一雙棲止石上故名。

　　鶴字石上對聯的上聯，“古道仙岩歸鶴嶺”，所謂
“仙岩”，就是指山上的“遊仙岩”，“古道”就是“廟
道”，“鶴嶺”就是白鶴山。《新安縣志》刊刻於嘉慶年
間，當時修志時，“遊仙岩”三字已經很模糊，到了道
光年間，這“遊仙岩”三字相信已經看不見了。究竟
侯王廟建於什麼時候？侯王廟內現存最古的一塊重修
碑記，是道光二年（1822）的碑記，該碑記並無說明
侯王廟建於何時，只說道光二年重修。碑記為羅世常
所寫的。他寫道：

　　余客九龍三五年，道光二年也，這楊侯王廟榱桷朽腐，
眾議重修，杯卜董事八人，隨發緣簿簽題，莫不切子來之
忱，欣欣樂助，不越月而廟貌煥然。謂非神之威靈感人之

218

深，而能如是乎？謂非人之誠效服人之切，而能如是乎？是宜立碑誌之，以垂不朽。或曰：捐資建廟，在在皆有，無足多也，又何記為？余曰：不然，先王以神道設教，所以覘人心也，心慢神則無不慢矣，心敬神則無不敬矣，非無不敬也。惟敬神之心，遂以敬君父，敬師長，敬親友，亦如是而已，是不無敬也。

羅世常的《重修侯王廟碑記》最末的一段，寫出當時侯王廟的位置及景色，其中也談到“遊仙岩”，該段碑記寫道：

夫碑或有時磨滅，而此心此敬斷不可磨滅者也，是所以不可不記也。且試登斯廟之爭，左望玟杯之石，右瞻銅鼓之山，前王台，後仙岩，松風繞韻，濁水流香。其間之士女，採春花，獻秋實，以光几筵，以充邊豆。自宋迄今數百年如一日，又安知非侯王助法護宋，本此敬心以敬君父，而能起後人誠敬之心若此乎？烏得謂出誠敬之心捐資建廟無足多也。子試思之，或曰：誠是也，請書以為記。

這塊碑現時仍在侯王廟內，但已經字跡模糊，它是該廟現存最古的一塊碑，因此無法證明侯王廟始建於何時，只知在道光二年曾重修過一次。但亦可能這次重修，才建成現時侯王廟的規模。從前的侯王廟，可能只是一座極簡陋的小廟，是這一次才將之擴建起來。不然的話，《新安縣志》修於嘉慶廿五年（1820），距道光二年只兩年多時間。縣志不會在白鶴山一條內失載侯王廟的存在，這是顯而易見的。碑文中的"仙岩"就是"遊仙岩"，"王台"則是宋王臺，所謂"銅鼓之山"相信即為龍鼓洲，至於"玫杯之石"則不知在何處。

侯王應是土地神

究竟侯王廟中的侯王，是什麼人呢？羅世常這塊石碑，稱之為"楊侯王"，並無說明楊侯王是何人，碑文中有"助法護宋"四字，故有人認為是楊亮節。

楊亮節是宋末二王中的益王昰生母的弟弟。益王的母親姓楊，初封為淑妃，後來陸秀夫擁立益王為帝，楊淑妃就成了慈元太后。由於益王來過九龍，在宋王臺處住過，楊太后也同來，因此認為楊亮節也同行而到九龍，便指楊侯王就是楊亮節。主張侯王廟的楊侯王是楊亮節最力的，是東莞的陳伯陶。

1917年，侯王廟又經過重修，陳伯陶特為該廟寫了一篇碑記，刻石鑲於廟牆之上，碑記名《新修侯王古廟聖史碑》，在碑文上，考證楊侯王就是楊亮節。碑文如下：

九龍砦西北有侯王廟，甚靈異。相傳神楊姓，佚其名，南宋末忠臣，始封侯，晉封王，故稱侯王。余曰，此殆楊亮節也。史稱楊淑妃生益王昰，俞修容生衛王昺。德佑二年，以淑妃弟亮節、修容弟如珪，提舉二王府事。元兵入臨安，奉二王走婺州，范文虎趨婺，亮節等負二王步匿山中七日，張全追及，遂走溫州。至元十二年五月，昰即帝位福州，冊楊淑妃為太妃，亮節居中秉權，秀王與檡自以國家親賢，多所諫正，遂犯忌嫉諸將俱憚之。當時勞苦功高，為朝廷具瞻如是。自是而後，亮節遂不見於史。考是年十一月，元兵破建寧，宋王遁入海，十二月次惠州甲子門，十三年次廣之藍蔚山，四月次官富場。九龍古官富場地，疑亮節道病卒，葬於斯土，土人哀之，立廟以祀，史蓋失載也。

陳伯陶的《新修侯王古廟聖史碑》第二段云：

宋世外戚多封王，亮節脫二王於險，又輔政。則生封侯，歿封王，亦恩禮所必至。海濱樸魯，故不能舉其名及封郡耳。不然，如珪與亮節俱提舉，亮節尤用事。十四年十一月，劉深追宋主七洲洋，執如珪，史有其文。如亮節不死，後必為之俘，史當特紀之矣。況從二王海上，史別無楊姓者，焉有晉侯而王，烜赫如是，而史闕文者乎？余故曰：此殆亮節也。嗚呼！南宋之亡，諸臣崎嶇海上，有死無二，皆知不可為而為之者也。史稱朝臣，言秀王有劉更生之忠，曹王象之孝，宜留輔以隆國木，乃遣之出兵浙東，被貶而死，因加亮節以忌嫉之名。然福州一隅，不圖進取，何以立國？

景炎沖幼，不克親征，非秀王親賢，孰總師干？以繫民望。奈何以此為亮節罪乎？余謂亮節之忠，為宋外戚所罕有，雖老死，而其英魂毅魄，血食前土，到今不衰，良有以也。因詳考諸書，為之碑以告土人。且復為迎神送神之曲以侑之曰……

　　碑的下半部是"迎神之曲"及"送神之曲"，另有一段"按語"。現在先討論楊侯王是否楊亮節一點。照陳伯陶說，楊亮節是隨宋末二王來到九龍時病死的，因此土人為紀念他而建侯王廟。以當時楊太后的弟弟的身分，死後應該有墓地和墓碑，不會草草埋葬，更不會連名諱都不記下來。

　　陳伯陶歸咎於"海濱樸魯"，所以連楊侯王的名字也寫不出。須知楊亮節假如在宋末二王來到九龍之時病死，為他立墓碑的不會是土人，而是當時的軍政要員，他們會連楊亮節的姓名也不會寫麼？可見"海濱樸魯"不是楊侯王廟的侯王沒有名字的真正原因。即不能硬說侯王廟中的楊侯王，就是益王母親的弟弟楊亮節。

　　楊亮節當時身分，是益王的舅父，俗有"天上雷公，地上舅公"之諺，國舅爺死後，能夠不立墓碑的麼？這是說不過去的。

　　陳伯陶的《新修侯王古廟聖史碑》，在"迎神"與"送神"二曲之後，有按語數行，碑刻如下：

按《統一志》稱：宋行宮三十餘所，可考者四，其一為官富場，《新安縣志》則云：大人因其址建上帝廟，今宋王台之東南，有村名二王殿，旁有上帝廟，廟後石址猶存，即其地也。縣志又稱：楊太妃女晉國公主溺死，鑲金身以葬，名金夫人墓，旁為耿迎祿墓。詢之大人，則云在宋王台西，墓舊有碑，近因牧師築堂其上，遺蹟遂堙云。耿迎祿墓縣志不詳為何許人，疑亦隨宋二王南奔，死葬於是者。因並紀之，但後之覽者有所考焉。伯陶又識。民國六年歲次丁巳六月。

這段按語，無疑自掌嘴巴，因為耿迎祿既可立墓，且有碑記，楊亮節是國舅，豈能不立墓碑？而且縣志也不載，足見侯王廟中的侯王，不是楊亮節了。

既然侯王不是楊亮節，他又是誰呢？

羅香林《宋王臺與宋季之海上行朝》一書，亦謂侯王廟中的侯王，並非楊亮節，記云：

據土瓜灣故老相傳，謂帝昰駐蹕官富場時，夜間野獸叫聲甚慘，而不知何獸，詢之土人，則曰黃麖。因是得疾，苦無御醫，群臣憂懼，惟幸得土人云為楊二伯公者，自來行宮，為之醫治。問其居址，則曰在何家村。使人訪之，則其人早已死去，僅有楊二伯公墓而已，土人謂是楊侯顯靈，乃為立草廟祀之，何家村即今九龍城西南一帶，其草廟後經歷代修葺，遂為今日所見之九龍城侯王廟焉。此雖不見史籍紀錄，然本區域自昔盛產黃麞，至今獅子嶺及大嶼山等地，獵人尚以黃麞為主要射獵對象。按：黃麞為鹿類而無角之中型野獸，其叫聲甚哀厲而頻。帝昰驟聞是聲，懼而成疾，自無足異。楊二伯公謂行官醫治事，雖跡近神話，未足深信，然可逆識侯王廟所祀之楊侯王，殆為據民間傳說所構成之神祇，且與宋季行朝有關。

楊侯王不是楊亮節，上文已經說得很明白。但楊侯王是不是楊二伯公呢？是否真有楊二伯公其人？既然二伯公是二伯公，為什麼又稱之為侯王呢？土人既未說宋帝封他為王侯，為什麼又會有楊侯王的封號？照筆者認為，這位楊侯王，其實是一位土地神而已，土地神即社稷之神，但廣東習俗，多稱土地，而土地之神，又有"伯公"和"侯王"兩別名。

本港有很多土地廟，亦稱伯公廟，如中環卑利街頂的一座小小的土地廟，名"伯公廟"。新界很多村落的土地壇，都寫上"伯公"二字，這是土地之神又名"伯公"之證。至於又名"侯王"，這是很古的稱謂。據屈大均說，他的家鄉順德沙亭，也有一間侯王廟，不知侯王為何許人。他是明末清初時人，他說廣東很多地方都有侯王廟，故認為這位侯王，是南越王趙佗。因為趙佗曾封侯，後來又自稱越王，故名侯王。趙佗是秦時最早開發廣東的人，是廣東第一位割地稱王的人物，廣東人視之為廣東的偉人。因此在他死後，當他是社稷之神來拜，建小廟祀之，稱為侯王廟。屈大均在《廣東新語》多次提到"侯王"這位神，如在〈舟語〉中，談到順德的龍船，在沙亭侯王廟前製造，每次賽龍船時，必定奪標，認為是侯王保佑所致。別處鄉人，想到沙亭來製龍舟，遭當地父老拒絕，請侯王之神去保佑，也遭拒絕。

土地公既名伯公，又稱侯王，則侯王廟中的侯王，即土地之神實無可置疑。至於這位土地之神，為什麼又會姓楊？原來土地這一類地方社神，有些地方是真有其人的，有些地方則沒有其人。例如本港鰂魚涌的二伯公廟，這位土地神姓魏，而且有名有字；但有些伯公廟的伯公，則是無名無姓。楊侯王廟中的二伯公是姓楊，那是不足為奇的，相信是很早就存在的土地之神。

土瓜灣故老相傳的神話，相信所謂楊二伯公為宋帝昰治病之說，只是當時宋帝昰受驚得病，依照本土人的習俗，到土地神去"喊驚"，把病醫好而已。因新安縣和東莞縣的風俗，遇孩子生病或患驚風，都有到土地社稷之神處"喊驚"的，他們相信"喊驚"之後，就會把病治好的。《東莞縣志·風俗》載云："粵俗信鬼，而莞為甚。有病則燎火使嫗持衣招於門廷。巫逐鬼呪水，畫符作諸無益。每夜角聲鳴鳴然。"又記云："莞俗燎火持衣曰喊問，年延巫逐鬼曰跳大鬼，尋常有病以酒食置竹箕上，昏夜當門而祭曰捧篩箕。"

至今香港的堅拿道東、九龍的榕樹頭，晚上仍有婦人在該處代人拜神治病，稱為“喊驚”，與《東莞縣志》所載相同。因此極可能當時帝昰受驚而病，官人按照本土的風俗，到土地之神處“燎火持衣”以治病，經過“喊驚”之後，帝昰的病就痊癒了。土人認為這位土地有靈，說他醫好了宋帝的病，因此把這小小的土地廟改建為較宏偉的廟宇，並非因為他是楊亮節而紀念他。侯王既是廣東古時封土地神的尊稱，二伯公則是對土地神的俗稱，因此就引起了附會者編造楊二伯公為宋帝治病的神話，又為有點歷史知識的人，附會為楊亮節。其實楊侯王即姓楊的一位土地公公而已，當時宋帝在這土地神前“喊驚”治病而癒，故羅世常在重修該廟時的碑記，有“助法護宋”之句，而陳伯陶則根據這句話，附會為楊亮節。

　　楊侯王的真相既如上述，我們就不必理會他是誰人，總之，他是一位民間視之為神的土地就是。由於他是一位土地之神，因此有很多與當地有關的事，在無法以人力去解決時，就來求神解決。現存侯王廟內，有不少匾額，都足以說明侯王就是土地之神的性質。古時信鬼神之心理極普遍，地方上有災難，一定向土地之神膜拜，求他庇佑，希望解脫窘境。地方上有盜賊，也希望土地之神指引捕盜，保佑當地平安大吉。這是土地之神的特點，有別於其他神廟的只保佑善男信女添丁發財。

侯王廟內的牌匾

侯王廟內，現有一牌匾，寫了四個大字，字為"至誠前知"，旁有"廣東大鵬協副將賴鎮邊敬題"幾個小字，可惜上款的年月日已模糊，看不清是什麼時候送到侯王廟的，只可辨認的，是道光年間的字樣。

考林則徐禁煙的時候，將大鵬協副將調到九龍灣來，當時駐守九龍灣的將軍，正是賴恩爵。上篇在談"尖沙咀和大包米"的街坊史時，曾多次提到賴恩爵駐守九龍灣，這個送牌匾給侯王廟的大鵬協副將賴鎮邊，正是賴恩爵。賴恩爵的題字是"至誠前知"，可見是賴恩爵在駐守九龍時，率師船到尖沙咀和官涌山一帶海面與英船交戰前，曾向侯王禱告，或者在侯王神前杯卜出師的情形，得到戰勝歸來的預兆。當時這一場海戰，確實是戰勝了，因此送一牌匾表示感謝神恩。

"至誠前知"四字，分明是說侯王神事前知道他必然大捷。賴恩爵當時一戰，獲道光皇帝嘉獎，因此才送這牌匾到侯王廟，酬謝神恩的。侯王廟內有很多前清官來送出的牌匾，如"惠及遐方"一匾，是同治七年（1868），由賞換花翎，即選都府郭繼汾，和賞戴藍翎，侯選游府郭繼榮所送的。這兩位相信不是廣東人，但卻是一兄一弟。他們可能來香港遊覽，順道到侯王廟去參神，也許他們在神前求簽，詢問前程，求到一條好簽，後來得到皇帝賞賜衣翎，因此送一牌匾來侯王廟，答謝神恩，故牌匾上有"惠及遐方"之句。"遐方"當然是很遠的地方，當在廣東省外。

另有一牌匾，上寫"折洋鋤盜"四字，並有"光緒十四年吉旦"的紀年字句。送匾的人，卻是一群地方官吏，計有：大鵬協副將何長清、中軍都司司徒驥、右營守備陳朝光、左營守備梁鴻謀、千總賴國芬、外委楊繡展等。這一塊牌匾的"折洋鋤盜"四個大字，值得推敲。"折洋"當然是折服外國人之謂，"鋤盜"當然是捉拿盜賊。研究光緒年間，有什麼事既折洋又鋤盜的呢？再考送匾的官吏，大鵬協副將何長清，他是當時九龍城內的主管官員。自從九龍建城之後，大鵬協副將就駐守於該處，他是當時九龍一帶的地方長官。光緒十四年即公元 1888 年，當年這帶地區，曾發生過什麼華洋糾紛的事，以及又有"鋤盜"的事呢？

其餘送牌匾的官員，中軍都司、右營守備、左營守備、千總、外委等文武官員，差不多包括整個寶安、東莞、中山等三縣的沿海守衛和官兵的長官。

原來，光緒十年至光緒十四年（1884–1888）之間，香山、新安、東莞沿海，出現一班海盜。海盜的首領，綽號花旦滿。花旦滿這班海盜除了在海面行劫之外，還勾結陸上的盜匪，掠劫沿海鄉村，他的所作所為，有類於張保仔。由於花旦滿忽水忽陸，行蹤極為飄忽，左營、右營、中軍等官兵，無法把他緝獲。

當時廣東巡撫屢接各地要求緝捕花旦滿的報告，自然責成大鵬協副將何長清，著即緝拿花旦滿。同時，各地紳商也出花紅緝捕，花紅已累積成一萬兩銀。當時很多人都想得此一筆花紅，但由於花旦滿行蹤詭秘，無法緝獲。

大鵬協副將何長清，便和右營守備陳朝光、左營守備梁鴻謀、中軍都司司徒驥，同到侯王廟去卜問前程。侯王等於土地之神，地方有盜賊，在這些地方官心理上，認為地方之神亦有同等的責任，因此到侯王廟去求籤，希望藉侯王的靈籤，得到一些啟示，指引他們到花旦滿匿藏的地方去，把這名盜魁捉住。

據說當時他們在侯王廟內，求得一條籤，籤上字句，暗示花旦滿在洋人地界之內，而這洋人地界，則是在"不近不遠"的地方，他們因此認為花旦滿匿居澳門。

"不近不遠"的洋人之地，以侯王廟所在之地來說，近者當然指香港而言，遠者當指上海及其他各地的租界，故不近又不遠之洋人地方，當然就是指澳門。因此他們就到澳門去偵查花旦滿的行蹤。

由於當時的政治環境，大鵬協副將何長清和右營守備陳朝光等人派出的密探，不能向澳門當局表露身分，否則會被視為不尊重洋人的統治權，這些密探進行偵查時，是極端秘密的，而且是十分困難。偵查了個多月，仍然查不出盜賊花旦滿的下落。何長清認為，必須和澳門葡方合作，才能事半功倍。因此，他曾親自到澳門訪問，與澳葡的警察廳長會面，商討聯合對付盜賊的辦法。當時港澳和中國方面尚未有引渡犯罪者的法律根據，因此造成盜賊得以互為護符，在港澳行劫之後逃入內地的匪徒，以及在內地行劫逃往港澳的匪徒，都因為雙方政府間的矛盾而逍遙法外。這矛盾是必須解決的，故何長清到澳門去，希望澳門警方合作，雙方共同對付不法之徒。例如在澳門行劫逃入內地的匪徒，澳門方面可以通知大鵬協副將及左右營守備，共同緝捕；在內地犯案的匪徒，逃到澳門，澳門也協助緝捕。這一次談判，得到澳門方面的警方允許，雙方達成協議，這就是牌匾上“折洋”的兩字由來。所謂“折洋”，在何長清認為是折服洋人，其實，不過是雙方同意互相對付匪徒而已。

當時，何長清也和香港警方成立了協議，對方同意合作對付盜賊，這是作為地方政府之間的一種合作，並不作為外交事務，因為這樣，可以不必通過中央政府來決定，進行時較為靈活。1891 年，本港輪船南武號被劫，事後港方通知九龍城的大鵬協副將共同緝盜，終於將這一群海盜捕獲，在九龍城外斬首示眾，這就是根據當時何長清的協議而進行的。何長清於 1888 年訪問港澳，他自以為這是一種“折服洋人”的行為，是侯王廟中的侯王神靈佑護之功，故此牌匾上，寫上“折洋”二字。至於“鋤盜”二字，就是指當時捉拿劇盜花旦滿。原來，澳門警方果然合作，與中國派到澳門的密探共同偵查，終於找到花旦滿的蹤跡。但澳門警方不想引起不便，不願在澳門捉花旦滿，故派人通知花旦滿，叫他快些逃走，指大鵬協副將，正行文來澳，叫澳門警方捉拿他。花旦滿以為澳門警方對他友善，於是連夜逃出澳門，怎知一出澳門地界，就被官兵捉住，因為澳門警方亦通知中國官兵，埋伏捕捉。原來港澳都有各自的法律，花旦滿並未在澳門犯法，如澳門警方拘捕他，萬一他延請律師立即請求擔保外出候審，澳門警方就不能將他移交給中國官方，只好用這種方法，誘使他離境而被捉。花旦滿伏法之後，何長清便帶頭酬謝神恩，送了這塊牌匾到侯王廟去，牌匾上的“折洋鋤盜”四字，就是記述當年這一件事。

普通神廟上的牌匾，大多數是求神的人發了達，或達到個人的目的，才送到廟中去的。只有侯王廟內的牌匾，是與地方治安有關，用當地官員名義送去的。這些牌匾足以說明，侯王是屬於土地之神的性質，而不是宋末的楊亮節。

米埔也有侯王廟

本港其實有很多侯王廟，如果侯王真的是楊亮節，又何必建這許多侯王廟呢？建一間廟已經夠了。

正因為侯王是土地之神，就像每一處地方都有土地廟一樣，本港才有那麼多的侯王廟的，從這一點，又可反證侯王不是楊亮節。本港著名的侯王廟，一間在沙田大圍村，該處的侯王廟，離車公廟不遠。這間侯王廟因附近的車公廟名氣太大，香火集中在車公廟內，故很少人知道有這麼一間侯王廟，也沒有人去考證這間侯王廟中的侯王是什麼人。除了沙田的侯王廟外，另一間侯王廟則在米埔的凹頭之處，從凹頭往上水，就可在馬路旁邊看到一間小廟，此廟就是侯王廟。這間侯王廟也和一般鄉村的土地廟一樣，香火平常。

據凹頭的鄉人說，這間侯王廟，建於清初，是一間"風水廟"。因為米埔區從前常有水災，水災的來源是因為后海灣的海潮，常湧入米埔的平原區，淹沒禾田。建這間廟在該處，是經風水先生看過風水，認為此廟可以"阻塞水口"，使米埔以後不會有水災。果然建成此廟之後，就不再有水災了，可見侯王廟也和山神土地廟一樣，有改善風水作用。

山神廟和土地廟，在中國各地鄉村是極流行的廟宇。古時迷信風氣極盛，地方上每遇天然災害，便視為與風水有關，需要建廟鎮壓。例如山上常有山洪暴發或山泥傾瀉，甚至猛虎出現，都說與風水有關，建山神廟其中，作為鎮壓；水災旱災則又說成與風水有關，故多建土地廟鎮壓。米埔凹頭的侯王廟，就是鎮壓風水的土地廟。米埔從前遇到潮水漲時，常有水災，那是因為該處面對后海灣，又近深圳河山口之處，當豪雨之後，又遇潮水大漲時，河水與潮水湧進該區去，便形成水淹禾田之象。但據說建了侯王廟之後，就不再有水災，這是什麼原因呢？是否真的與侯王的神力有關？原來，米埔近后海灣的大片土地，其實是"植物填海地"，它是由植物自動填海而成陸地的。這種植物填海地，過程非常有趣。米埔近海地區，有一種植物，名叫水筆仔，這種水筆仔的樹幹是紅色的，有時樹葉也有紅色的，因此又稱之為紅樹，有自動填海的性能。原來紅樹生長於海邊，由於它的果實像一枝筆管那樣長，成熟時伸向水面，果實的尖端接近水面，就在水面上生根，等到生了的根向水底的泥土抓緊時，果實就離開母樹而落蒂，它就生成另一棵樹仔。因為水筆仔繁殖力極強，生長極快，多叢生在海邊。

由於水筆仔的果實垂下來，在水中能生根，生根後才落蒂離開田樹，故當潮退時，這些樹就把海泥攔在岸邊，不隨潮退而流回出海。水筆仔越生越多，將潮漲時湧來的海泥留在樹叢中，就使海邊的泥越積越多，樹越生越密，無形中便自動將海填起來。這些植物向橫生，又向縱生，就把土地越填越闊，越填越開。米埔平原區的禾田，就是數千年來由此種植物填海而成的，故這一區稱植物填海區。

現在香港地圖上，在米埔與后海灣的一段地區，

仍稱之為 "紅樹地"，這是該地區因紅樹這種植物填成陸地的痕跡，表示該地區，仍然繼續由水筆仔這種紅樹填海成地。

筆者曾到這塊 "紅樹地" 去考察，研究米埔凹頭侯王廟建成後，能產生風水家所說的 "塞水口"，而避免水淹禾田的原因。這塊 "紅樹地" 已被列為禁區，要取得禁區通行證才能進去。[21] 該區列為禁區，原因有二：其一是該區多水鳥棲息，列為鳥雀保護區，禁人進入，是為了保護鳥雀；其二是該區接近后海灣，提防非法入境者從該處深入本港。當筆者進入該區考察時，發現該區滿生紅樹，其中大部分為水筆仔，但近岸地區，則已利用這些紅樹來築成很多的堤壩，圍成很多的魚塘，用來養鹹淡水的魚類及生蠔。這些堤壩，是阻截海潮湧入米埔的主要建築物，是產生 "塞水口" 作用的作物。

原來，鄉人在清末已開始懂得利用水筆仔這種植物來阻止湖水湧進該區。水筆仔將海邊的泥土阻止外流出海，但它沒有辦法阻止潮水湧入。鄉人便將泥沼的泥挖起來，堆在一起，形成 "塘基"，水筆仔在塘基上生長，塘基就越積越高，因此產生阻止海潮流入該區的作用。潮水湧進第一列的塘基時，注滿一個魚

21　編者註：該處的紅樹地已被劃為米埔自然保護區，在特定時間開放給公眾人士參觀。

塘，才能再流入第二列的塘基，如此一個個魚塘的塘基，將潮水阻擋，故海潮就不能流入米埔的禾田去，這就是“塞水口”的真相，與侯王顯靈無關。這些魚塘的塘基，由於生滿水筆仔，當海潮湧進來時，又將湧來的泥阻放塘基上，故塘基也越積越高，使魚塘中的魚，不能隨潮水於退潮時游出海外，反使很多海魚攔在塘水中，當地鄉人就增加了不少收入。這些魚塘後來越開越多，近米埔公路的一帶，已成為固定的魚塘，潮水永遠湧不到。這些魚塘，如果用泥土將它填平，就成很好的田地，可以種各種農作物，因為泥土的鹹氣，經過長期的雨水洗刷而減少。米埔平原的禾田，就是這樣形成的。

大澳寶珠潭侯王廟

至於其他地區的侯王廟，還有大嶼山的幾間。大嶼山大澳的海邊，也有一間侯王廟。這間侯王廟在寶珠潭上，這座侯王廟的歷史也很古，廟內有一口古鐘，重一百斤，鐘上鑄有“康熙三十八年”的字樣，證明這間侯王廟，與九龍城白鶴山上的侯王廟，同樣是歷史悠久的古廟。

大嶼山大澳的侯王廟，是建在海邊一個小島之上，這個小島，形如一顆珠，因而這個海灣，就稱為“寶珠潭”。大澳村民稱這間侯王廟，也叫寶珠潭侯王廟。據《大嶼山志》載云：

寶珠潭在大澳北岸。虎山與獅山水口交界處，有土丘墳起，形圓如珠，四泓碧水，名為寶珠潭。南向有廟一間，供奉楊侯王。考其鑄鐘刻康熙三十八年造，其錫香案刻咸豐十年，堪稱古廟。至光緒三年丁丑，闔澳值事鄭榮貴等重修。

康熙三十八年即公元 1699 年，咸豐十年即公元 1860 年。這間侯王廟的古鐘鑄於 1699 年，相信是建廟的年代，因為通常寺廟建築落成時，多同時鑄鐘，而重修的時候，亦必鑄造錫製的香案，因此可估計這間侯王廟到了咸豐十年又重修一次，再到光緒三年（1877）又重修一次。光緒三年重修時，有碑志一方，嵌於牆上，這是唯一可辨讀的碑記。這侯王廟所供奉的侯王，亦稱楊侯王，但並沒有什麼證據可以證實楊侯王即楊亮節。它和九龍城的鶴嶺侯王廟一樣，被視為宋朝時一位保護宋帝的地方神，該廟門前一副石刻門聯，亦表明楊侯王即大地之神。聯云："擁鵲嶺以為屏靈鍾秀毓"，"控鳳山而作鐃為阜民康"。鳳山與鵲嶺，都是當地的地名，而 "作鐃" 二字，更說明這間廟有鎮壓水口的作用，與米埔凹頭的侯王廟作用相同。

廟宇的對聯，大多數是使用酬謝神恩之類的字眼，但在字裏行間，亦可表達出這位神的作用，從石刻門聯，可知楊侯王不過是一位土地神而已。

大澳寶珠潭侯王廟內的花圃，也有一對門聯，上聯云：“檻外雲山開眼界”，“窗前潭水活文機”。另外又有一對檻聯寫道：“鳥欲娛人嬌語轉”，“花如愛客笑顏開”。這些都是寫景寫情的對聯，與歷史無關。如果楊侯王就是楊亮節，這些聯語，不會絕口不提的。光緒三年重修侯王廟碑記，亦提及“宋代”的事，碑記云：

> 蓋聞祇園寶樹，曾鋪長者之金，蜀道浮屠，尚待尊官之力。則欲支大廈，必使群材朗矣。我澳楊侯古廟，歷創有年，座擁嶼山，大列岡巒之體勢，澳環碧水，極窮海島之縈迴。正是山川毓秀，寶藏與焉。珠潭映輝，福地名矣。遐邇祈禱，咸沐洪庥，民物安阜，均沾大德。是以地因神而靈，不特施威風於宋代，廟得寶而顯，猶本布須雨於海隅也。

這塊石碑，只說楊侯王“施威風於宋代”，並未說出楊侯王怎樣施威。綜合廟聯研究，這間古廟的興建，也是和潮水漲時泛濫成災有關。因為大澳一帶，每逢颱風吹襲時，一定潮水暴漲，泛濫成災，低窪地帶，必被海水淹沒，尤以號稱寶珠潭的這座小島，被潮水淹沒最甚。楊侯王是土地之神，建廟在水口之處，就認為有鎮壓潮水的作用。

寶珠潭上建侯王廟的原因，是和米埔凹頭建侯王廟的作用相同，都是與風水有關，建廟的目的是為了

"守水口"，鎮壓潮水淹沒禾田屋宇。據大澳鄉人說：自從在寶珠潭上建侯王廟後，就是颱風吹襲，大澳受損失已較少，從前每遇颱風，潮水必暴漲，淹沒禾田，現在則甚少有潮水泛濫，這是楊侯王神力使然云云。其實，水災減少的原因，是和侯王廟建成之後有關。原來寶珠潭上這個小島，自建廟之後，鄉人為方便來往，在岸邊建一條長堤直達島上，使岸邊和小島連接。這一來，就把潮水攔起來，使海潮不能泛濫到岸上去。這是堤壩所起的防潮作用，與神功無關。

東涌古城下的侯王廟

大嶼山近海的地方，尚有兩座侯王廟，一座在東涌，一座在石壁。在東涌的侯王廟，歷史也相當悠久，是比米埔凹頭的侯王廟更古的。大嶼山居民有一句諺語，叫"先有東涌，後有大澳"，意思是說：先民先開發東涌，然後開發大澳。原因是，東涌的地理位置是在大嶼山的中點，它前面有一個小島，叫赤鱲角，保護著東涌的海灣。自古以來，東涌就是大嶼山的行政軍事中心，所以東涌開發最早。在東涌的海邊，也有一座侯王廟，它的作用也是"守水口"，用以保護這個作為行政軍事中心的地方。原來自宋朝開始，東涌就駐有官兵，在該處管制附近一帶的鹽田。蓋古代，鹽是有稅的日用品，而大嶼山頗多鹽田，故駐兵防走私。

《大嶼山志》載云：

由沙螺灣東行轉一海灣，便是東涌，又名馬涌灣。在
大澳登山至此三十六里，由昂坪至此十八里，在大嶼山之正
北。向大東山腳下嶺皮村，有古城一座，周圍一百餘丈，高
二丈，有城門三個，中為拱宸門，左為聯庚門，右為接秀
門。城上雉堞有古大炮六尊，兩尊每重二千斤，其餘各重
一千二百斤。戰時佛山華英中學於此借用為學校，清除瓦
礫，建設房舍球場，又在附近闢天然游泳池等。現改東涌
學校。

東涌古城，現在已列為古物保護區，當局將這個
古城修葺，作為大嶼山名勝之一。《大嶼山志》記戰時
佛山華英中學借該城為學校，足有一述之處。

佛山華英中學是本港基督教會資助創辦的一所
學校，在佛山早期教育史上，頗有成績。本港的律敦
治家族，對華英中學支持最力。七七事變之後，抗戰
更興，日軍攻華南，廣州很多學校，都搬到港澳來。
佛山華英中學，亦從佛山搬到香港來，但當時沒有校
址，只好借用大嶼山東涌古城的兵房，作為學校。當
時東涌城上的兵房，是清代的建築物，已有倒塌的跡
象，得華英中學將之重修，延續了這些建築物的壽
命。香港淪陷後，華英中學已停辦，戰後華英中學亦

返佛山復校，東涌的校址，亦改作東涌學校。華英中學後來雖想在港復校，但已無校址可用了。

本港教育界人士，頗多為佛山華英中學舊人，故此後教會人士和教育界人士，均致力於在港復辦華英中學。直到七十年代，才達成此一願望，該校現建於何文田。

大嶼山東涌古城下，近海灣處，就是東涌侯王廟所在地。據《大嶼山志》載：

> 從前東涌城內，有大鵬協鎮右營守備衙門設於其間，今已故址無存。城外近海灣處有巍峨廟宇一座，內供奉楊侯王。關於楊侯王稱神來歷，據東莞翰林陳伯陶考據，乃宋末忠臣，即楊亮節，生時封侯，死後封王，故號楊侯王。此廟經過乾隆、嘉慶、光緒年間重修三次，均有石碑可考。前臨巨海，後枕高山，廟前一帶廣場，方橫半里，鄉民人等，例逢神誕，每屆集資演劇，以祝神庥。

據《廣東圖說》中所刊的新安縣圖，在大嶼山圖上，有“大鵬協右營”字樣，足證清代的大鵬協右營，是駐守於大嶼山東涌的。守備衙門在東涌炮台內，是理所當然的事。

東涌城下海邊侯王廟前的廣場，從前就是大鵬協右營官長練兵的地方，該處的海邊，也是水師船停泊之地。侯王廟成為保護官民的神廟，實際上，是具

240

備土地山神廟的性質，也有"守水口"的作用，與大澳寶珠潭、米埔凹頭的侯王廟的性質相似，完全與楊亮節無關。因為楊亮節的歷史未明，他死在何處尚未知，怎能具有"守水口"的神力？

東涌侯王廟內，現存最古之物，就是一口巨鐘，鐘上刻有乾隆三十年字樣，證明此廟當在乾隆三十年（1765）時興建，因廟宇落成時，多鑄一鐘一鼓以備應用，此鐘可證明該廟建於公元 1765 年。

這間侯王廟於宣統二年八月重修一次，到了 1962 年 4 月 26 日，再由當地鄉人集資，及由華人廟宇委員會資助，重修一次。宣統二年即 1910 年，當時廟上的綠瓦，和簷上的圖案與裝飾，均自石灣[22]運來。1962 年重修時，這些石灣製造的瓦器，仍保持原樣。到該廟旅行時，可欣賞廟上的石灣陶瓷藝術。

被水淹沒的石壁侯王廟

大嶼山有三間侯王廟，除大澳、東涌兩間之外，有一間在石壁。不過這一間石壁侯王廟，現在是看不見了，假如看見的話，就不是好現象。

原來石壁侯王廟，現在藏於石壁水塘的塘底之

---

22 編者註：此處指的地方是廣東省佛山市石灣鎮，該鎮是中國陶瓷名鎮，有"石灣瓦，甲天下"的美譽。

內，經常被塘水淹沒，只有到極度天旱的時候，水塘見底了，才能見到這廟。倘若見到了它，本港非實行四日供水一次不可，所以說如果見到這間侯王廟，就不是好現象。

石壁的侯王廟位於水塘底的原因，完全是由於建築石壁水塘而起。在未建石壁水塘前，此廟是在石壁的山谷中，廟門對正東灣。東灣又名石筍東灣，因為該處海灣，有巨石疊起如塔，鄉人稱之為石筍，故名為石筍東灣。現在這個海灣是游泳的好去處，夏日假期很多人到這海灣來游泳。海灣的西邊，有大浪灣村，村前有一間新廟，名"洪侯古廟"。

"洪侯古廟"其實是一座新廟。此廟是在興建石壁水塘時，將侯王廟和洪聖廟合併而成，故稱"洪侯古廟"，這是本港廟宇史上一項特點。

本港有很多廟宇，是合併幾間廟宇而成，石壁這間廟宇，就是合洪聖古廟和侯王古廟而成的，合併的過程，亦足一述。

二十世紀五十年代後期，本港人口激增，當局發現所有的水塘即將滿溢，仍不足以供應充足的用水，因此有改變過去築水塘方法的必要。過去築水塘，以港島和九龍的山谷地帶為主，當時還未會考慮將海灣築堤壩抽去海水而建淡水湖的構思，認為新界和九龍可建水塘的山谷，經已完全沒有，只好向離島中的大嶼山探測。經顧問公司研究，石壁的山谷可建水塘，因該處山水源源不絕，石壁上的山水，流入東灣而出海，實在可惜，因此在石壁建一大水塘。

　　背山面海、水源充足，一定有村落，這是廣東鄉村建村的基本條件。背山可防風，向海交通方便，有水源可以耕種，石壁古村就利用這些天然環境而建成。相傳此村於南宋時已建成，先有石壁村，後有石壁圍，然後有宏背村、崗背村、沙咀村、涌口村等。這些村落，先後建於石壁山谷一帶，其中以石壁圍和石壁村為最古，因此該區，也名為石壁。至於石壁之得名由來，亦有原因，原來該處有一塊大石，其大如牆壁，石壁上有原始人所留下的石刻。

　　由於該區有一石壁古文石刻，故名石壁。但是，石壁的古文石刻，因年代久遠，外人不知道石壁古文在什麼地方。陳公哲根據石壁村和石壁圍的命名，到該處考察，終於找到這一塊石刻。《大嶼山志》記云：

　　在大嶼山南，鳳凰山腳近海處，即石壁村，乃東莞徐姓族人於此開村。舊村在山麓，供侯王廟一間，新村在涌口建洪聖廟一間。廟雖不廣，堪稱古廟。廟前涌口原有大圓石一顆，合兩便山勢，如二龍爭珠。惜戰前某年遭山洪暴發，將石珠沖入大海。現存廟傍石壁刻有甲骨文字四個，每字大約七八寸，雖經風雨剝蝕，而字跡猶存，一般學者皆未能證明為某字。香港考古家曾在此發掘古物，掘出有葡國製磁碟用具等數項。又在東灣發掘有泥古碗、石桌、套頭等物，名流陳公哲，有五言詩刻於石壁傍以紀其事云。

　　陳公哲的詩刻，字體蒼勁，是陳公哲自己所寫的字，其詩云：

石筍矗東灣，沉沙考玦環。
蘊藏多寶氣，攻錯借他山。
磨洗存千古，謳吟到百蠻。
前朝空悵望，提筆莽蒼間。

旁書"戊寅陳公哲題"六字，戊寅年是 1938 年。當時抗戰軍興，國內不少學者來港講學和工作，開始掀起研究香港古代史的潮流，許地山先生等暇時即到處旅行，發掘各種史料。陳公哲是當時一位熱心考古者，他找到石壁古文，題了這首詩。

　　石壁上的文字，陳公哲鑑定為五千年前的文字，是新石器時代，聚居於大嶼山東灣一帶的先民所刻下的。石刻上的文字似一個"回"字，故又稱"回文石"。現該石由博物館用鐵網加以包圍保護，以防被好事者破壞。有些考古家推定這塊石上的文字，是五千年前該處一個部落的圖騰，即該部落自己的符號。又有人假定這塊石壁是當時該部落拜祭海神的祭台，這些回文是祭師的一種原始符籙，因類似的石刻在本港地區發掘多處，如蒲台島上也有類似的石壁，石壁皆向海，地形亦似祭台，故有此推測。由於在這些石刻的海邊皆發掘出很多新石器時代的石斧和陶器，可資證明這些地方從前是部落居地，這樣的推測亦有道理。初民探索天地的知識有限，對很多自然現象不甚了解，歸咎於上天有一種主宰此種自然現象的神，向此神祈禱，求其保佑，因而刻上本部落的標誌於石上致祭，是極有可能的。這種對海神的祭祀，從先民一直流傳下來，成為一種潛意識，當自然災害不斷發生時，很容易把這種潛意識激發出來，因而在文明已極為進步的時候，也有人去拜神，亦有人建廟宇於自然災害出現的地方，立神加以鎮守。石壁古村建楊侯王廟，和新村建洪聖廟，就是這種潛意識激發出來而建設的。我們從石壁古文、侯王廟和洪聖廟之間的關係，可以找到一條脈絡，而知道建廟的原因並非紀念什麼人。

洪聖廟所祀之神，即南海之神，其實此神並無其人，只是假定南方大海上，有此一位神靈，主宰海潮和風浪。這種觀念源於初民不知海浪颱風之成因，以及不知預測之法，才作一假定。故初民刻石成祭台祭祀，文明之後，則改刻石為建廟而已。廣東最古的南海神廟在坭晉江口，這神廟其後經歷代皇帝的封誥，人們將歷代封號串連起來，就成"南海廣利洪聖大王"。各地後來建廟祭祀海神，就是供奉這一位南海之神，故稱"洪聖大王"，把廟名也叫"洪聖廟"

了。侯王廟也是一位地方神，它的作用亦在於借助神力保佑當地不受自然災害摧殘，是以大部分的侯王廟都是建於近海灣的地方，石壁古村的侯王廟建於東灣山谷上，也是面向海洋的神廟，它的作用亦在於"守水口"，與洪聖廟有相同的作用。這兩間廟一在石壁山上，一在山下海邊，與回文石的作用極為相似。當局在大嶼山興建水塘時，必須將石壁古村和附近的村民遷出。此中要解決兩個問題，一是補償他們的田地的損失，一是給他們居住的屋宇。當局用金錢補償村民用地和財物的損失，並在東灣的海邊，建設一條新村，按人丁分配給受影響的村屋內的村民居住。這條新村，就是現時的大浪灣村。由於侯王廟也在水塘的儲水地帶，村內也有一間洪聖小廟，因此在大浪灣村，也建一間廟，稱"洪侯古廟"。

"洪侯古廟"就是洪聖大王和楊侯王合併而成的廟宇，把原本兩廟供奉的神位"請"到新廟來合祀。這間新建的"古"廟，旅行者到石壁東灣去旅行海浴時，會在海灣的西面岸邊見到。它是香港眾多的新建"古"廟之一。

真正位於石壁村內的侯王古廟在山谷上，這山谷被築成儲水之水塘，因此當儲水滿到高水位時，就將該廟淹沒，無法見得到這廟的外貌。只有等到儲水量大降時，才能在堤畔看見該廟。因此我們如果到石壁去旅行，見到這間古廟的話，香港就會鬧水荒的了。從石壁侯王廟、東涌侯王廟、大澳侯王廟這三間廟的位置來看，很容易就可發現侯王廟是一座面對海灣海口的神廟。鄉人建廟的目的，完全是把侯王當作一種水陸平安之神來看待，它的座向，和所有的天后廟是差不多的，都是建在近海的山邊，而且是廟門向海的。再看米埔的侯王廟，這間廟也是建於海灣旁邊的，現時雖然覺得它離海灣很遠，這是由於該處是一塊植物填海區，將海灣填成陸地，使廟遠離海灣。沙田大圍的侯王廟，同樣也是建於近海之處，而這些海邊，現在又伸展得很開。回到九龍侯王廟來，現在見到的侯王廟，建於一座小山之上，看似遠離海邊很遠，與海無關，但實際上，此廟建築的時侯，白鶴山就是近海邊的山，它是面對九龍灣的小山，與宋王臺遙遙相對。

從前宋王臺和白鶴山，都是近海的小山，而九龍城砦，也是建於海邊的一座砦城。砦城有龍津石橋伸出海邊，作為泊船的碼頭，這條路，現時就是衙前塱道。而侯王道，就是通往侯王廟去的街道，只是這些街道，現時遠離海邊了。

陳伯陶考證侯王即楊侯王，從這神的姓氏，附會為楊亮節，又因太妃姓楊，就產生"生前封侯，死後封王"的推測，指楊侯王就是楊亮節。由於陳伯陶是清末的一位翰林，很多人相信他的學問淵博，認為他考證無訛，因此也把楊侯王當作是楊亮節。但其實所有的史籍，都沒有楊亮節封侯及封王的記載，甚至連他的晚景是怎樣的，也都失載。陳伯陶說史籍不記載楊亮節的歷史，是因誤傳他有私心，為史臣所不喜，故而失載。這許多自圓其說的話，已經有失考證的原則了。由於陳伯陶只曾到白鶴山的侯王廟考察，沒有到過其他地區的侯王廟去，是以不知道各地侯王廟的建築體制，不知道所有的侯王廟都是向海而築，忽略了它"守水口"的本質，才會附會楊侯王為楊亮節。其實，古人建廟拜神，不一定要求真有其人的神才拜的，很多神都是沒有其人，例如"南海廣利洪聖大王"就是，只是假定有一位南海之神而加以謨拜而已。楊侯王也是一樣，只是假定有一位姓楊之神，它能保佑水陸平安，就建廟祭祀，不一定要求真有其人的。

西洋菜街與旺角

旺角原名芒角

在旺角區找一條有代表性的街道，很多人會認為是旺角道，或者是彌敦道，因為旺角道以旺角為名，而彌敦道則以旺角的一段為最旺。但其實旺角道是很後期才建成的街道，而彌敦道自尖沙咀經油麻地而到旺角，又不是只屬旺角區的街道，故不能用它們來代表旺角。

能代表旺角的街道，應該是西洋菜街，因為旺角在未劃入香港地圖之前，它是出產西洋菜的地方，旺角的西洋菜，是香港開埠後供應港島西人及華人食用的主要蔬菜之一。除此之外，也供應通菜及鮮花，因此在旺角西洋菜街之後，有一條通菜街，有一條花園街。通菜街和西洋菜街，留下從前旺角出產西洋菜和通菜的痕跡，而花園街則留下種花到廣島出售的痕跡。這三條街道，以西洋菜街為首，所以西洋菜街是旺角一條代表性的街道。旺角從前不叫旺角，而叫芒角，該處有一條村，名叫芒角村，該村的位置，就在現時的西洋菜街、通菜街及花園街一帶，因這一帶的地勢平坦且水源充足，可以灌溉田地。水源的來源，是從亞皆老街一條山溪流來，西洋菜街接近這條水溪，水源更足，經過水涌流入廣闊的平原，供種稻之用，村民就賴此以耕種維生。中國的鄉村，均以有稻田、有水源為建村的地點，沒有平原供開發為稻田，沒有灌溉的水源，就不能建村，芒角村即以此有利地形而建村於此。

《新安縣志》有芒角村之名，村在長沙灣村與官涌之間。此村取名"芒角"，是有兩種原因，其一是該區有一尖角凸出於海岸線之外，形成一海角，其二是該區海角的山地，以及附近的山頭多生芒草，因而取名為"芒角"。

芒草是一種野草，《東莞縣志》載云："芒，俗稱笆茅，可為籬笆。按：此即《爾雅》之莣。"它是一種很多用途的植物，既可作籬笆，又可做繩，亦可以作為燃料。當何文田山未開發前，該處山頭生長極多芒草，何文田山是旺角區的主山，山上的芒草長年生長，鄉人就以這山上的芒草為燃料的，故名芒角村。約 1850 年之時，港島已開發成一雛型之商港，極需要蔬菜等農產品供應，芒角村擔當重要的角色，鄉人將所種的蔬菜和副食品運到港島來出售，成為香港主要的蔬菜供應地。西人詢問出售蔬菜的來源地叫什麼地方？鄉人告之為芒角，因此西人譯其音為 Mong Kok，這個 Mong 字，即芒草的"芒"，而不是"旺"，因為"旺"字為 W 之發音，"芒"為 M 之發音，至今以英文稱旺角，仍用"芒角"之音。

西洋菜街與西洋菜

　　英人喜食西洋菜，而芒角村出產的西洋菜供應至為西人所稱許，因此芒角村給西人的印象亦最深。蓋西人在吃牛扒豬扒時，最喜以生的西洋菜放在碟邊，供生吃。他們從歐洲來到香港，所吃的蔬菜無一與祖家相同，惟西洋菜是唯一可在香港吃到的家鄉菜，故印象最深。

　　西洋菜英人稱之為 Watercress，有人譯為水中的芹菜，其實水芹不是西洋菜，是另一種菜。大抵吃西餐時，有時用西洋菜放在碟邊供生吃，有時用水芹菜，故而誤為一物。水芹是有辛辣味的，西洋菜並無辛辣味。西洋菜是十字花科植物，菜心、白菜、芥菜等，都是十字花科的植物。由於它的花和芥菜的花都是十字花科，形狀相似，故日本人稱之為"水田芥"，即說它是生在水中的芥菜；又因它的種子和芥子一樣，有辛辣味，故名"水田芥"。西洋菜相傳是由葡人從歐洲帶到澳門去種植的。十六世紀時的海員，由於當時船隻設備簡單，靠風帆航行，每次出海動輒四五個月，海員長期缺乏蔬菜作為食物，故極重視種菜。他們每到一地，如停留得久，就在當地種菜。西洋菜是最易於生長的，他們把菜種帶到岸上，見到池沼，就把西洋菜種撒在池沼中，希望下次到來時，有西洋菜可食，因此西洋菜分佈極廣，由歐洲傳到亞洲各地。最先傳到亞洲來，當是在南洋一帶，因葡人先到印度，經馬六甲然後到澳門，所到之處，都撒下西洋菜的種子。當到了澳門時，也在澳門種植，並將種子交給當地菜人傳種，這樣就傳播開去，幾乎全中國都有種植了。很多人以為除廣東外，外省沒有西洋菜，其實並非如此。在十九世紀末，上海的西餐館，也有用西洋菜伴牛扒豬扒的，這些西洋菜，是當地種的，只因外省人甚少吃西洋菜，故以為外省沒有出產。

《中國高等植物圖鑑》有"西洋菜"一條，載云：

> 豆瓣菜，又名西洋菜，多年生水生草本，高二十至四十厘米，全體無毛，莖匍匐且漂浮，節節生根，多分枝，葉為單數大頭羽狀複葉……種子多數，成二行，卵形，褐紅色。
> ……分佈在華北、陝西、河南、江蘇、西南、亞洲其他地區。歐洲及美洲也有，喜生於冷清水中，野生或栽培，作蔬菜食用，全株入藥，有清血、解熱、鎮痛之效，種子含油量約百分廿四，供工業用油。

原來西洋菜在外省，稱之為豆瓣菜。取這個名的原因，是因為西洋菜的葉，細圓而似豆瓣，亦由於不叫西洋菜，才會引起一些外省人認為廣東以外沒有人種西洋菜。

《中國高等植物圖鑑》沒有指出西洋菜的原產地是歐洲，更未指出是由葡人傳播到中國來的，因此有人認為中國早已有此種菜，中國名此種菜為豆瓣菜，或稱“豆瓣綠”。據吳其濬《植物名實圖考》中植物圖錄內“豆瓣綠”的記載，那“豆瓣綠”的圓形，和西洋菜完全相同，從葉到莖的根，都和西洋菜相似。只是，該舊的文字記載，並非指它生於水中，而是生於山間的岩石的石罅上；又指出雲南人用這種“豆瓣綠”的菜，製成一種藥膏，名“鹿銜草膏”，能治痰火，男女老幼可服，又可治五癆七傷，可見它的藥性，亦與西洋菜相同。故有人認為西洋菜，是中國豆瓣綠的一種變種。

吳其濬的《植物名實圖考》載云：

> 豆瓣綠生雲南山石間，小草高數寸，莖葉綠脆，每四葉攢生一層，大如豆瓣，厚澤類佛指甲，梢端發小穗長數分，亦脆。土醫云：性寒、治跌打。順寧有製為膏，服之有驗。惟滇南凡草性滋養者，皆曰鹿銜，誕詞殊未可信，姑存其方。

吳其濬是清中葉嘉慶年間的進士，官至山西巡撫，生平做過很多地方官，足跡遍中國南北各地。每到一地做官，都詳細研究當地的水陸草木的生態，繪成圖形共八百三十六圖；另外沒有圖形的植物，凡一千七百十四種，寫成了這本《植物名實圖考》，是李時珍《本草綱目》之後的一部重要的植物著作。書中所述的"豆瓣綠"，其形狀和生態與西洋菜相同，而大江南北各地不稱西洋菜而稱豆瓣菜，因此有人認為，豆瓣菜是豆瓣綠的異種。豆瓣綠生長在山石之間，山石多在山坑附近，遇雨水則山坑水漲，豆瓣綠的種子隨山水而流入沼澤，於淺灘上生長，而成豆瓣菜，這是極有可能。《中國高等植物圖鑑》載豆瓣菜有鎮痛的功效，這和吳其濬所說土醫云"性寒、治跌打"是相同的。大抵北方人用它來敷跌打刀傷，利用它清熱消炎的特性，搗爛敷在跌打的傷口上，產生鎮痛消炎的功效。廣東人不知西洋菜能醫跌打，正如北方人不知它可以煲湯，有清熱除痰作用，因此北方人不識西洋菜只識豆瓣菜，廣東人則不識豆瓣菜只識西洋菜。

吳其濬說，雲南人對於草性滋養的植物，都稱之為"鹿銜"，他指出這是怪誕之詞，即說豆瓣菜並非鹿銜草。但他在書中，姑有其方，把滇南人"六味鹿銜草膏"的藥方，抄得於後：

六味鹿銜草皆生順寧縣瑟陰洞林岩，扳岩採取豆瓣鹿銜草、紫背鹿銜草、岩背鹿銜草、石斛鹿銜草、竹葉鹿銜草、龜背鹿銜草六味，加大茯苓用桑柴合煎，去渣更加別藥，熬一日夜，冰糖融膏。性平和，男女老幼皆可服，忌酸冷。治痰火，用芋根酒服。年老虛弱頭暈眼花，用福圓大棗湯服。年幼先天不足，五癆七傷，火酒調服。患病日久，難以起欠，福圓大棗茯苓薑湯服，此膏長服益壽延年，鬚髮轉黑。

原來雲南順寧縣有六種鹿銜草之多，其中一種名叫豆瓣鹿銜草，就是西洋菜，亦即豆瓣菜。吳其濬認為這是滇南人故神其說，形容這些草是仙鹿啣來的仙草，故不可信，其實各種草都有它的名字，不能稱之為鹿銜草。

　　豆瓣菜即西洋菜，此種菜中國原本已有，為什麼又說是葡人從歐洲帶來中國的呢？據說，豆瓣菜在北方生長，故廣東人不識豆瓣菜，當明嘉靖年間葡人將西洋菜移植到廣東，廣東人就稱之為西洋菜。及後這種菜移植到上海去時，江蘇浙江一帶的農民見它和豆瓣菜相同，因此亦不稱西洋菜，稱它為豆瓣菜。於是北方人又不知有西洋菜之名，甚至有些北方人，認為北方沒有西洋菜。

　　葉林豐先生，可以作為一位北方人而不知北方也有西洋菜的代表。他在《香港方物志》中，有〈西洋菜〉一章，寫道：

　　到香港來得不久的外江人，大都不認識西洋菜，而且也不會歡喜吃西洋菜。但是我奉勸不肯對西洋菜下箸的人不妨一試。且不說本地人對於它的醫學效能所作的種種推崇，僅是將它當作一種普通蔬菜來吃，也是值得一試的。不過，一個外江佬如果想對西洋菜有胃口，甚而進一步像本地人一樣對它嗜食而好感，看樣子也要在這"天堂"熬上四、五年才有這資格。

旺角西洋菜街所種的西洋菜，很可能是從澳門移植過來，但移植的年代，不會在香港開埠之後。原因是，西洋菜應自澳門移植到廣州，然後由廣州繁殖到各縣去，不會由澳門直接移植到香港來的。

通菜街與通菜

西洋菜在廣東各地繁殖起來的原因，主要是發現它和甕菜可交替種植。甕菜是廣東另一種在水上生長的菜，這種菜是廣東夏天的蔬菜，是一年生的植物，每年到了秋天就凋謝，種甕菜的菜田就要另找別種菜來種。別的菜屬於水田中的極少，只有慈菇、薺菱筍等宜於種在水田上，但這些植物不是秋天下種的，不能在甕菜凋謝時下種。恰恰西洋菜能在寒冬中生長，適宜於在溫度低的水田中種植，而它又恰可在秋天下種。當甕菜凋謝時，種西洋菜可免水田荒棄幾個月，這是西洋菜被廣泛種植的原因。而旺角西洋菜街的水田，到了夏天又種甕菜。

甕菜又名通菜，於是旺角繼西洋菜街之後，又有一條通菜街。由於甕菜和西洋菜交替種植，保留了從前該處種西洋菜和甕菜的痕跡。我們從兩街的距離只隔幾間舖位，就知道該處未開發前，是一片水田。

西洋菜和甕菜都是極有經濟價值的植物。普通的蔬菜，要先播種到長出菜苗，然後從苗圃將菜苗拔出來，分株插在菜田上，使每株菜有一定的距離。定植之後，經過施肥除雜草和殺蟲，才慢慢長成蔬菜。到收成時，大多數蔬菜都在收割後就不能再生長，又要將田翻土再種。故種一般的菜心、芥蘭、白菜、芥菜等，種一次只收割一次。但西洋菜和甕菜並不同。由於西洋菜和甕菜的根，都是匍匐在水中，收割時不必連根拔起，只將粗壯的菜葉割出來就可出售，是以只種一次，就有幾次收割。

　　菜農多喜種甕菜和西洋菜，原因就在於此。當將粗壯的葉和莖收割之後，不久它又長出新的莖葉來，那些嫩莖嫩葉在不久之後，又生得粗壯，於是又可收割一次。是以夏天，差不多個個月有甕菜出售，而冬至春天，亦個個月有西洋菜出售。種這兩種菜，成本低、收成高，不過它們要種在水田上，沒有水田就不能種。

　　《廣東新語》將甕菜的甕字，寫成"蕹"字，並列之為草類，在〈草語〉寫道：

　　廣州西郊為南漢芳華苑地，故名西園，土沃美，宜蔬，多池塘之利。每池塘十區，種魚三之，種菱、蓮、茨菇三之，其四為蕹田。蕹無田，以筏為之，隨水上下，是曰浮田。予詩："上有浮田下有魚，浮田片片似空虛，撐舟直上浮田去，為採仙人綠玉蔬。"浮田一名架田，亦曰葑，冬時去葑，以種芹，而浮田不見矣。蕹葉如柳而短小，其莖中空，性冷，味甘，以城南大忠祠所產者為上。芹生冬春之交，得本氣先長至四五尺，莖白而肥，以西園所產為上。諺曰：南蕹西芹，菜茹之珍。

上面這一段記載，是記述清初時廣州所種的蔬菜，是將泮塘當時利用池塘來種蕹菜的情形。廣州泮塘一帶多池塘，當時泮塘鄉人在池塘上養魚，同時利用池塘來種蕹菜。種蕹菜方法，是在池塘上架木成木筏，下面放一張網，將蕹菜種在木筏下的網下。蕹菜是水生的植物，它的根在木筏下匍匐而生，莖葉向上生，到割蕹菜時，就可以在木筏上割。但《廣東新語》說，蕹葉如柳而短小，這是指小蕹菜，而不是大蕹菜。小蕹菜的葉很細，顏像柳葉，大蕹菜的葉大而莖又大，葉完全不像柳葉。現時人們所稱小蕹菜為旱蕹，稱大蕹菜為水蕹，但其實旱蕹菜也可以在池塘上種的，並非小蕹菜只在旱田種。

　　蕹菜的蕹字，本字應寫成甕，因為相傳蕹菜也是由外洋移植而來的，蕹菜最初移植時，由南洋一帶，用一個瓦甕將蕹菜的種運來的，故名甕菜。但李時珍在《本草綱目》中，則認為蕹菜應寫成壅菜，原因是菜種要用泥土壅起來過冬，到明年春末才能再發芽。《本草綱目》載云：

　　蕹與壅同，此菜惟以壅成，故謂之壅。藏器曰："蕹菜嶺南種之，蔓生，開白花，堪茹。"蕹菜今金陵及江夏人多蒔之，性宜濕地，畏霜雪。九月藏入土窖中，三四月取出，雍以糞土，即節節生芽，一束可成"畦"也，幹柔如蔓，而中空，葉似波及蕎頭形，味短，須同豬肉煮令肉色紫乃佳。段公路《北戶錄》言其葉如柳者誤矣。按稽含《草木狀》云：蕹菜葉如落葵而小，南人編葦為筏，作小孔，浮水上，種子於水中，則如萍，根浮出水面，及長成，莖葉則出於葦筏孔中，隨水上下，南方之奇蔬也，則此菜水陸皆可生之也。

照李時珍所述，蕹菜在宋朝以前，只有廣東才有種植。後來到元朝，移向北方，在江蘇浙一帶已有種植，但北方所種蕹菜，為陸地蕹菜，不是水蕹。他引《南方草木狀》所述廣東種水蕹菜的情形，是用蘆葦草織成草筏來種的，這種草筐，其實是用木筏綁著，即是放在木筏之下的一個網。至於西洋菜街和通菜街所種的蕹菜，已經改良了，既不是用木筏和草筐的種，也不是用旱地的種，是用水田的種。

　　蕹菜又名通菜的原因，是因為蕹菜成為不通的象徵，廣東人對於半通不通的人，稱為蕹菜先生，原因是蕹菜的莖，看似是通心的，實際上是不通的。而不通又是不吉利的，做生意的人講究路路亨通，賭錢的人希望財運亨通，若然做生意而如蕹菜，通一些不通一些，是何等的不吉利？因此把蕹菜，改稱為通菜。首先將蕹菜稱為通菜的行業，是酒樓菜館，他們是最講究吉利的人。酒樓菜館一向習慣將菜譜寫成吉利的語言，例如髮菜稱之為發財，蠔鼓稱之為好市，生菜稱之為生財，豬舌稱為大利，冬菇稱為金錢，例子不勝枚舉。因此他們在寫菜牌時，甕菜寫成通菜，避去了"不通"的象徵。甕菜炒牛肉，他們寫作"通菜牛肉"，正如將苦瓜寫成"涼瓜"一樣，是將不吉利的字眼避而不用。由於酒樓菜館用"通菜"一詞用得多，廣泛流傳，於是通菜就成了甕菜的代名詞。當旺角發展起來的時候，政府收回西洋菜街一帶的水田加以發展，由於這麼大片的水田是種西洋菜和通菜的，因此將該地劃為兩條街，一條稱西洋菜街，一條叫通菜街。甕菜在香港，無疑已由官方正式將之命名為通菜。

當十九世紀六十年代，九龍自界限街北列入本港版圖之後，芒角村仍然在西洋菜街、通菜街和花園街附近，西洋菜街和通菜街一帶的水田仍然種著西洋菜和通菜，花園街仍由菜農和花農在該處種菜和種花。

油麻地避風塘的軼事

旺角早初發展的街道，並非現時稱為地王的彌敦道，而是上海街。約於 1870 年以後，由於九龍的邊界在界限街上，界限街以北的鄉村及新界各鄉村，都把農作物運到油麻地和旺角來出售，並同時購買日用品回鄉，因此兩區已形成一個市集。這個市集很自然地集中在海旁，因為海旁便於運輸，商人要迅速將從各鄉收集來的農產品運往香港市區去，又要迅速將日用品自香港運到九龍。當時旺角的海旁，就是上海街，加上大角咀和旺角構成一個海灣，風浪較細，很多漁船也泊在該處。漁民上岸購物，也以近岸的市集最為方便，因此上海街自自然然就形成一個商業中心區。商人開始在上海街建築樓宇，開設商店，上海街便成為旺角的中心地帶。1898 年界限街以北地區列入本港版圖後，界限街的邊界守軍，已北移到新界的新邊界去，新界鄉村的物資，就更加方便運到旺角來出售，日用品亦更方便運入新界去。當時旺角有街渡來往於青山和元朗，貨運繁忙，新界很多漁船，也將漁穫運來旺角出售，旺角海旁更為熱鬧，船隻越泊越多。當局為了整頓旺角海灣，於 1909 年，立法局通過第三十九號法例，建築大角咀、旺角、油麻地避風塘及填築塘內海灘，將上海街近海的海灘填平，拉一直線到油麻地去，然後在油麻地與旺角及大角咀之間，築一堤壩，建成避風塘。

　　原來，在 1909 年時，旺角與油麻地的海岸線並不拉平，油麻地的海岸線在廟街，榕樹頭天后廟前就是海灘，故旺角上海街並不直通油麻地的，將到油麻地附近，該處已是海灘。後來於 1910 年開始將海灘填平，在海上築起堤壩，一邊建成避風塘，一邊填海，將海岸線延到德昌街去，這時，才有山東街出現。

山東街是旺角填海和築成避風塘後的第二主要街道，因為海岸線延長了，由旺角到中環去，必須經過山東街才能到海邊乘船渡海。當油蔴地小輪公司未成立前，旺角已有街渡經常來往於港島與旺角之間，當時中區也在填海，旺角到港島的街渡，泊於三角碼頭附近。當時西營盤和上環，仍是貨物買賣中心，貨船亦因而在山東街口的海旁停泊。

　　有些人認為大角咀是旺角得名由來，因為這地方有一長長的沙咀伸出海岸線之外，謂英人未來香港之前，漁民在本港海面作業，遠遠望見這凸出海面的沙角，就知已到本港海域，故稱這沙角咀為"望角"。他們又以英文的 Mong 音，指為"望"字的來源，原因是他們沒有細查《新安縣志》中有芒角村之故。英文中的 Mong，就是"芒"音，大角咀有自己的名字，它就叫大角咀，並非叫望角。1909 年的填海計劃，其中一工程，是將大角咀也填平為陸地。

　　至於芒角何以又會稱為旺角？這是決於芒角村這條鄉村並不很大，村民看見香港發展起來，很多已渡海到灣島來謀生。當 1870 年以後，該地已繁榮起來，很多村民亦將土地轉售給別人。到十九世紀末，芒角村已不存在。新來的移民和由港島渡海而來的商人，見該處很旺盛，加上芒角的芒字，是草花頭加一個亡字，認為不吉利，於是稱之為旺角，芒角之名便不再有人叫了。由於約定俗成，加上官方在行文上，亦稱之為旺角，因而定下旺角之名。

　　1909 年的填海和築避風塘的規劃，現在看起來是並不完善的，因為當時在旺角填海，並未和油麻地的渡船街拉平，故當時油麻地的渡船街，並不直通旺角區的，與現時的情形完全不同。現時的渡船街，已和大角咀的塘尾道相接，這是填海建成的。

　　當時在旺角與油麻地之間築避風塘，主要原因是油麻地也有一山角凸出海面，這山角是由現時的九龍佐治五世公園伸出海面的，就在目前稱作渡船角的地方。這凸出海面的山角，與大角咀遙遙相對，使油麻地與旺角之間，構成一個海灣，在這兩個角中間築一堤壩，就成一良好的避風塘。至於當時為什麼不將渡船街拉平到旺角去？原來，旺角與油麻地既然已繁榮起來，該處又有這麼多船隻停泊，海事處就要在該處設一分處管理船舶。

　　海事處選擇渡船角的海灣地帶，作為管理旺角與油麻地船隻的基地。這基地以公眾四方街的公眾碼頭側為起點，至渡船角邊的甘肅街止，這樣就令到旺角的海旁街道，不能和油麻地直接貫通。很多水面的船隻，亦不能駛近這基地。

　　這基地俗稱 "水師塘"。"水師" 本是廣東人對海軍的稱呼，從前廣州有水師提督，他實際上相當於海軍司令。但港人把 "水師" 二字泛指為一切政府船隻，不管它是海軍船艦還是水警輪船，凡政府船隻都稱水師船。這海事處的九龍基地是政府船隻停泊處，故稱為"水師塘"。

"水師塘"的北面，就是旺角避風塘所在。當1938年日本發動侵略華南戰爭時，鄰近地區很多人來港避難，這些避難的人，有不少是水上居民，他們舉家乘船來港，大小船艇集中到這個避風塘內，形成一條水上的馬路。這馬路被稱為水上的"上海街"。

那時生活困難，失業人多，這些依水為生的水上居民，無法在海面作業，很多人賣兒賣女，過著悲慘的生活；加上很多陸地上的鴇母和黑社會分子勾結，在這避風塘上，威迫利誘避難而來的水上婦女出賣皮肉。水上的上海街，變成藏垢納污之所，成為香港一處水上私娼集中之地。每晚華燈初上，引來很多尋芳客，乘駁艇到"上海街"去尋芳。在1940年時，該處的避風塘水面，竟有數百艘艇是小妓艇。

在全盛時，旺角避風塘內已發展成兩條"水上馬路"，除一條"上海街"外，另一條則稱"二馬路"。關於"水上馬路"的結構，亦足一述。

水上居民以艇為家，他們將艇停泊在避風塘內，不能亂泊一通的，必須留出水路，以便船隻通過。當颱風將到的時候，其他船隻都要到避風塘來避風的，因此這些艇，要排列成行，留出一條闊大的水道，讓船隻進出。這些艇，就得一隻一隻地緊扣在一起，形成一條直線，兩邊的小艇連成直線時，中間的水道，就如同陸地上的馬路一樣，可供其他船隻進出。

　　水道兩邊的小艇，為了避免被潮水沖散和沖得七斜八歪，於是用繩索互相扣緊，它們的船頭向著水道，艇與艇之間，就如同陸上的屋宇那樣緊貼為鄰，各艇守望相助，比陸居者的街坊，更為密切。當時艇戶排列而成的較闊大的水道，就稱為"上海街"，另一條較窄的水道，則稱為"二馬路"。

　　當時由於妓艇如林，引來很多尋芳客，於是也引來在街頭賣唱的藝人，租艇到水上上海街來賣唱；也有水上人家出售生果香煙糖果，售艇仔粥及炒粉炒麵，炒田螺和東風螺等。故全盛時期，該處成為九龍唯一的一處水上銷金窩。這情形一直維持到戰後六十年代初。六十年代後期，由於新的填海工程進行，以及當局決心掃蕩妓艇，這水上的上海街和二馬路才告消失。

　　旺角避風塘上原有很多住家艇，在填海工程進行前，先將住家艇的位置劃出，劃到近油麻地這一邊去，這就是不斷請願要求安置到公共屋宇去居住的油麻地住家艇群。[23]

　　香港的公共房屋政策，源於五十年代石硤尾大火後，當時建設徙置屋來安置木屋火災災民。其後發

23　編者註：二十世紀七十年代，油麻地避風塘的艇戶因居住環境惡劣，向港英政府要求上岸安置，輪候公屋。艇戶在七十年代末成立艇戶臨時委員會，並向市政局議員求助，成為當時一社會問題。

展為改善居民的居住環境，允許住在私人樓宇但環境惡劣者都可以申請到公屋去居住。整套的公共房屋計劃，卻沒有注意到改善水上居民的居住環境，於是一家幾口住在一隻破爛的小艇內的人們，要求徙置，卻無法獲得安置。這是一幅活動的諷刺畫，很多社會工作者為他們奔走呼號，仍然無效。旺角道是填平大角咀之後開闢的馬路，因此這條路是通往大角咀區的自東向西的馬路，連接這馬路的就是塘尾道。塘尾道的命名，是因為這條路在避風塘末尾。避風塘以大角咀為終點，在避風塘尾開闢一條馬路通往深水埗，這路由避風塘尾興建，故稱塘尾道，標誌著 1909 年建避風塘的歷史，又是把旺角和大角咀劃分的街道。旺角道亦成為旺角的主體街道，它以＂旺角＂命名，表示從前的地區劃分，是一條地區邊界的街道。很多古老的九龍市區分區街道圖，都是把旺角道作為旺角邊界街道來劃分的。

現時九龍行政區的劃分，以界限街為旺角與深水埗的分界線，旺角警署建於太子道上，警署背後就是界限街。但古老的地圖，旺角市街圖只到旺角道為止；同時，旺角並無獨立的市街圖，旺角的市街圖與油麻地同在一張地圖之上。此地圖是用避風塘為中心，因此塘尾道為劃分旺角與大角咀之街道，而旺角道為旺角的邊界街道，這種繪圖的概念，至今未改。1978 年，工務司署地政測量處繪製及出版的《香港街道與地區》，其中130和131頁的市街地圖，仍然保存以往市街圖的概念，將油麻地與旺角同繪在一張地圖上。這地圖以避風塘為中心，避風塘之南為油麻地，北為旺角，而旺角道則在地圖之極北，為一地圖上的邊界街道，保留著以前的概念。

當1898年前，未將界限街以北廣大地區劃入版圖時，界限街就是中港的邊界，那時邊界上有英軍駐守，是以旺角區受軍事管理的限制，不能向界限街那邊發展，所有商業活動都集中在遠離邊界的上海街海旁地帶。故在1864年期間，本港的土地測量繪圖，將油麻地與旺角繪在一張地圖上，而尖沙咀則另繪一圖。當時英軍的繪圖員，受一種設計思想所影響，將尖沙咀作為西人休養地區，而旺角及油麻地作為華人住宅及商業區。因此長期以來，油麻地與旺角，合繪在一張市街圖上，此圖於旺角道以北，即列為軍事地區。

由於早期英軍繪圖員將油麻地與旺角繪成一圖，因此後來繪製市街圖者，亦將兩區繪在一張地圖內。這樣一來，就把本來屬於旺角和油麻地的避風塘，也稱為 "油麻地避風塘"，彷彿這個避風塘是屬油麻地區的。實際上，這個避風塘屬於油麻地極小的部分，大部分是在旺角區內。

旺角的中心街道：山東街

避風塘建成後，油蔴地小輪公司成立，派小輪行駛旺角與中環之間，其碼頭亦設於避風塘邊，即在山東街尾，山東街就更加旺盛起來，成為旺角最旺的一角。它的全盛時期，是二十世紀三十年代至五十年代，其中以四十年代最旺。山東街是一條直通到西洋菜街、通菜街、花園街以至染布房間的街道，這條街之所以最旺，乃因它是從水路到旺角必經之道，又因它四通八達，變成了旺角的中心地帶。

三十年代至四十年代，本港工業並未旺盛，一般市民的收入極微，除可解決食住兩項之外，所餘已無多，故對於衣著，不容易穿新衣，人人都是穿舊衣服的。因此，本港市面，就有很多出售舊衣服的店舖，這些店舖，稱為"故衣店"，它們成為一個行業，名故衣業。當時山東街近渡海碼頭的一段，是故衣店的集中地，那裏有數十間的故衣店，分佈街道的兩邊，有如現時的服裝店一樣，將各種舊衣服掛起來，並在衣物上貼上價目，任由小市民選購。

山東街上的故衣店，實際上即舊的時裝店。那裏有男女"時裝"出售，只是那些"時裝"，是舊衣而非新衣。但這些舊衣，並非破舊的，只是經物主穿過之後的二手或三手衣服而已。

山東街的故衣店，有西裝、棉袍、男女裝大褸、男女裝棉衣和布衣出售，儼然是一間服裝店。當三十年代至四十年代時，街上的故衣店極好生意，那時小市民無錢買新衣穿著，只能到這些故衣店買舊衣穿著，故生意滔滔。

本港的故衣市場，最初是設於皇后大道西的，故衣店集中在西營盤醫院對面，即舊高陞戲院右鄰一帶。這個故衣市場，自 1852 年就開始形成，它是當押店的共生物。有當押物，就有故衣市場，原因是，當押店當入的衣物，斷當之後，當押店便要將衣物拿出來出售；但當押店不能零售那些舊衣物，他們只能批發給出售故衣的人，這樣就形成了故衣業。故衣店的舊衣物，就是向當押店整批買來，才分門別類的陳列在店中，讓顧客購買。本港在開埠初期就有當押店，但當押店並不多，等到人口漸多時，當押店亦增加，因此故衣市場便形成。自從山東街成為一個主要的故衣市場之後，西營盤的故衣市場也漸漸衰落，原來在西營盤開設故衣店的，也轉到山東街來經營。到香港淪陷時，山東街的故衣業，更加蓬勃興旺，原因是那時香港的故衣，供應到國內去。

戰爭時期，物資缺乏，很多布廠和織造廠都停工，人們的衣著，只能靠穿舊衣來維持。抗日戰爭爆發，中國內陸的舊衣，自 1938 至 1941 年，已經穿得更爛更舊，必須找新的貨源。香港就是國內故衣市場貨源的補充地。那時，很多人運故衣，先運到惠州去，將故衣售給來惠州買故衣的商人，商人在惠州買故衣，運入內地，輾轉運到大後方各城鎮去出售。

山東街這個故衣市場，成為買故衣運入內地的集中市場。因該地接近新界，當時運故衣到惠州去出售的人，全部是由陸路而去，他們步行入新界，然後由深圳去惠州。買賣故衣的人，都集中在山東街進行交易。

香港淪陷時期，山東街尾的小輪碼頭，已由日軍佔領並加以封閉，作為日軍的軍用船舶碼頭，故當時九龍居民要渡海到香港去，只得一條通路，就是到尖沙咀乘渡海小輪渡海。兜賣故衣的人，認為到港島去交易極不方便，因此集中在山東街來，山東街就成為最主要的故衣市場，直到香港光復之初，仍然不改。戰後復員，香港各工廠恢復生產，全世界的物資，都運來香港。人們的生活水平一年一年提高，穿故衣的習慣亦改變，新的衣料亦不斷出現，故衣市場已無人光顧，當押店亦不當押衣物，於是山東街的故衣店，亦改售新衣，但仍然留下故衣店的若干痕跡。

七、八十年代山東街仍有不少店舖，在出售新衣以外，並出售舊手錶、舊照相機和舊音響器材。這些舊手錶、照相機等，都是當押店斷當之後送到該處出售的。從前當押店當入衣物，斷當之後，將舊衣物送到山東街來出售；戰後因不押入衣物，而只押手錶、金筆、照相機等，故這些"斷當物品"也拿到山東街來出售。所以以前故衣店的痕跡，戰後仍依稀可尋。

　　山東街現時旺盛地點，已由海旁附近，移向彌敦道一帶。原因是，旺角的渡海小輪，已由山東街遷到大角咀去，沒有渡海小輪的乘客經過山東街，故近海旁一帶已沒有以前那樣繁盛。[24] 再加上山東街不能直往西洋菜街那一段，就更加減少了它的重要性。因此旺角最旺的一角，已轉移到近彌敦道那一段了。

　　但這最旺的一段，仍然是以山東街為中心的。在彌敦道，以山東街口為中心的一段路，每當晚上，由六時至九時，總是擠滿了人，成為全港行人最多的一處地區。近西洋菜街的一段山東街，亦是人山人海，該處有小販認可區，成為市民的購物中心。旺盛而熱鬧的山東街，向東移而至彌敦道一帶，而不在近海旁一帶。現在到旺角去遊覽一周，仍可看出舊時山東街、上海街一帶繁華的延續，只是西洋菜街和通菜街，已無菜田的痕跡了。

24　編者註：因西九龍填海工程，大角咀碼頭已在 1992 年停用，航線遷往尖沙咀中港碼頭。填海後，大角咀碼頭舊址成為港鐵奧運站附近的街道。

昂船洲又名鑿石島

形似鎚子鑿在石頭上的小島

在深水埗海域，有一小島橫於海邊，與海岸線平行。這個小島，現時仍見島上豎立很多燈號及天線架，橫在島的上空。這個島，我們稱之為昂船洲。[25]

昂船洲本來名叫仰船洲，《新安縣志·山》載云："仰船洲山在城東南洋海中，形如仰船。"就是說這個島，形似一隻船浮在水面，仰即昂起的意思，因此人們叫它為昂船洲。但這個島，並不在"洋海中"，為什麼《縣志》說它在洋海中呢？原來古人對地理觀念有一種"大陸觀點"，凡在大陸外的地方，通稱洋面，靠近大陸的洋面叫"內洋"，不靠近大陸的叫"外洋"。昂船洲是一個島，靠近大陸的深水埗，因此屬於"內洋"之島，故稱為在"洋海中"。

其實昂船洲的實際島形，並不像一隻船，它的形狀如一個鎚子鑿在石頭上，是一個多邊形的小島，只因古時未有飛機，不能在上空俯瞰整個島形，只靠肉眼從岸邊看這島的形狀，單單見到島的一面，這一面的形狀如一船，便叫它為仰船洲而已。

---

25 編者註：現時的昂船洲已經因填海工程，與九龍西面的葵涌和長沙灣連接，成為九龍半島的一部分。

英國人用投影法繪測地圖，從港島的高山和九龍的高山看這個島，繪出此島有南北二灣，島的東西角凸出，形如鎚子鑿在石上，故稱之為"鑿石島"，英文用 Stonecutters Island 名之，因此有人直譯為"石匠島"，又附會說，該島以前是打石工人聚居的地方。

其實昂船洲並未有石匠住在其中，此島之名為"石匠"，是形容島形如一持鎚子之手，把鎚子鑿在石上，因此早期的譯名，應用"鑿石島"名之。例如馬沅在譯《香港法例彙編》時，就稱之為"鑿石島"，該書有一段說：

> 港海之西，有小島曰鑿石島，土名昂船洲。位於九龍半島北方，兩地距約一英里四分之三。全島海岸線長約一英里，地廣達一英里四分一，為香港屬嶼，與港島併割於英國。

昂船洲是鴉片戰爭後，連同港島被割的四個島嶼之一，第一個大島當然是港島，第二個大島就是昂船洲，其餘兩小島則為西環對開海面的青洲，和銅鑼灣的吉列島。[26]

---

26 編者註：在現有的文獻中，昂船洲之名首見於 1860 年中英簽訂的《北京條約》附圖中，故不少人均指昂船洲是隨九龍半島南端割讓予英國才劃入香港版圖的。因香港開埠初期資料匱乏，無法查明兩說的真確性。

香港的 "西面門戶"

　　昂船洲離港島最遠，為什麼也一併割出？這是因為該島向無人居，清政府視之為荒島，對英人的要求，竟無考慮就答應了。所以有些談香港掌故的人，因該島譯為 "石匠島"，就說島上原為打石工人聚居之地，這是不明白當時割出的原因所致。昂船洲、青洲、吉列島三個小島，都是荒島，但英人認為這三個島對香港的防衛極有用，青洲在港島西面海口中，吉列島在銅鑼灣海中作東部防守之島，西北面則以昂船洲為防守之前哨，是以一併提出要求。

　　當時深水埗尚未叫深水埗，因該處海邊有一條長長的沙灘，故名長沙灣。在林則徐禁煙時，英國貨船和兵船停泊於尖沙咀海面時，亦有兵船停於昂船洲海面。

　　1839 年 11 月 13 日（道光十九年十月初八）賴恩爵和洪名香等，在官涌與義律的兵船打過六次仗後，英船避重就輕，遠離尖沙咀洋面，分散泊於岸上沒有炮台的地區，當時就有兵船停於昂船洲與長沙灣的海面。林則徐曾著新安縣知縣梁星源報告當地情形，並將情形向道光皇帝奏報，林則徐的奏章其中一段云：

　　　現據新安縣營稟，據引水探報：士密、華倫兵船，義律三板，暨英夷未進口大小各船，自尖沙咀逃出後，各於龍鼓、箇洲、赤瀝角、長沙灣等處外洋，四散寄泊。

長沙灣就是現時深水埗的長沙灣，即在昂船洲附近。
當時昂船洲既無人居，清兵亦不把該島作為軍事用
途，這一帶較為安全，因為尖沙咀一帶有官涌山上的
炮台，九龍灣一帶有九龍山的炮台及大鵬協副將的水
師停泊。該處安全非常，是以改泊昂船洲附近的長沙
灣海面。也許因為英國兵船常停於昂船洲一帶的長沙
灣海面，他們對這個島認識較深，認為此島極有防守
價值，故在簽訂《南京條約》時，對該島提出要求。
而清政府對昂船洲地理環境並不認識，翻查《新安縣
志》，則又說在洋面，以為是港島附近的小島，毫不考
慮就答應了。昂船洲列入本港版圖，對第二次鴉片戰
爭之取得九龍半島有決定性作用，這問題下面將會談
到。現在先談此島在港島開埠初期的情形。

　　本港開埠之初，英軍即駐守該島，作為軍事基
地，島的外側，經常泊有軍艦，以資防守。當時英軍
方面，視此島為"西面門戶"。此島在港島北面，為什
麼視為"西面門戶"呢？原來它與西環海面的青洲島
遙遙相對，船隻從西面水域入香港，必經青洲島與昂
船洲之間，是以它的作用在於防守港島西面的海域。
該島並無什麼石礦可以開採，但島的北面，有一個北
灣，沙灘極為美麗，礁石又少，堪稱沙明水淨，是初
期駐港英軍游泳的最佳地點，尤以海軍，常常乘小艇
到該島的北灣游泳。

　　二十世紀六、七十年代此島設立高塔多座，上懸

紅燈，是指示飛機和船舶航行時辨認地點的燈號。但在開埠之初，此島即有燈號懸掛，它和對面的青洲同時懸掛燈號，使從西面進口的船隻，於晚上航行進入本港時，能遠遠就見到，並且知道應循青洲與昂船洲之間進入，並指示兩島之間的海面，屬維多利亞港範圍，可以泊船。

1844年是本港建立法律的第一年，因當時香港已成一雛型的商港。在此之前，本港並無立法機關，亦無民事法例，一切置於軍事統治之下。既然已成雛型商港，來港工作的人又多，船隻進出又多，故宜立法統治。當時即頒佈《港海管理章程條例》，對進入港口的船隻，作例行的檢查，船隻一律停於昂船洲與青洲之間的海面接受檢查。這是昂船洲與青洲被視為港島"西面門戶"的原因。

開埠初期，這個島即懸掛紅色的燈號，對於來港貿易的外國船隻，表示不可越出此島背後海面，因為島後的地區，不是英方管轄範圍，越過容易引起糾紛。初時的燈號是用船舶上的桅燈，這種桅燈不怕風雨吹打，又稱風雨燈，是黃銅製成的，四面均有紅色的坡璃，故遠望即見紅燈。島的四面都有高桅杆豎起，作為掛燈之用，當然亦有旗杆，於日間懸掛米字旗。

當時英國海軍已在島上建造碼頭，在島的南灣建倉庫，作為海軍貨倉之用，槍械、彈藥及軍用物資，都存於島上。當時英國人有一種普遍的觀念，就是認為海島易於防守，不怕盜賊，故港內另一較大的島吉列島，也用作軍用倉庫。昂船洲是港內三小島中最大的島，且離岸比較遠，更認定是最安全的建倉庫地點，只須每天派人在島上四邊站崗，不許任何船隻泊近或駛近，就可確保安全，不怕賊盜到島上盜竊物資。因此當時人們都說昂船洲是軍火庫，島上貯存很多火藥和槍械。

相信昂船洲之名，是在 1844 年之後才有的，從前工人稱為仰船洲，當香港開埠之後，才稱之為昂船洲。主要原因是，當晚上從港島岸邊望去昂船洲，就會覺得那邊有一隻高大的船停在該處。因島上的高桅杆懸掛的紅燈，正如一隻四桅大船上的桅燈一樣，就是日間看去，亦像一艘大洋船，故名之為"昂船洲"。"昂"字有高大的意義，和"仰"字不同。志書上稱"仰船洲"，這是古稱，現時港人稱"昂船洲"，等於說此島似一高大的船。從前沒有人見過有如此高大的船的，不過香港開埠之後，大船常至，此島似又高又大的洋船，故稱之為昂船洲。

初時九龍仍屬中國地方，長沙灣一帶的村莊，以為昂船洲一定建有炮台，炮口一定指向九龍。其實這個小島，自始至今，並無炮台之設，只有據險以守的槍壘而已。誰能證明此島沒有炮台之設呢？因該島曾有一個時期開放，在開放時期，很多人到島上去看過，故知島上並無炮台，只有供站崗、蔽風雨的槍壘而已。原來，海軍方面對昂船洲的評價，認為此島不宜於建炮台，因為它的位置過低，而且距岸太近，離港島較遠，無戰略價值。炮台必須建於高地上，此島若建炮台，會使中國方面不安，且若建炮台，致使中國在九龍各高地上建炮台，反而把這個島置於別人的炮口之下，殊屬不智。

曾作英軍天花隔離醫院

在 1851 年以後，昂船洲曾作英軍隔離醫院之用。原來，當時香港天花症流行，天花是一種傳染病，發病之初，體溫上升，病人以為是受感冒而發熱，不甚注意。但到第三日至第四日，手和腳的內側開始出現紅色的斑點，漸漸斑點漲大，而成凸起於皮膚上的丘疹。這時，丘疹已蔓延全身而及至臉部，中央部分漲起如水泡，像一粒白豆似的，因此中國人稱之為痘瘡。當痘瘡發出之時，病人極為辛苦，煩渴而發高燒，痘瘡極為痕癢，兼可得各種併發症。

開埠初期英兵得此病者極多，而死亡亦不少，因此軍醫認為要找一處地方，將患病的英軍隔離。軍醫們認為昂船洲是最適當的隔離地點，於是將該島的彈藥等物移到銅鑼灣的吉列島上，將昂船洲若干倉庫，改為隔離營，佈置病床，供染天花病的英軍，在此醫治，以免傳染其他的英軍。香港開埠初期，英國人每喜把一切的傳染病，都說是不講衛生的中國人傳染給英國人的，天花也不例外，他們認為英軍染的天花，也是從"骯髒的中國人"那邊傳染而來。開埠之初，英軍原紮營於水坑口大笪地上的"佔領角"，及其下面的西營盤。但天花發病者日多，便認為病由華人傳染而來，所以要求將軍營遷往遠離華人住宅區的地方。當時軍營遷至德忌笠街一帶，但遷去之後，仍有英軍常染天花病。此種病傳染力強，常因一英兵染天花，而其餘各英兵亦感染。

其實這種疾病，中國古代並未有，是在五胡亂華的時候，傳來中國的。可以說，是由中東向東西兩方面蔓延，成為世界上著名的傳染病。在羅浮山煉丹、現在仍留下"稚川丹灶"和洗藥池古蹟的葛洪，他的《肘後方》，是中國最早記載天花病的一本書。《肘後方》載云：

比歲有病天行發斑瘡，頭面及身須臾周匝，狀如火瘡，皆戴白漿，隨決隨生，不即療，劇者數日必死，療得瘥後，瘡瘢紫黯，彌歲方滅，此惡毒之氣也。按：世人云：永徽四年，此瘡從西域東流於海內，但煮葵菜葉蒜齏啖之，則止。文仲陶氏云：天行發斑瘡，須臾遍身，皆戴白漿，此惡毒之氣。世人云：以建武中於南陽擊虜所得。仍呼為虜瘡。

《肘後方》所稱之"天行發斑瘡"，就是天花症。"按"字之後的兩段文字，都是後人加在原書上，其一說唐高宗永徽年間，此症從西域傳來；另一按語，則說是西燕慕容忠建武年間，自南洋傳來中國，迄見此痘瘡，到了晉朝才發現。

中國自晉朝開始才出現天花症，此症一說由西域傳來，一說則謂由南海傳來。其實兩處地方均有傳染，相信是先由陸路，經中印邊境傳染而來，然後又因與南洋發生貿易關係，由水路傳染而來。從西域傳來的就蔓延於北方，從水域傳來的就蔓延於南方，於是全國均有天花症。此症並非以中國為病源地。

中國既出現天花，歷代的醫家都研究治療和預防方法，到了宋朝，已經有人發現用種痘之法可以預防天花。不過當時種痘的方法和現時的方法不同，現時種的是牛痘，從前種的是人痘；現時種在皮膚上，從前則種在鼻孔內，古時的種痘法當然落後。清人朱純嘏在《痘疹定論》一書寫道：

宋仁宗時，丞相王旦，生子俱苦於痘，後生子素，招集諸醫，探問方藥。時有四川人請見，陳說：峨嵋山有神醫能種痘，百不失一，凡峨嵋山之東南西北，無不求其種痘，若神明保護，人皆稱為神醫。所種之痘為神痘。若丞相必欲與公郎種痘，某當往峨嵋敦請，亦不難矣！不踰月，神醫到京，見王素，摩其頂曰，此子可種。即於次日種痘，至七日發熱，後十二日，正痘已結痂矣，由是王旦喜極而厚謝焉。

這是清朝時醫家的記載，相信是一種傳說，種痘之說或者並非於宋朝發明，因為這本《痘疹定論》未談及如何種痘。但在清初，種痘已很流行。

清代流行種痘，可從各種記載中得知，如顧震濤《吳門表隱記》云："蘇州石磐巷有種痘仙師，仙師為四川峨嵋山人。"又《雨般秋雨盦隨筆》云："中國種痘始於宋真宗朝王旦，其後各相傳授，以湖廣人為最多。"這都是筆記上所記載的種痘的情形，關於醫書上對種痘的記載亦屬不少，可以說明清初中國已有種痘之法。

《醫宗金鑑》載云："古有種痘一法，起自江右，達於京畿。究其所源，云自宋真宗時，峨嵋山有神人，出為丞相王旦之子種痘而癒，遂傳於世。"《張氏醫通》云："邇年有種痘說，始自江左，達於燕齊，近則遍行南北，詳究其源，云自玄女降乩之方。"《種痘新書》是較為晚出的醫書，書中記云："張璞記余祖承聶久吾教種痘之法。"

這些記載都是說種痘預防天花的方法，是中國人發明的，其中多根據傳說宋朝時為王旦之子種痘而傳種痘之法，只有《張氏醫通》則附會為扶乩而得種痘之法。值得注意的是《種痘新書》所說，張氏家傳

昂船洲又名鑿石島

281

種痘之法，是得自聶久吾。查聶久吾是明朝萬曆年間人，是明末一位名醫。從這些醫書上所記，我們不能不承認種痘之法，是中國人發明的，大抵在宋末就開始有人種痘，到明末流傳開來，到清乾隆年間已成流行，不過這並非新法種痘。

《醫宗金鑑》是西洋種痘法未傳入中國之前，講述種痘法的一本醫書。根據這本醫書以及另一本也講種痘法的《張氏醫通》所載，中國種痘法共有四種之多。

第一法名為"痘漿法"，此法是取自染了天花症的病者身上痘瘡的痘漿來種痘。種痘之法，是用棉花蘸痘漿小許，塞入種痘者的鼻孔內。第二法名為"旱苗法"，此法是將染過天花的病者痘瘡上的結痂取出來，研為細末，保存起來，然後用小竹管，將痘痂末吹入接種者的鼻孔中。第三法名為"痘衣法"，此法是向出了天花的兒童，借他所穿的內衣來穿著，使穿了這內衣的兒童受到感染而出痘。第四法名為"水苗法"，此法和第一法"痘漿法"相若，只是在將染天花者的痘漿取出之後，用水將痘漿開稀了，再用棉花蘸這些有痘漿的水，塞在接種者的鼻孔內。

這四種中國古代的種痘法，現在看起來，自然不衛生，但是值得注意的一點是：中國古代已經明白"免疫原理"，而且也知道天花在染病之後，有終身免疫的功效，即出過一次痘之後，未來的歲月就不會再出天花。上述四種方法雖然不衛生，但卻有終身免疫的功效，又比西法種痘法要隔兩年種一次為佳，因為上述的種痘法，受感染的兒童，出痘不止兩三粒。

從我國古時的四種古老種痘法看來，又可以看出中醫對天花病的認識頗深，他們已知道天花病是從兩種途徑傳染開去的：其一是和病者接觸而直接自皮膚感染；另一則是自呼吸器官吸入病毒而染病。於是有"痘衣法"和將天花痘痂末吹入鼻孔的種痘法產生。

這種古式種痘法的痘苗，主要是來自病人身上的痘瘡，而這些痘瘡又並非用科學方法培養出來的，故實際上是等於加速傳染。所不同的是在有準備之下，預知種痘的人會發病，可以及時加以控制痘瘡的蔓延。故當時用痘衣法及其他三種吹鼻法種痘的人，以發痘十粒左右為最理想，但發痘時亦非常辛苦，主要原因是他實際上是在出天花。

但此法亦有好處，就是種一次痘可終身免疫，痊癒後就永不再出天花，不過亦有種痘而調理不好，引致病死的情形，這是由於種痘等於促進傳染的結果。所以種痘法雖然流行，但仍有很多人不敢種痘，他們怕種痘不得其法，反而不美，會引致死亡。

話雖如此，中國的種痘法卻為世界所認同。俄國對於中國的種痘法極為重視，曾派學生來北京學中國的種痘法，並將這種痘法傳入歐洲。後來英國人秦那發明種牛痘方法，應是由中國種痘法啟發而來的，其過程值得一談。

清人俞理初《癸己存稿》卷九，有〈查痘京章〉條，載云："康熙時俄羅斯遣人至中國學痘醫，由撒納特衙門移會理藩院衙門，在京城肄業。"後據范行準在《醫史》新法第四卷第四期中為文考證，他指出自 1688 年，即康熙廿七年，中俄訂立《尼布楚條約》後，彼得大帝即派留學生到北京作文化交流，俄生學滿洲文，同授八旗子弟以俄文。當時北京天花流行，俄國學生看見北京醫生為市民種痘及醫治天花病，發現其成績極佳，於是向彼得大帝報告。彼得大帝再派人來北京學種痘及醫痘方法，因此中國的種痘法，約於 1690 至 1710 這廿年之間，傳入俄國。

其後俄國將此法傳入土耳其，又由土耳其傳入歐洲而達英國。其傳達的經過，《中西聞見錄》有如下的敘述："康熙五十六年（1717）有英國領使首駐土耳其國家，有國醫種天花於英使之夫人，嗣後英使夫人傳其術於本國，於是其法倡行於歐洲。"

這是中國古法種痘傳往歐洲的情形，至於中國種痘法傳入日本和朝鮮，其史料更加詳細。中國和日本方面都有記載，雙方的記載只差一年，中國說是在乾隆十年（1745），日本則說是乾隆九年（1744，即日本延享元年）。至於傳此法入日本的中國醫生，雙方均記載為李仁山。

《日本醫學史》載云："延享元年，李仁山由長崎入國，攜種痘法來，長崎醫柳隆元、崛江道元師傳其術。"這是日本方面的記載。

　　至於中國方面的記載，有祝振綱《說痘》一書，記云：

　　日本之有種痘之法，乃傳自中國，在德川吉宗將軍時代，延享二年（乾隆十年，公元1745，較日本所記遲一年）有杭州人李仁山者，至長崎，明年春專施種痘，其說為其通譯平野繁十郎、林仁兵衛譯為和文，著成一書，名為《李仁山種痘和解》，一時種痘盛行。至寶曆二年（乾隆十七年，公元1752），《醫宗金鑑》初入日本。安永七年（1778）撰其種痘篇，題為《種痘新書》而刊行者也。此種"人痘法"流入日本後，至文化文政（1804–1831）時大行，而以種痘家名者不少，其中著名者如肥前及大村侯之長俊達、芸陵英伯、築前與秋月藩之緒方正朔等。緒方氏嘗續《醫宗金鑑》之種痘心法。寬政元年（1789）秋月藩府痘病流行時，始施鼻乾苗法，其效卓著。春朔所著《種痘必須辨》刊行於寬政七年（1795），為日本痘書之濫觴。

　　當時是日本諸侯割據時代，李仁山將中國的種痘法傳到日本去，日本各藩地爭相吸收種痘法。上述的記載，已說明中國種痘法傳至日本，其中秋月藩且用乾鼻苗法種痘，此法即用痘瘡的痂膜研為細末吹入鼻孔。

　　上述各種記載，足以說明天花症在中國本來是沒有的，五胡亂華之後，此病由西域傳入；後來中國醫學已研究出免疫原理，發明種痘之法，將此法傳至外國。這也說明了國際貿易越推廣，不但將各國的貨物互通有無，連疾病也互通有無了。等到疾病也同貨物流通起來時，醫治及預防此種疾病的方法也互相交流，反過來變成全世界合力預防和治療此種疾病。

中國種痘法傳於歐洲，很多學者都說是由土耳其傳去，因當時俄國來中國學種痘，俄國將種痘法傳往土耳其，然後又傳入歐洲。其實他們忘記了自從中西交通航運打通之後，葡人於明朝嘉靖年間在澳門得到立足點時，已經在澳門設立第一間醫院，將中國的種痘法，由海道傳入歐洲。

方豪《中西交通史》第四冊記 1779 年，歐洲出版之《中國事物輯錄》第四冊，已載有中國對天花病的詳細治療及預防資料，該書並將中國法醫書《洗冤錄》各種檢驗法介紹到歐洲去；其第六冊且將太監受閹割的情形詳為介紹，指出閹太監百人中只死一人，並謂此種手術，施之於人較其他動物為易。可見當時中國的醫術，從海道傳入歐洲，比自陸路為快。中國的種痘法，相信是在 1780 年左右，已傳到英國，英國人秦那得到中國種痘法的啟示，然後發明種牛痘之法。

英人秦那於 1796 年發明種牛痘，其法是將人的天花痘漿傳染於母牛的乳房上，母牛乳房生了痘瘡，取痘瘡上的痘漿，用刀刺破人的皮膚，注痘漿於破口處，使其發出小型的天花而得到免疫。英人發明種牛痘法於香港開埠之前，照理英兵不會染天花，亦不需要將昂船洲作為天花病隔離醫院。為什麼當時英兵會出天花呢？何以他們又認為天花是華人染給他們的呢？原來，當時英人認為天花病只傳染給小孩子，故小孩子多種痘，成人少種痘。其次是英軍正向世界各地作殖民擴張，牛痘的痘苗尚未供應到殖民軍隊方面，因此各處殖民軍，都有生天花病的，他們就認為這種天花病是由當地"不潔"的原居民傳染給他們的，在香港的英軍染天花病，自然也歸咎於"不潔"的港人。

上文說過，國際貿易把傳染病和貨物輸送到各國去，天花病亦可能從別的地方傳來香港，不一定由香港華人傳給英軍的。當時很多英兵從印度及南洋調來，極可能自南洋帶來病毒，故不能把得病原因歸咎於華人。

後來英軍全部種痘，由英國運來大批痘苗，在港口檢疫時又要先施行種痘始許登岸；同時在市區內設立"痘局"，贈種洋痘，市民到痘局去種痘一律免費。這樣長期施行廣泛的種痘，才將天花病撲滅。但回顧起來，這是經過百多年不斷努力才成功的。

1980 年，本港宣佈已連續多年沒有天花病出現，因此政府決定取消免費供應痘苗的辦法，這等於說天花病已經絕跡了。

其實自本港設立 "痘局" 贈種牛痘，及英軍實行種痘之時，英軍已無人染上天花症，故在 1856 年之間，昂船洲已經不再是傳染病的隔離醫院。這個島，仍然作為英軍度假游泳之地，並又將倉庫用作存放物資之用。

昂船洲與九龍半島的命名

由於昂船洲與港島一起在第一次鴉片戰爭時劃入香港版圖，經過十幾年之後，很多英國海軍將領都到過昂船洲來視察。他們看見這個島離岸邊極近，而可惜岸邊的地方，不入本港版圖，覺得如能將這島對面岸邊的土地，亦列入本港版圖，則對於防衛香港，以及發展香港有極大的好處。因此他們在交換意見時，都認為在昂船洲劃一條直線至九龍灣的海灣，也作為香港的地方的話，對香港極有利，這一幅拓展香港的藍圖，在 1857 年左右，已由海陸軍將領私下擬定。他們繪定一張地圖，這地圖以昂船洲為主要起點，用尺劃一直線，到達九龍灣海邊，剛剛將九龍切斷為兩個部分，南邊是半島部分，北端是大陸部分，於是他們稱這個以昂船洲為繪圖起點的南面地帶為九龍半島。九龍半島一地名，由此而來，因為中國方面的 "九龍"，其範圍極廣，且向來不稱為半島。半島的劃分，是英人以昂船洲凸出的一角劃一直線至九龍灣而形成。

可見昂船洲雖然是一個小島，但它的地位，在香港歷史上是非常重要的。它是把九龍劃分為九龍半島的一處地理起點，假如沒有昂船洲，九龍半島的劃分，一定不以昂船洲對岸為起點，而以荔枝角為起點。因為就地理來說，從荔枝角劃一直線至九龍灣，才是真正的半島的分割點。當時劃分九龍半島以昂船洲的極北角對正的岸邊為起點，完全是因為昂船洲曾是英國海陸軍將領觀測的地點之故。這一條以昂船洲為起點的半島界線，就是現時的界限街。另外，有一份文件，必須引錄。九龍半島是先租後割的，1860年3月20日英國駐廣州領事巴夏禮，向兩廣總督勞榮光提出租借九龍半島的協定，據霜崖先生譯出英文原件條文如下：

　　勞榮光與巴夏禮協定，九龍半島的所在劃線，自九龍炮台南端附近一點起，到石匠島（按：即今日的昂船洲）的北端為止，這以南的全部地方，以及石匠島，出租給巴夏禮，作為初步措施。為此每年時與中國地方當局租銀五百兩，並且協定，只要英國政府準時交付租錢，中國政府便不得要求歸還上述地方。

所謂"石匠島"，就是鑿石島的另一譯名。"以及石匠島"一句，疑其下脫"海面"二字，因昂船洲不應在"租地"之內。

後來英法聯軍攻入北京，焚毀圓明園，滿清政府簽了《天津條約》，九龍半島已不用交每年五百兩的租錢，而正式歸入香港版圖。

1861 年 1 月 19 日星期六，額爾金親自主持正式割讓九龍半島儀式，新任港督羅便臣爵士亦到界限街來主禮，禮成鳴炮，並在界限街上升起米字旗。自此之後，昂船洲對岸之地，即屬香港總督所轄。

建監獄遇風災

有了九龍半島這大片土地，昂船洲就覺得無大用處，因此到了 1862 年，有人提議將昂船洲作為監獄島，把該島用來囚禁犯人。

原來，1862 年時，本港監獄只有維多利亞監獄一所，這所監獄位於荷李活道與奧卑利街之間，即域多利拘留所。當時，常有囚犯把維多利亞監獄房間窗上的鐵枝鋸斷，然後撕開毛氈，綁成長帶，自窗口沿長帶而逃到街上。維多利亞監獄署長，向港督提議把昂船洲作為監獄，就不怕囚犯逃走。昂船洲四周的水深幾十米，而且岸上已屬英國所管之地，囚犯縱能逃出監房，也不能逃到岸上。港督羅便臣認為此法可行，便提交行政局通過執行。

其實，當時荷李活道的維多利亞監房，已有人滿之患，由於犯人過多，地方又小，囚犯容易合作逃走。監獄署長只強調囚犯逃走，只是避重就輕的說法而已。

1862年年尾通過將昂船洲闢作監獄島之後，當局便立即在島上建築監獄。但事實上維多利亞監獄不敷應用，建獄於昂船洲不是短期可建成，故監獄署長急不可待，請政府撥出一筆費用，先建一艘監獄船作為囚禁犯人之所。

當時活躍海上有幾種船隻，除正當的商船和客貨兩用船之外，另有奴隸船和海盜船。奴隸船是販運奴隸到美國去的船隻，又稱豬仔船；海盜船則是在海面行劫商船的船隻。當時本港海軍艦隻在沿海巡邏時，發現一艘疑為海盜所劫之船，立即圍攻，船上人等紛紛跳水逃走，乃將此船拖回本港。原來此船名沙順號，是一艘不宜於航行的船，法庭招人認領此船而無人認領，遂判此船充公。監獄署長要求將沙順號改裝為監獄船，於昂船洲監獄未建成之前，作臨時監獄之用。港督羅便臣於是委任威林臣為監獄船兼昂船洲監獄分所所長，時為1863年2月10日。沙順船於6月中改裝完成，將維多利亞監獄中三百名囚犯，移至監獄船上囚禁，此船泊於昂船洲旁邊。香港有監獄船，此為首次。

至1864年初，昂船洲上的監獄，已建築完成，當時監獄署長建議，盡將維多利亞監獄的囚犯移至島上，並把維多利亞監獄重建及擴充，將來監獄船毀壞之後，有昂船洲與維多利亞監獄亦足以應付。

於是，維多利亞監獄內的囚犯，便移到昂船洲的監獄去。島上的囚犯，與泊在島邊的監獄船上的囚犯，遙遙相望，而管理這兩處監獄的署長，就是威林臣。

沙順號監獄船和昂船洲監獄，如果不是遇到一場浩劫，可能現在仍會保留下來。由於曾遇到一場浩劫，證明用船作監獄是不實際，以及在昂船洲上建監獄是不人道的，故才取消了這兩個監獄。

原來 1874 年 9 月 22 日，即同治甲戌年的農曆八月十二日，本港發生了有史以來最大的一場風災，香港歷史稱之為"甲戌風災"。當時狂風吹倒香港，吹沉了數以百計的船艇，吹倒了很多房屋。昂船洲上的監獄，全部被狂風吹塌，而泊在島邊的沙順號監獄船，亦被吹至沉沒。囚在沙順號上的三百囚犯，無一生還，囚在昂船洲監獄上的囚犯，也沒有一人生還。

當時潮水高漲，已湧入昂船洲的低地上。監獄先被潮水侵入，再被颶風吹塌了監獄的建築物，獄中的囚犯不是被磚瓦壓死，就是因潮水溺死。事後，港島和旺角一帶的海邊，發現無數的浮屍，這些浮屍，與沿岸艇戶的浮屍相混雜，也不知哪些是囚犯的屍體，哪些是艇戶和居民的屍體。單是打撈浮屍，已打撈了整整一星期，撈獲的屍體凡二千餘具之多。

關於 1874 年同治甲戌風災的浩劫，中國方面的志書亦有記載，《廣州府志‧前事略》載云：

同治十三年八月十三日，廣州颱風大作，壞房屋船筏無算。風從東南海上起，頃刻潮高二丈，濁若泥澤。澳門壞船千餘，溺死萬人，檢得死者七千。香港死者數千，緝私船亦壞，自參將以下武弁死者二十餘人。香山、順德圍破堤決，沿海民被浸受傷最重。

昂船洲又名鑿石島

這場風由農曆八月十二日開始吹襲香港和澳門，到十三日吹入順德中山及廣州，故《廣州府志》所載的日期為八月十三日，香港的記載則為八月十二日。當時香港還未有天文台，故天文台並無這場風災的紀錄，要找出風災的正確日期，只能從其他途徑去找尋。

和合石墳場上，現時仍有一座"遭風義塚"，這座義塚上，有塊碑記，可以考出同治甲戌年風災的正確日期。

大家都知道和合石墳場，是二十世紀五十年代後期才設立的墳場，是香港新墳場區；而同治甲戌風災，是十九世紀七十年代的風災，"遭風義塚"怎會在新墳場中出現？原來，這座"遭風義塚"本是設於港島雞籠環墳場上的，是埋葬甲戌風災無人認領的死者和枯骨的墳墓。1959 年，政府收回雞籠環的墳地，建成今日的華富邨，故這個義塚就遷到和合石去。

和合石"遭風義塚"上的碑刻如下：

同治十三年八月十二日，狂颶捲起，風伯大肆，奇災怒浪，滔天水府，因成巨厄。變生頃刻，事起須臾，斯亦劫數之流行，人生不幸者也。於時香港一隅，船艇之泊於海面者，溺斃多人，殊難悉數，當即僱工檢拾，彙葬一遍。不意事隔數年，尚有遺骸百餘具，暴露於昂船洲處。董等憫此孤魂無主，亟思遷葬義山，於是稟諸督轅，欲行檢拾，乃蒙大英總督，香港地方御賜佩帶三等寶星燕桌斯制軍大人善念宏開，慨然捐俸，興修義塚，以妥亡魂。從此淨土同埋，莫怨紅羊之劫，故鄉休念；無須黃天之傳，嗟嗟修短。原定由天，人生如夢，既負四方之志，隨處皆安，今朝奠厥攸居，應拜仁人之賜。他生轉還陽世，另舒志士之懷。謹泐片言，以垂不朽，是為誌。

碑刻下署"東華醫院董事招雨田、黃筠堂、馮明珊等敬泐。光緒六年庚辰歲，大英一千八百八十年"等字樣。

　　這座"遭風義塚"是在光緒六年，即 1880 年建成的，距 1874 年甲戌風災已六年。從碑文可知，此義塚是因為在風災後六年，於昂船洲上發現了百多具白骨，因而收拾起來，與六年前的風災死難者同葬一處，建成此"遭風義塚"。碑刻上的"燕桌斯制軍"，就是當年的港督軒尼詩爵士，從碑誌可知，收拾昂船洲上的白骨和建義塚的經費，是由港督軒尼詩捐出的。

按照"遭風義塚"的碑刻所示，昂船洲上的枯骨，是在 1880 年被發現的，距 1874 年的甲戌風災已達六年之久。但昂船洲以前是禁區，不許船隻駛近，又不准人民登臨，則這些枯骨，又怎會被人發現的呢？碑刻上說："不意事隔數年，尚有遺骸百餘具，暴露於昂船洲處"，究竟是誰發現島上有枯骨？如果發現枯骨的是政府官員或海陸軍方，則這些枯骨，就不會勞東華醫院去收拾，軍部或政府自會將之移去。如今要勞東華醫院去拾葬枯骨，這些枯骨，顯然是由公眾所發現，而且是由華人公眾所發現。

昂船洲成為市民遊覽的熱地

原來自監獄和監獄船於颱風被吹毀之後，港府對於昂船洲已棄而不用，昂船洲自 1875 年開始，即成一無人的荒島。島上岸邊，野草叢生，矮樹如林。到了 1877 年，已開始有人在深水埗的海邊游泳，每當夏季，便有人在該處海邊划艇消遣，亦有人試圖到昂船洲的海灘處登岸、在該島海灘上游泳，但還未敢深入該島，因為當局未宣佈對該島解禁。經過幾年的泳季，到該島去遊玩的人增多，歷年亦不見港府干涉人們到該島去，因此深入島內的人更多。到 1880 年夏天，就有更多人乘艇到昂船洲內部去遊覽。這時，由於深入到昔日的監獄區，便發現該處白骨累累，現出一片恐怖景象，人們紛紛退回岸邊，不敢深入。

到昂船洲去遊覽的人，都希望當局將該處的白骨移去，使島上成為公眾遊覽區，便於深入到島內各處。因此有不少人向東華醫院投訴，請東華醫院派人收拾島上的白骨。

當時香港華人團體，就只有東華醫院有代表性，是以東華醫院在香港社會上所擔任的角色，不僅是一間醫院，而是擔負起全部社會工作：舉行救災、濟貧、收殮無人認領屍體、收容無依難民，全部由東華醫院負責。昂船洲上有累累白骨，亦由東華醫院負責收殮埋葬。

當時東華醫院主席招雨田，知道昂船洲一向列為禁區，市民到島上遊玩，雖然未被干涉，但東華醫院若派人到島上去搜集白骨，萬一英國軍部執行起以往的禁例，把收拾白骨的工作人員拘捕，豈不弄巧反拙？因此他們向當任總督軒尼詩徵求同意，想不到軒尼詩不但表示同意，而且樂於捐款建一座義塚，收葬這些白骨。

考《廣州府志》載，當年甲戌風災香港官員死者二十餘人，所謂“自參將以下武弁死者二十餘人”。這些“武弁”，大多數是監獄船和昂船洲監獄的監獄官，他們都是英國人和印度人，在風災後失蹤，所以這些白骨當中，必有英國人和印度人在內，收集起來建成塚墓，由東華醫院值理年年公祭，勝於分別收葬。這是當任港督軒尼詩爵士捐款建塚墓的原因。

港督軒尼詩爵士既然捐款建義塚，東華醫院當局，等於奉旨登臨該島，此舉亦無疑向公眾宣佈昂船洲不是禁區，消息傳出，全港市民皆大歡喜。收拾白骨的工作進行得極為順利。

當時到昂船洲去收拾白骨，並非如拾垃圾一般，是要先舉行過儀式然後才登上該島收拾的。擔任工作的是仵工，他們乘坐一隻較大的木船，自中環出發。船上有喃嘸先生五人，設壇於船上，一面誦經，一面燒紙錢，船頭上，掛起了招魂幡，表示將這些死難者的魂魄，招到船上來，讓他們乘船回到昂船洲去，投回他們自己的骨頭裏面。那些喃嘸先生，敲鑼打鼓，口中念念有詞，無非是說，所有孤魂野鬼，應各自投魂魄到自己的骨頭內，只因骨頭已經散亂，不能分辨那些手骨腳骨是誰人之手腳，但願各自辨認，不可怪責工作人員。在當時迷信風氣極盛的香港，此舉是無可避免的，否則仵工也不肯擔任此種工作。

當拾好枯骨之後，喃嘸先生還到島上去，繞行島上一周，邊行邊念念有詞，為首的人，也擔著招魂幡，表示超度其他不見骨頭的孤魂野鬼。繞行一周後回到船上，此船就駛到雞籠環去，在雞籠環上登岸，將骨頭葬在東華醫院的墓地上，其後建成一座"遭風義塚"。碑文所稱"從此淨土同埋，莫怨紅羊之劫"，就是勸死者的魂魄安息。

1880 年收葬了白骨之後，昂船洲無形中等於正式開放給市民遊覽，於是在深水埗海邊，就有很多水上人划艇，載人到昂船洲上遊玩，每年夏季，到島上去遊玩和游泳的人特別多。自開埠三十多年來，這個似謎一樣的島，便毫無神秘性，人們發現島上並無炮台的遺址，也沒有什麼特別的防禦工事。

　　1882 年，有些歡喜打獵的西人，更利用該島來作打獵活動場所。其實，這荒島並無什麼獵物生長，因一向都有人在島上活動，僅僅是 1874 年風災之後的幾年荒廢，哪有什麼野生動物可供打獵之用？原來，喜愛打獵的西人，集資買了幾十隻兔仔，先一日帶到昂船洲上去，將兔仔放了出去。兔仔看見島上野草叢生，哪有不逃進草叢中去之理？牠們跑進草叢和矮樹林後，次日這一群打獵者，便到島上去搜索兔仔，見一隻就開槍打一隻，看誰獵得最多，獵得最多者為冠軍。各人將獵殺的兔仔數目點數一遍，發現尚有幾隻未被獵回，則又一齊在島上搜索，務將放出的兔仔數目，全數獵回，然後收隊回去。下次又用同樣方法，先一日放兔，翌日獵兔，以此為樂。當時很多華人不知道兔仔是由他們自己放出去的，以為島上有很多野兔生長，於是又到島上去捉兔，但沒有一個人在島上捉到過小兔，還說狡兔三窟，非常難捉。

香港的火藥庫

這個小島開放給市民遊覽不到幾年，當局又改變了政策，再度將這個小島關閉。1883 年 2 月，當局突然在港九各處張貼佈告，警告市民不可再到昂船洲去，因該島已宣佈用作儲藏火藥之地，無論何人均不能接近該島，即使船隻，亦不能駛近該島。佈告貼在深水埗界限街附近登船赴昂船洲的地方，並在岸邊派有警員駐守，而且又在島上派軍人駐守，對於未知道昂船洲再度關閉的人，用驅逐的方法，強迫他們離開該島海域。

原來，古時沒有現時這麼多的傳播媒介，當時在本港出版的報紙不多，銷路又不廣，更沒有廣播電台，不容易將禁令傳達到每一個角落，張貼佈告只能給識字的人看，不識字的人看不懂，因此初期對於關閉昂船洲，只用"驅逐"一法，並未拘捕提出控告。在驅逐之時，加以警告，說如果下次再來昂船洲，就會控告，經過一年多的"驅逐期"後，差不多人人都知昂船洲再度成為禁區，沒有人敢再接近該島了。關閉昂船洲後，政府開始再動工建設昂船洲作為香港的火藥庫。這個島經過甲戌風災之後，證明風力極大，在颱風吹襲本港時，風速極強，不宜建造太高的倉庫，因此倉庫多向地底下面發展，建成很多地底式的倉庫。因為該島已成一火藥庫，故亦開始建碉堡以資防守。該島的建設，於 1888 年建成。

到了 1889 年，當局才通過立法局頒佈《昂船洲條例》，於當年 3 月 13 日公佈施行。且看當年該例的內容，便知道立例的目的何在了。

該法例第一條為正名，即指此例乃 1889 年《昂船洲條例》。第二條是名詞解釋，解釋守衛該島的"守衛士兵"的性質，是包括在昂船洲上當值之英國常備軍人員。

第三條甲項，指出除非有輔政司、三軍司令、警務處長或海軍船塢所發給之手令，無論何人均不得登臨昂船洲上。乙項則是罰則，規定無論何人，如登臨或遊覽該島，應受簡易程序審判處分，得科五百元以下罰金，或處三個月以下有期徒刑。丙項規定到島上工作的華工及建築工人，須由有關方面給予手令，方能登上該島工作。

第四條賦予守衛士兵檢查任何登臨該島人士之權力，如守衛士兵索閱手令，無論何人均要出示證件。倘無特准登陸該島的手令，守衛士兵即有權將之拘捕，送交於官究辦。

第五條規定所有船隻，不得在潮水低落時在該島一百碼之內航行經過，亦不得在潮水低落時，停於該島一百碼範圍之內；但奉有海軍命令，或海事處及港府其他機關特許的船隻，則不在此限。鑑於甲戌風災時，海面船艇被風吹得隨海漂流，條例第五條甲項作了如下的規定："因氣候所逼，下碇或速航於所限途程之內，則不在此例"。此外第五條乙項又有如下的規定："前項違反定例船舶之船長或其他當事人，應受簡易程序審判處分，得科二十元以下之罰金，或易處一個月以下有期徒刑。"

第六條賦予港督權力可隨時修正這一條例。它的原文為："總督得發出告示，准免該島任何一部分適用本例規定辦理。"

自此之後，昂船洲就關閉起來，不准市民到島上遊覽，亦不准船艇駛近百碼之內，使這個島變成孤島，大有閑人勿近之概。

這條 1889 年《昂船洲條例》，於 1909 年修訂一次，1924 年又修訂一次，1936 年再修訂一次。到 1950 年再修正法章，編為香港法例第二百零一章。每次修正，內容無多大的修改，只在罰則方面，將 "罰款" 的數目，依當時一般罰款的數字提高罷了。

昂船洲在 1883 年關閉，不准市民登臨及接近，而且立例定下罰則，只有到該島去工作的建築工人及警務人員，才有機會看到這個神仙之島的真相。據一些建築工人透露，他們在島上工作時，也不能到處亂跑的。

昂船洲自 1889 年關作火藥及軍火儲藏庫之後，該島儲存的爆炸品及危險物品，卻不受香港《危險物品條例》及《爆炸品條例》所約束，因為它是政府用以儲存危險品及爆炸品的地方。而對於製造炮仗的火藥，亦不受《危險物品條例》約制，因本港自 1898 年以後，爆炸工業已萌芽，爆竹廠需要火藥作原料，其火藥不可能全部放在昂船洲上，是以另外立例管制爆竹廠及出售爆竹的商店，昂船洲不會儲藏爆竹及用以製造炮仗的火藥。但自 1967 年，本港宣佈禁止存放炮仗及煙花商店出售炮仗與煙花之後，當時便將收集到的煙花和炮仗，存於該島之上了。

其後當局進一步管制各種火藥和爆炸品，對於石礦場所用的炸藥，亦都集中在該島之上儲藏，所有需要開山爆石用的炸藥，都要用船隻到昂船洲去運載，將炸藥送到工地去使用。每次使用的炸藥，必須事先申請，在使用後亦必須報告使用的情形，不許多帶炸藥出島外或存於工地之上，因此昂船洲，已成一個"炸藥島"。只要稍為留心，就會看到每天都有運輸炸藥的船隻，泊近該島去起卸炸藥。建造地下鐵路時，也常用炸藥，這些炸藥都是由昂船洲運出去，分配到各工地去使用的。這個原名"仰船洲"，土名"昂船洲"，西人稱為"鑿石島"的島，現在稱之為"炸藥島"，似較為符合事實。[27]

27　編者註：在 1997 年香港回歸中國後，昂船洲軍火庫的民用炸藥被遷往他處，而軍用炸藥則繼續保留，並由中國人民解放軍駐香港部隊駐守。

土瓜灣與二黃店村

土瓜灣的海心廟

土瓜灣位於九龍灣岸邊，它的位置，介乎啟德機場與紅磡之間，在尖沙咀東部。此地名為土瓜灣，是因為這海灣，有一個"土瓜"在海灣的水中。這個"土瓜"，其實是一個小島，由於這小島形如一隻青瓜橫於海灣邊緣的水中，因此這海灣便叫"土瓜灣"。

土瓜灣海邊從前有條村，名土瓜灣村。《新安縣志》"官富司管屬鄉村"欄內，有"土瓜灣村"，它的名字排列於"尖沙頭村"與"二黃店村"之間，這就說明它的位置，是位於"尖沙頭村"與"二黃店村"之間。尖沙頭村即今日的尖沙咀，筆者在上文介紹"尖沙咀和大包米"時，已詳細說明。至於二黃店村，因它也在土瓜灣範圍內，故一併詳為介紹，現在先談談土瓜灣。

土瓜灣的"土瓜"，現在已經不見了，但是它並非已經失蹤，讀者仍然有辦法看見這一座"土瓜"的。土瓜灣近海的一處，現時有一座公園，名"海心公園"，這公園在旭日街、浙江街和順風街之間。到這海心公園內，你會看見公園近海邊的深處，有幾塊參天的巨石，巨石之下，有幾株古樹。這樹和巨石，就是從前土瓜灣海心上小島的遺蹟。換句話說，海心公園是將土瓜灣海邊，以泥土填平，填到這海心上的土瓜形的小島上去，由於小島上有巨石參天，雖然海角填平至海心小島上，但那幾塊參天巨石和古樹，仍然矗立其間，留下以前的痕跡。而這公園，亦因而以“海心”命名。

在 1860 年之前，土瓜灣尚未劃入香港版圖，土瓜灣一帶仍是樸實的鄉村地區。但土瓜灣畔的這土瓜形小島，當時已經很有名，因為島上的那幾塊參天岩石和古樹之下，有一間小廟嵌在岩石當中，廟內所祀奉的是一位海上之神，就是天后娘娘。這間小廟，成為九龍一帶水陸居民祈福之地，因此每逢農曆三月廿三日天后誕，這小島就圍繞了很多進香船隻。就在平時，水陸居民也會到島上去拜神，它就成為名勝地區。

《新安縣志》的〈古蹟〉一章，亦把這座小島上的小廟，列為古蹟。載云：

> 瀕海石廟在隔岸村前海濱，有巨石廣袤十餘丈，上群石崢嶸，磊疊成龕，中祀天后。旁環古樹，每水流急湍，石上隱隱有靈氣，亦奇觀也。

所謂隔岸村前，這村就是土瓜灣村，村在石廟的隔岸，故稱“隔岸村前海濱”，並非村名隔岸村，這是古文行文時的習慣。

這間"瀕海石廟"，香港人稱之為"海心廟"，從前是一處旅遊勝地，在土瓜灣未填海之時，人們常到海心廟去遊玩。黃昏之際，有很多小艇聚在岸邊，載人到島上的海心廟去，只花兩分錢。戰後初期還未把海心廟填成海心公園，渡海費用只一角錢而已。到這海心廟去乘涼和觀濤，自有一番樂趣，因此即使不是假期，也有很多人到島上一遊，特別在晴朗的夏季，遊人更多。

　　戰前出版的《旅行手冊》，海心廟是重點旅遊區之一，吳灞陵編的《旅行手冊》第三篇的〈九龍遊程〉中，對海心廟有如下的介紹：

　　海心廟在九龍的土瓜環，它建築在一個小島的頑石之上，這小島細小得可以，人們叫它做"土瓜環島"，距岸約有十多丈遠，往來要靠小艇，因為善男信女要到那裏參神進香，水上人是會常常為你準備小艇渡海的。

　　從尖沙咀前往，要搭五號巴士，從佐頓道前往，要搭十一號巴士，在漆咸道、馬頭圍道和土瓜灣道交界下車，或在落山道口左右下車，直出海濱。

　　海心廟本名"海壇廟"，是一間很小的廟宇，遊客本來不注重這廟，而是愛好這個島是一個浮在海上的小丘，有如泊在岸邊一隻遊艇。

　　地方縱橫有百多方尺，四周都有錯雜奇詭的岩石，野樹蠻花，點綴得也頗有詩意。

到海心廟玩，確是幽靜不過的，假如你是攜同情侶前往，那麼，你倆可以躲在幾塊龐大的頑石中間，度過一個甜蜜的半天。但你要當心歹人對你騷擾，人多一點就不妨，而且增加你們的熱鬧。……

歡喜的話，在海心廟下釣，也是一件有趣的事。下釣足以整理個人的思索力，結果雖然連一條小魚也沒有上釣，也是值得的。海心廟的周圍景色，也可以眺一下……大有遠山近水的勝概。

《旅行手冊》的作者吳灞陵先生，是香港老報人，又是香港老資格的旅行家，對本港史地考證，多以親自旅行採訪以印證書本上的記述。他說海心廟上的小島，人們稱之為"土瓜環島"，正足以說明土瓜灣得名的由來。

海心廟這個小島，在二十世紀五十年代後期填成平地之前，當局徇坊眾之請，先將島上的小廟遷往下鄉道天后廟內，然後進行填海工程。下鄉道天后廟內的天后娘娘，就是將海心廟的天后娘娘移往該廟供奉的。

官富鹽場與官富司

從《新安縣志》把土瓜灣村列入官富司管屬，可知從前土瓜灣在官富司範圍內。官富司所在地，在今九龍城附近，即在九龍灣岸邊。今日香港地方行政區的劃分，已將土瓜灣列入九龍城區管理，這種分區的辦法，正與古時的行政區劃分相脗合，即表示土瓜灣仍屬 "官富司" 所管。

官富司的沿革，亦足有一述的。官富司原由官富場而來，在南宋時，政府設一場官在該處管理鹽場，定此場名為官富場，後來將此鹽場裁撤，改為巡檢司，因此名官富司，官富司即官富巡檢司的簡稱。至於設官富場，以及取消官富場為官富司的經過，歷來甚少人研究，筆者在此處不妨簡略地將經過介紹出來，俾知道地方沿革的歷史。原來，宋代廣東所出產的鹽，曾經引起很多糾紛，皇帝為了解決這許多糾紛，曾用過各種方法對付。

鹽是生活必需品之一，我國古代即開始徵收鹽稅。鹽稅的徵收，曾用過官賣的方法，又曾用過論斤抽徵的方法，總之，鹽是有稅物品之一。漢唐時代，由於交通不便，廣東出產的鹽北運極少，在江南一帶，江西、湖南兩省，都是由江浙運鹽供應的。但江浙的鹽，不及廣東的鹽雪白和乾爽，間中有人把廣東的鹽運往江西及湖南，該兩省的人民在比較之下，多喜用廣鹽。而廣鹽在當地售價較平，原因是這些鹽是私運去的，屬於無稅之物。

《宋史·食貨志》載云：

嘉祐中（1056-1063），職方員外郎黃炳，議虔州食淮南鹽，斤錢四十。熙寧初（1068），江西鹽課不登。三年（1070），提點刑獄張頡言虔州官鹽鹵濕雜惡，輕不及斤而價至四十七錢。嶺南鹽販入虔，以斤半當一斤，純白不雜，賣錢二十。以故虔人盡食嶺南鹽。乃議稍減虔鹽價。

這一段記載，說明在北宋時，廣東出產的鹽極佳，純白不雜。由於江西虔州官賣的鹽又貴又濕，廣東鹽一斤，等於虔州官鹽的斤半，而且賣二十錢一斤，官鹽卻賣四十七錢一斤，比較之下，人們就買廣東鹽來吃，地方官於是要求將官鹽降低價錢出售。可見當時由廣東私運食鹽到江西出售，極為普遍，亦反映出廣東出產的食鹽，產量多而品質佳。但這樣一來，卻引起了盜賊向鹽場打主意，有一股匪徒，專門來廣東打劫鹽場。

《廣東通志・政經略》載云：

江湖運鹽既雜惡，官估復高，故百姓利食私鹽，由是不逞賴盜販者眾。江西則虔州地近廣南，而福建之汀州亦與虔接，虔鹽弗善，汀故不產鹽，二州民多盜販廣鹽以射利。每歲秋冬田事既畢，恆數十百為群，持甲兵旗鼓，往來虔、灑、漳、潮、循、梅、惠、廣八州六地，所至劫人穀帛，掠人婦女，與巡捕吏卒鬥格至殺傷。吏卒則起為盜，依阻險要。捕不能得，或赦其罪招之，歲月浸淫滋多。而虔州官糶鹽歲纔及百萬斤。慶曆中，廣東轉運使李敷、王繇奏請運廣州鹽於南雄州，以給虔、吉，未報即運四百餘萬斤於南雄，江西轉運使不以為便，不往取。

這一則記載，指出當時廣東的鹽產量多，質素好，引起農民垂涎，私運之外，又聚眾劫掠，連官兵也受不住這股潮流煽動參加搶掠，使廣東的鹽產下降。盜賊來劫鹽場，鹽場的壯丁避亂不生產食鹽，食鹽產量下降，一年只得百萬斤。負責鹽課的廣東鹽官轉運使李敷、王繇，認為將廣東鹽運往江西出售，平抑鹽價，可以避免盜劫鹽場，他們運回四百萬斤鹽到南雄，叫江西的鹽官來南雄運鹽去。但那江西鹽官為了私利，不肯運廣東鹽到江西去。這是北宋初期鹽運的混亂情形。由於鹽是有稅物品，如果不確保鹽場的治安，是無法保證稅收的，因此後來加派官兵到各鹽場駐守，一方面提防盜賊，一方面保證抽取鹽稅。

上引的兩段記載，有一點容易被人忽略，就是北宋初期，廣東各鹽場生產的食鹽，出現生產過剩情況。生產過剩的原因，是廣東的食鹽被外省的鹽官歧視，禁止廣鹽北運。而廣東的鹽稅，每年要上繳給朝廷，朝廷只管收稅，不管生產和運銷。廣東本土人食鹽是有限的，而鹽則不斷生產，鹽產量超過所定的稅額，廣東的鹽價就下降，因而引起走私者私運廣鹽到北方去出售。但那些私梟，看見鹽場守衛不周，竟然糾眾劫鹽場，又使鹽場的生產下降。故此要解決這種矛盾，不是派兵到鹽場來保護就可解決，必須同時準備廣鹽北運，才能解決問題。

到北宋末期，廣鹽北運才獲得解決。主張開放廣東鹽北運的人員是蹇周輔，他於元豐三年（1080）到江西去實地考察鹽政，發現江西所食的淮鹽，濕而苦，運輸費用極昂，不及由廣東運去的方便，因此奏請將廣鹽運往江西。後來他又到湖南郴州去考察鹽政，發現湖南的情況和江西一樣，亦奏請准許廣鹽運往郴、全、道州出售。後來蹇周輔於元豐六年（1083）任戶部侍郎，更奏請凡接近廣東北部的各外省州府，都可以賣廣東的鹽。這樣一來，廣東鹽有了出路，市場擴大到北方去，促進了生產，然後朝廷派兵到鹽場去保護，並就地抽取鹽稅，這樣廣東的鹽政才穩定下來。官富場這個鹽場，就是在這種政策實施之後才穩定下來的。

官富場這個鹽場，究竟始於何時，史書記述極少，但亦可從零星的文物和記載中，考出官富場是在廣鹽北運之後才開設，由於廣東鹽可以運銷到江西及湖南去，促進了鹽場的開設，官富場就是在這種情形下開設的。

《新安縣志》載云：

明洪武二年（1369）設廣東海北二提舉司。廣東鹽課提舉司，領十二場，在縣境者，舊有四場，曰東莞、曰歸德、曰黃田、曰官富。迨元改官富為巡司，其鹽課冊籍附入黃田場。明嘉靖廿一年（1542），又裁革黃田場附入東莞場，縣止東莞、歸德二場隸於廣東鹽課提舉司。

羅香林先生在《宋王臺與宋季之海上行朝》中，於“註十四”內引述這一段記載時有若干出入，可能他是根據手抄本引錄，將“明洪武二年設廣東海北二提舉司”刪去，因此他說宋時設十三場，而《新安縣志》則說“設十二場”，不知明朝廣東已由十三場改為十二場。

《新安縣志》所謂“舊時”，就是指宋朝。因為文後說明官富場的沿革，由元朝起改為巡檢司，官富場的鹽稅歸黃田場所管理，所以實際上到了明朝洪武年間，廣東十三鹽場已減去官富場而得十二場。到了明嘉靖年間，又裁去黃田場附入東莞場，那時廣東只得十一個鹽場了。由此可見，官富場之設，是在宋朝廣鹽可以北運外省之後。廣鹽銷場擴大，鹽場自然亦因而增加。

現存於佛堂門田下山天后古廟背後的一塊摩崖石刻，可以作為官富場設鹽場的文物證據。這塊石刻現時仍保存，其原文如下：

古汴嚴益彰，官是場，同三山何天覺來遊西山。考南堂石塔,建於大中祥符五年。次,三山鄭廣清,堞石刊木,一新兩堂。續,永嘉滕了覺繼之。北堂古碑,及泉人辛道朴鼎刱於戊甲,莫考年號。今三山念法明,土人林道義繼之,道義又能宏其規,求再立石以紀。咸淳甲戌六月十五日書。

這石刻上的古汴嚴益彰,就是官富場的鹽官,石刻上的"官是場",就是說來官富場做鹽官。石刻最後所記的年月日,咸淳是宋度宗年號,甲戌是咸淳十年,即公元1274年,距元豐六年(1083)廣鹽准運往江西湖南一百餘年,可見官富場設鹽官的時候,是在公元1083至1274年之間。

再根據《宋會要·鹽法》於隆興元年(1163)載云:

十一月十五日,提舉廣東鹽茶司言:廣州博勞場、官富場、潮州惠來場、南恩州海陵場,各係僻遠,所產鹽貨微薄,不足以充鹽官俸給,今欲將四場置廢,撥附鄰近鹽場所管……從之。

可見公元1163年之前,官富場已有鹽官,因此亦可以證明,官富場之設,是在1083年廣鹽北運後不久設立,但到了1163年裁撤,裁撤的原因是產鹽所抽的稅,不足以支持鹽官和公差的俸給。

於宋隆興元年裁撤之後,官富場因沒有鹽官駐守，自然沒有官兵和水師船在該處監稅，於是附近大嶼山的島民，便在大嶼山私建鹽田，將私鹽運往大陸出售，反而擾亂了稅收。

《宋會要·鹽法》載云：

> 淳熙十二年，二月十二日，詔廣東水軍統領，兼以巡察海道私鹽帶銜，每考批書，必會鹽司有無透漏大奚山私販情節，方與放行。

淳熙十二年，即公元 1185 年，距隆興元年的 1163 年，僅廿二年。可見撤銷了官富場之後，沒有官兵的力量，就有很多人從大嶼山偷運私鹽。但宋帝並不認為應再設鹽官管理，只給海軍統領以緝私銜頭來緝捕由大嶼山運出的私鹽，這當然是無法阻止私鹽運出的。

大嶼山的私鹽和附近鹽場的私鹽，越運越多，過了十二年之後，私鹽已泛濫於內地，負責抽鹽稅的提舉茶鹽司，就不能不帶領官兵來捕鹽。《建炎以來朝野雜記》載云：“大嶼山在廣東海中，慶元三年（1197）提舉徐安國捕鹽，島民嘯聚為劫盜。” 就是說，主管抽鹽稅的地方首長徐安國，親自帶領海軍來緝私鹽，反而激起了民變，使那些生產私鹽的人，嘯聚為盜。後來，由錢之望率兵進攻，才平定了這一次暴亂。

錢之望於 1197 年平定大嶼山私鹽之亂後，曾派三百水軍駐守大嶼山，後來將駐軍減半，調往官富場駐守，當時官富場，又恢復了場官制度。《東莞縣志》載云：“經略錢之望與諸司請於朝，歲季撥摧鋒水軍三百以戍，季一更之。慶元六年（1200）復請減戍卒之半，屯於官富場。”就是說，到了1200年，官富場恢復鹽官，才把水軍移到官富場來。

佛堂門大廟後的摩崖石刻作者嚴益彰，是咸淳十年（1274）的官富場鹽官，是1200年恢復官富場七十四年之後的鹽官，當時官富場的鹽產雖然不足以支付鹽官和水軍的費用，但設這鹽官和守以水軍，可防止私鹽偷運，這就是隆興元年裁革官富場之後，於公元1200年再設官富場的原因。

由於官富場再設鹽官，宋朝的末代皇帝才會到官富場來，然後有宋王臺的歷史事蹟留下。試想，如果官富場沒有官兵駐守，宋末二王哪敢貿貿然來到官富場來？正因為該處有水軍長期駐守，當地水軍亦效忠於宋室，宋末二王的張世傑政府，才會來到官富場駐蹕。

北帝廟與宋王臺

當時宋末二王的張世傑政府來到官富場，曾在土瓜灣附近建成宮殿，作為政治中心，這宮殿的所在地位於土瓜灣北帝街中段，即從前北帝廟所在地。北帝廟相傳就是當時張之政府的辦公處，戰前此廟仍未拆去，但可惜現已不存在了。

《新安縣志》載云："官富駐蹕。宋行朝錄丁丑年四月，帝舟次於此，即其地營宮殿，基址柱石猶存。今土人將其址，改建北帝廟。"這一段記載，說明了土瓜灣北帝廟就是宋末二王在官富場地區建宮殿之處。今土瓜灣有北帝街，北帝街的得名，因從前有座北帝廟在該街道上。在太平洋戰爭，日軍攻打香港並轟炸啟德機場時，這座北帝廟被炸毀，戰後無人發起修建。政府將北帝街加以擴展，至今更難找到它的位置了。

古人對於宋朝皇帝的記述，每多憑空想像，以為皇帝既在官富場定居下來，一定建造宏偉的宮殿，而且又以傳統宮殿的規格去形容宮殿的規模。其實，用現代眼光去看宋末二王當時所建的朝廷，應該是屬於流亡政府一類，流亡政府應有一個中央辦公室，這中央辦公室就是皇帝朝見各大臣的金鑾殿。但在不斷遷徙以避元兵追擊的環境底下，這座金鑾殿決不會像從前在京城時那樣宏偉，只能因陋就簡建成，所以宋末王朝的宮殿，包括內宮在內，像一座大型的廟宇，應是差不了許多。《新安縣志》指出土人把宋王的宮殿原址改建成北帝廟，是極可信的。查戰前土瓜灣北帝廟的規模，與港島的文武廟差不多，相信當時陸秀夫等以廟的前殿為金鑾寶殿，即流亡政府的辦公地點所在，而後半部就是皇帝的後宮。當時宋末二王只得幾歲，後宮只住著皇太后等人。

由土瓜灣至鯉魚門口的一帶海灣，宋朝都叫做官富場，而官富場的場官所管轄的地區，包括大嶼山、香港島、長洲、坪洲、屯門、西貢一帶，場官駐守的地方，應是這些地區近海而風平浪靜、宜於泊船的地方，這官衙所在地，應在九龍城對開的海邊與土瓜灣之間。宋帝來官富場居住，既然住於北帝街上的北帝廟原地，因此土瓜灣一帶，就留下了宋王的古蹟。

宋王臺位於土瓜灣邊緣，北帝廟位於宋王臺附近，這都證明宋末二王來過土瓜灣居住。據羅香林先生在《宋王臺與宋季之海上行朝》中記述訪問土瓜灣老居民所得的傳說，有如下的敘述：

> 據土瓜灣一帶故老相傳，謂其村以創立較早，故當帝昰抵達官富場時，其村民即備舟結隊，首為出迎。並奉獻糧食，以供困乏。因其護駕有功，乃獲御賜黃緞巨傘一把。傘面書字甚多。後元師進迫，村民復以舟護帝昰往避淺灣，旋復護駕至秀山等地。迄宋之後，土瓜灣每歲競渡，仍必先奉巨傘於專設巨舟，由紳耆率村民向之叩拜後，乃出龍舟競渡焉。後年久傘破，村民乃依式仿製，並繡原字其上。至清光緒年間，猶奉行罔替，凡七八十歲之老人，多能親見其盛云。惟該村今已建為街道，黃緞巨傘亦已不在街民手中矣。

可見當時宋末二王來到官富場，主要是在土瓜灣一帶活動；而黃緞巨傘，是一件宋末留下的文物，可惜不能保全至今。

當時張世傑、陳宜中等帶著宋朝兩個有趙宋血統的小皇帝，到處流亡，目的是希望找到一處根據地，以便立足，然後徐圖復國。他們來到土瓜灣，認為附近一帶較為安全，可設立基地，便在土瓜灣北帝街上建一座簡單的行政中心，作為辦公之用，這種辦公室屬於臨時性的，並不怎樣宏偉。只因古人稱皇帝辦公之地為朝廷，住的地方為後宮，朝廷即殿，宮殿成為一個組合，便把這座臨時辦公室，形容成"宮殿"，使後人有一錯覺，以為土瓜灣的皇帝殿，有如京城的宮殿那樣宏偉。

宋末二王在官富場一帶定居下來，有相當的時日，故已形成一個政治中心，作為宋軍的一處長駐地點，我們可從留下的各種古蹟，考出當時二王逗留的時間，比在崖門為長。這些古蹟有宋王臺、晉國公主墓、北帝廟和二黃店村等。此外還有上文說過土瓜灣村人獲贈黃緞巨傘的史跡，都足以說明宋末二王在官富場定居時間較長。

晉國公主是宋帝昰的妹妹，她原封為壽和公主，後宋帝昰被擁立為帝，改封晉國公主。陳仲微的《二王本末》曾記其事，記云："景炎之年……進冊母淑妃為皇太后，封弟廣王昺為衛王，妹壽和公主為晉國公主。"當時宋帝昰只八歲，這位妹妹的年紀比他更小。

她來到土瓜灣居住，到海邊去玩水，不慎被大浪沖了出去，搶救不及，葬身魚腹。

《新安縣志‧邱墓》載云："金夫人墓在耿墓側，相傳慈元后女晉國公主溺死，鑄金身以葬，鎔鐵固之，碑高五六尺，大篆宛然。"文中的"耿墓"，是"耿迎祿墓"，意思是說，當時這位年紀小小的晉國公主溺死之後，找不到她的屍體，只好用銅鑄成她的形狀來埋葬，因此又稱"金夫人墓"，所謂"金夫人"，即表示墓中的人是用金屬鑄成的女人。古人稱銅為金，晉國公主的金身，並非真用黃金鑄成，只是用黃銅鑄成而已。

這座"金夫人墓"為什麼會在耿迎祿墓旁邊呢？晉國公主是皇帝的妹妹，照理不應與別人的墳墓葬在一起的。原來，耿氏迎祿也是一位女子，她是一位節烈的女子，晉國公主死時只得幾歲，皇太后怕她死後寂寞，故此把她的金身，葬在耿迎祿墓旁邊，意思是讓這一位忠孝節烈的女子耿氏迎祿的芳魂，陪著她而已。

陳伯陶在《宋臺秋唱》有〈晉國公主墓詩小序〉，序云："宋王臺之北，有楊太妃女晉國公主墓……十年前，碑址尚存，近因牧師築教堂於上，遺蹟煙滅矣。"羅香林教授曾指出這座墳墓的所在地，位於現時馬頭涌道西北的聖三一堂與九龍城警署之間，陳伯陶所謂"近因牧師築教堂"，相信就是指聖三一堂，因《新安縣志》對耿迎祿墓的位置，曾記之：「耿迎祿墓，在官富山宋王臺之北。」聖三一堂與九龍城警署，恰恰在宋王臺之西北。

宋末二王在土瓜灣的官富場居住，最低限度有六個月以上，是他們流亡期間住得較久之地，因此才有宋王臺、北帝廟、金夫人墓等古蹟留下，如果逗留時間短，又怎能為一位小姑娘鑄金身建鐵墓於該處呢？

考宋帝昰當時流亡的情形，他們一行人於景炎元年（1276）農曆五月在福州逃往潮州，後來又乘舟師到虎門，經惠州到甲子門而到大鵬灣，流浪了十多個月，於次年（1277）農曆四月到官富場。在官富場定居下來之後，於農曆十月因被元兵進擊，才離開官富場的，故定居的日子，應有六個月至七個月。

由於定居約有半年，便形成一個行政中心。這對於元朝來說，是一個敵對的政權，因此便派兵來攻打官富場，當時元兵自廣州至泉州，已奉令向官富場進攻。故《新元史·唆都傳》云：「塔出令唆都取道泉州，泛海會於廣之富場。」唆都是元軍的將領，他奉命由海道攻打官富場，與廣州南下的元兵會合，可見元兵對這個已稍能立足的小朝廷的敵視。後來元兵以水陸二路來攻官富場，宋末二王只好乘船逃走。但有部分宋兵沒有船出海，當地鄉人亦不能同時乘船出海的，他們只好逃到附近的山頭去避開元兵的屠殺。幸而元兵的目的在於追擊這個小朝廷的主要政治人物，來到官富場後，只將那座規模不大的宮殿燒毀，及將鄉村屋宇蕩平，然後又登船追擊宋帝的船隊。元兵過後，鄉人自山上回來重建家園。

二黃店村原名二王殿村

土瓜灣村的鄉人回到鄉村來重建家園，宋兵不及逃出海的，也回來在土瓜灣建村定居，他們在宋帝昰等住過的宮殿附近開墾農田耕種，及在海邊捕魚為生，維持起碼的生活，他們將所建的鄉村，名為"二王殿村"，用以紀念宋末二王，也表示他們是宋末二王的遺民。

元兵歧視漢人，當元朝的政局大定之後，土瓜灣這近海地區元兵的兵力極少，但亦不時有汛兵前來巡視。二王殿村的村民，怕元兵發現他們是宋兵，故而將"二王殿村"，改稱"二黃店村"，將"王"改為"黃"，將"殿"改為"店"。這"黃"與"店"，在口語上和"王"與"殿"是同音的，在文字上則有別。後來元朝地方政府要造冊徵收田稅，這"二王殿村"，在文字上就寫成為"二黃店村"。王崇熙編《新安縣志》時，也是根據造冊的記載而稱之為"二黃店村"，把村名列於土瓜灣村之旁。

其實這條鄉村，一直被稱為二王殿村。村民們盡是宋朝護駕留下來的宋兵，因此到了元亡之後，他們將宋末二王住過的宮殿改建成為北帝廟，以資紀念。
他們又將宋末二王和宋兵常常登臨的一座山，稱為宋
王臺。查宋王臺是近海一座可供瞭望海道的高台，當
年宋兵在上面監視海面，以防元兵的船隊突然來攻。
它未必一定是宋末二王上過去的，應該是二王殿村的
宋兵經常在上面擔任瞭望的地方，被他們視之為保護
宋王的高台。

須知宋帝昰當年來到土瓜灣只是八歲，宋帝昺只
五、六歲，他們不可能常常外出，亦不可能登上這座
石山。這座山在海邊，登臨不易，應該是一處軍事瞭
望台，宋兵駐在山上，監視附近海面，作為保護宋末
二王的瞭望台。而擔當防守這高台的宋兵，後來留居
在二王殿村，他們為了紀念祖先的功績，把它稱為宋
王臺，這是宋王臺命名的真正原因。

古人對於官富場和二王殿村，都有很多詩篇留
下，他們把宋王臺、官富場以及二王殿村，全部寫入
詩中，例如鄧孕元的"官富懷古"云：

> 野岸維舟日已哺，故宮風色亂蘼蕪。
>
> 百年天地留殘運，半壁江山入戰圖。
>
> 鳥起荒臺驚夢短，龍吟滄海覺愁孤。
>
> 豪華終古俱陳跡，剩有忠良說丈夫。

這首詩前四句詠官富場及土瓜灣一帶的景物，後四句

詠宋王臺和二王殿村，是一首好詩。

《新安縣志·藝文》就有侯琚的一首絕詩，詠土瓜灣北帝廟的宋二王行宮當年破爛的情景，又寫出二王殿村是忠臣義士所建，詩云：

草舍離宮一壟垃，

夕陽高照舊碙州。

許多忠魂歸何處？

黃葉蘆花冷淡秋。

這首詩把土瓜灣一帶，稱為碙州，成為很多人認為碙州即大嶼山的根據。其實碙州是宋時新會的古稱，並不是大嶼山。宋末二王離開官富場之後，曾從中山而入新會，最後在崖門被元兵包圍。碙州是今日的新會。

關於詠二王殿村的詩篇亦有不少，清人來遊土瓜灣及宋王臺的很多，例如吳道鎔就有兩首絕詩詠二王殿村，其一云：

寒林擁日到虞淵，

戎馬艱難瘴海邊。

七百年來陵谷變，

二王村尚鳥啼煙。

他另有一首七絕，寫出二王殿村的景物，云：

東陵閑詠步兵篇，

艷說青門五色鮮。

為問二王村畔路，

可尋十畝種瓜田。

當時北帝廟一帶，尚屬農田，"十畝種瓜田"的景色，直到太平洋戰爭爆發時仍是一樣。清末民初，二王殿村仍然存在，故有很多詠二王殿村的詩篇，散見於各詩集中，其中有詩指出二王殿村前有一棵古柏，例如葉維屏的詩：

二王龍馭概蒙塵，

塊肉流離瘴海濱。

草木詎知亡國恨，

森森古柏故宮春。

詩後註云："二王村行宮有古柏，猶存。"

據故老相傳，北帝廟側從前有一棵古柏樹，這株古柏，是在北帝廟塌毀時被燒去的，相信葉維屏所詠的古柏，是指這一棵古柏。

有一位蘇澤東寫了一首律詩詠二王殿村，頗足一讀：

龍馭倉皇草野中，不簽降表矢孤忠。

高歌白雁家何在？痛飲黃龍事已空。

粵海南遷爭寸土，燕雲北望泣三宮。

勤王慷慨蘇劉義，曾赴行朝立戰功。

原註云：“大將蘇劉義率兵衛二王入廣。”

以上這些詩篇，足以說明二黃店村，就是二王殿村，又稱二王村。

北帝街上的北帝廟，是宋末二王行宮的遺址，在清末民初時，曾得到實物的證明。當時東莞陳伯陶以前清遺老身分寓居香港，他常到北帝廟去懷古一番，認為該處一定有宋代的遺物留下。有一天，他到北帝廟附近去，看見一位村民在耕田之時，掘出一些陶片，他上前拾起來一看，竟是宋代的瓦當，喜出望外，因而作歌詠之。此歌收在《宋臺秋唱》詩集中，頌為“宋行宮遺瓦歌”，歌云：

官富場前宋行殿，荒村廢址青蕪徧。野人耕地得遺瓦，赭黝相兼餘碎片。赭如烈士歃赤血，黝似侍臣森鐵面。當時燔埴善陶甄，卻比範銅經冶鍊。憶昔南遷景炎帝，御舟次此誇形便。紹興家法遵簡約，崇政殿基亟營繕。槐樹陰成鴟尾出，茅茨易盡魚鱗見。但令風雨免漂搖，詎與雲霞爭藻絢。丞相忠肝泣上表，將軍鐵膽怒張眷。詔稱南海馬牛風，誓入中原龍虎戰。建炎中興運豈再，景德孤注事俄變。渡江泥馬不復神，赴海白鷗誰更唁。可憐宮瓦碎慈元，邊問故都杭與

324

汴。君不見，漢代鴛鴦栽作枕，魏家銅雀鑴為硯。延年益壽
辨當文，萬歲千秋感奔電。淒涼故國哭杜鵑，零落舊巢悲海
燕。手揩此瓦重摩挲，惆悵遺基淚如霰。

這塊在田中掘出的宋代瓦當，陳伯陶認為這是宋
行宮的遺物，足證史書所載，宋末二王在該處建過宮
殿。他的歌，亦說出宮殿的規模不大，不像北宋兩京
的宮殿宏偉。

目前已經難以找到二王殿村的地址，但我們可以
根據上引那些史料，把其位置找出來。第一，志書說
宋末二王殿的行宮後來改建北帝廟，而這廟是由二王
殿村人所建的，則北帝街當在該村範圍之內。第二，
此村在宋王臺之西南，即該村的東北方以宋王臺為
界。這就可以把該村的位置找到，它的位置，就在現
時稱為"馬頭角"的地方。

馬頭角、馬頭圍與學田制度

馬頭角之得名，並非該處的地形似一馬匹的頭
部，馬頭角與馬無關，所謂"馬頭"，是指用以泊船
的碼頭，從前不稱碼頭而稱馬頭，現時的"碼"字是
俗字。《展拓香港界址專條》內載云："又議定仍留附
近九龍城原舊馬頭一區，以便中國兵商各船渡艇，任
便往來停泊。" 文中的"九龍城原舊馬頭"中的"馬

頭"，就是停泊"兵商各船渡艇"的地方。這地方從前是九龍灣凸出的陸地。凡海灣凸出之處，廣東人通稱之為"角"，香港地理名詞中"角"命名的甚多，如"北角"、"旺角"、"黃麻角"等，都是形容凸出於海灣的陸地。在未填海之前，該處地形伸出於海灣的弧線外，故稱之為"馬頭角"。這泊船的馬頭，歷史悠久，並非有了九龍城之後才有馬頭，只是有了九龍城之後，馬頭之名益顯。這馬頭應該古已有之，可能宋末二王也由這馬頭登岸。馬頭角畔的馬頭，相信亦是宋朝鹽船運鹽的馬頭。

"馬頭角"並非狹義的地理名詞，它是指馬頭附近這凸出的地角一帶的地方。自九龍灣填海，及築啟德機場之後，馬頭角已成了內陸的地區，今這地區稱之為"馬頭圍"，在此地區有一條主要的馬路，便是"馬頭圍道"。

該處又有一條街道名為"馬頭涌道"。這街道的命名，其中"馬頭"二字當是停泊船隻的馬頭；"涌"字是一條狹窄小河的通稱。廣東人稱狹河為涌，香港地名中亦有很多的涌命名。凡以涌命名的地方，必有小河流經該處而出海，如黃泥涌、鯽魚涌、官涌等，都是從前有小河流經該處。馬頭涌就是流經馬頭角一帶的小河，此間於馬頭附近出海，故名馬頭涌。今已改成街道，涌在地底下作為下水道，街道亦以這條涌而命名。鄉村的建立，先決條件是有淡水的水源，因為人不可以一日無水，而一切的食用植物均為淡水植物，稻、菜、瓜果，無不需要淡水生長；就是漁村，漁民們也要在有水源的地方建村聚居。這條流出馬頭附近的小涌，是由土瓜灣那邊流到馬頭海邊的，所有鄉村都倚賴此涌供應淡水和灌溉農田，二王殿村也要依近此涌來建村。所以村的遺址雖然蕩然無存，但仍可用地名及建村的基本條件測定二王殿村的位置，其位置在馬頭圍道地方附近，村名漸漸為人遺忘，因為該處後來發展更多的鄉村，這些鄉村聚居在馬頭和馬頭涌附近。

馬頭圍這個 "圍" 字，其實並非圍村的 "圍"。很多研究香港史地的外國人，由於到過吉慶圍和曾屋圍等鄉村參觀過，認為凡叫圍的都是圍村。有些外省人，甚至是廣東人而非廣府人的研究者，亦以為村名圍的，就一定是客家圍村。其實圍村不一定是客家人的鄉村，而名圍的鄉村並非一定是圍村，這個 "圍"字，其實是指圍田。

圍田是什麼呢？圍田是指由滄海而變成的田，近海和近河口的沖積地。珠江三角洲一帶最多此種沖積地，而珠江三角洲各縣的鄉人，通稱這些沖積地叫做圍田，俗稱由沖積地開墾而成田的圍田，名為 "圍口"。

原來近海和近河口一帶的沖積地，漸漸沖積成一幅平原，但這些土地，由於近海近河口，遇著潮水暴漲時，鹹水會淹蓋土地，不能用來種稻，必須設法停止鹹水淹沒這些土地，故第一步驟，先在近海之處築一圍基以阻止海水侵入，把圍基加高到海水不能上田，才能種稻。

加高圍基之初，這些田仍未能種稻，因泥土太鹹，稻是淡水植物，泥土太鹹不能生長，故首先在這些田上種草。這些草並非普通常見的青草，而是用來綁東西的鹹水草，此種草長約四、五尺，待種了幾年草之後，不斷引淡水入田，使土地鹹度不斷減低，然後才能種稻，由草田而成稻田。由於這些田是用高高的圍基範圍於海邊，是以名之為圍田，又由於圍田必在淡水河口之處，故又稱為"圍口"。

東莞縣的萬頃沙，就是沖積地。萬頃沙上的沖積田，通稱圍田，這些圍田初時不能種稻，先種鹹水草，這種鹹水草名莞。東莞縣的得名，因初期圍田多種莞草，莞草用以織蓆，因而得名。後來東莞縣的沖積田，仍是先種莞草的，故東莞草蓆一直很馳名。

本港地區亦有很多沖積而成的田地，這些田土亦稱圍，例如天水圍、南生圍、大生圍、和生圍等。這些鄉村，雖然名圍，但並非客家圍村。此等圍村之所以名圍，是因為所得的土地，都是沖積地，築以圍基於海邊，防止鹹水湧入，因而以"圍"來命名。南生圍、天水圍等村，後來已多不種稻，將土地挖為魚塘，用以養魚，但到該處去作實地考察，便知道這些

鄉村的魚塘和土地，都是沖積地。這些鄉村稱 "圍"，
正是圍田的 "圍"，和圍基的 "圍"。[28]

　　土瓜灣的一條小涌，流出馬頭附近，而該處近
海，日積月累，岸邊沖積了很多田地。附近的二黃店
村的村民，築一圍基將沖積地圍起來，便成一大片的
圍田，這些圍田因近馬頭和在馬頭涌邊，因而稱之為
馬頭圍。

　　因此二黃店村的位置，當在馬頭圍附近。這些圍
田越積越多，吸引外來的人到此耕種並聚居，在圍田
附近建成小鄉村，與二黃店村合稱為馬頭圍村。由於
九龍城砦的建成，城外的馬頭成為運輸中心，因此馬
頭圍之名，便蓋過了二黃店村。

　　關於圍田的制度，《新安縣志·學田》有如下的
記載：

　　土名閂門洛中心圍，勒馬洲圍田共稅七十五畝。遞年閂
門洛中心圍租，穀二十七石，萬曆四十四年，知縣王廷鉞申
詳林禹、黃志正二人，自願捐入學中公用，經學道張邦翼批
允入學及獎賞林禹、黃志正。

原來圍田因由沙泥沖積而成，不入田土冊內，向來不

28　編者註：天水圍在二十世紀八十年代開始發展，現已成為元朗區內的
　　新市鎮。而南生圍部分魚塘現時仍然運作中。

用納田賦稅的。由於沒有田稅，亦即沒有田契，不屬於法定的私人土地，而成為公地，因此常常發生爭執，甲說這些土地是阿甲的，阿乙說這些田地是阿乙的，因而引起爭議，常常動武及打官司。官府為確定這些圍田的使用權，便以公田的形式來處理，判定阿甲或阿乙使用後，規定每年納租金若干；而這筆租金不屬於田賦，屬於地方政府的收入，係撥入學宮，作為辦學經費。有很多耕種圍田的人，為了確立本人使用圍田的資格，多自願報給官府，自動納租給學宮辦學。引文中的林禹和黃志正二人，正是自願納租的圍田使用人。

圍田又稱沙田，因為這些田地是由沙和泥沖積而成的，新界沙田的得名，亦因為該處原屬沖積地之故。在沙田有兩條圍村，一名大圍，一名沙田圍。這兩條圍村和曾屋圍有別，曾屋圍是香港開埠後才建成的，大圍和沙田圍，則是因耕種圍田而成村落，可見"圍"字的真意，是指圍田。東莞萬頃沙的沙田，亦通稱圍田，萬頃沙上的耕地和鄉村，均以"圍"字命名。

馬頭圍上的圍田田租，在九龍城建成龍津義學時，就成為龍津義學的經費，因為圍田租項向來是作為辦學之用的。《九龍司新建龍津義學敘》碑記，其中有一句云："租歲可得若干以資生徒"，已表明龍津義學的經費由"租歲"維持，"租歲"的來源，就是附近的圍田。土瓜灣馬頭圍的圍田田租，從地理因素及其他因素看來，就是龍津義學的經濟來源。

　　研究香港前代教育史的學者，多未留意到教育經費的來源，以為建了書院或義學，就有人出錢來讀書，辦學的經費自籌自給，仿似今天的私立學校一樣，其實並非如此的。學校的經費，是由"學田"來維持。"學田"這種制度，已有數百年的歷史，起源於宋朝。

　　根據史書所載，宋仁宗時就開始從田賦中，撥出一部分給國子監作為經費，這是中國教育制度有學田之始。當時指定田租用來支付國子監內的一切經費，包括資助貧窮學生的生活費在內。其後這種制度發展下去，全國各省的主要學府，都有學田。到了明朝初年，更擴大這種制度到府學、州學、縣學，以及特殊地區的學院去。清代繼承明朝的制度，因此地方上辦學，除了建築校舍之外，亦置有學田，作為該新辦學校的經濟來源。九龍城內的龍津義學經費，很自然就在附近撥出公田來作學田。這些公田多屬圍田。

　　顧樹森《中國歷代教育制度》對學田之設，有如下的敘述：

　　明代對學生待遇的優厚，不獨國子監學生，即府、州、縣學的學生亦然。其故由於學校有固定的學田為基金，故經費相當充足。洪武十五年（1382），規定學田之制，凡府、州、縣有田租入官的，皆會撥歸所屬學校作基金，謂之學田。這種基金分三等：凡府學定一千石，州學八百石，縣學六百石，應天府學一千六百石，每學設一會計專員，經管收支。學校有了固定的經費，師生的待遇自然優厚了。所以諸生初入學校，即有廩米供給，名為廩膳生。

所謂"凡府、州、縣有田租入官的，皆會撥歸所屬學校作基金"，就是指那些新增的田地應作學田。原來全國各地的農民，是不斷開墾新田地的，這些田地因為未列入賦稅之內，屬於無契田。當政府每隔若干年到農村去，發現這些新墾的田，便要耕種者繳納田租。這些新田地的租，亦分生田和熟田兩種，初開墾而成的叫生田，等到十年以後，田土的農作物收成已和一般田地相等，稱之為熟田。生田納租很少，到生田升格為熟田時，納租較多。明洪武十五年之前，這些田租向來作為地方政府的收入，朱元璋認為該撥作教育經費，是以稱為學田，學田田租撥歸所屬學校，故學田附近的學校，就成為收租的法人。馬頭圍屬九龍城所轄，是以該處的圍田，就分配為義學的學田。

原來清代的學田，並不限於田畝。房屋、魚塘、山頭、園圃，都可以撥作學田，阮元《廣東通志·學田》載云：

學田專供修學及贍養貧士，其田與賦，即在州縣田賦之中，惟佃耕收租，以待學政檢發。間有山、塘、園、屋，統名曰田，所收有銀有錢有糧，統名曰租。田之多寡租之輕重，各學不齊。

清朝的縣學、州學、府學，都是官立學校，因有學田作為經常費的基金，學生入學是免費的，成績優等的，且有膳食費領取，稱為廩膳生。大概的情形是，經過考試進入縣學讀書的人，稱為附學生，除免費讀書之外，家境清貧的可申請救濟。入學之後經過考試，成績優等的升為廩膳生，不問是否清貧，均有膳食費領取。次一等的稱為增廣生，即比附學生高一等。成績差的，仍可做附學生，繼續入學，但如果三年都成績差，則著令退學。

清代除縣學之外，亦有社學和義學。社學和義學都是設於大鄉鎮或大墟市之中，有別於縣學。縣學由縣政府的學田作經常費用基金，社學和義學則由地方人士捐出學田，或地方小官吏如巡檢司等將地方的公田撥作學田舉辦。所以社學和義學，亦都是免費學校，但不算官立學校，可稱之為官津補助學校。龍津義學，就是這一類學校，因此它由巡檢司和知縣創立，撥出 "歲稅" 作為學校的經常費用。這間學校雖設於九龍城砦之內，但實際上，它是整個九龍的最高學府。

我們且重溫王銘鼎的《九龍司新建龍津義學敍》的碑文，便知道龍津義學是九龍區當時的最高學府，碑文中云：

> 今年余奉調視事，巡檢許君文深來言，有龍津義學之
> 建。副將黃君鵬年，通判顧君章，喬大令應庚及許君捐銀若
> 干為經始地，租歲可得若干以資生徒，仿古家削之制，擇其
> 尤者居焉。

王銘鼎是當時九龍地區的中國主管官（巡檢司），
許文琛是當地的紳衿耆老，喬應庚是新安縣的知縣，
黃鵬年是駐九龍城砦的武官，這些都是當地官府頭號
人物和地方紳士。他們集資建龍津義學，義學的經費
則由"租歲"去維持，碑文中"仿古家削之制"，已顯
示這間學校的性質。

"家削"即"家黨"，據《周禮》所載，每一州有
五削，每削設一削正，負教治和執行政令之責。這間
義學的規模，是按照古代家黨的制度而設立，因此不
是一間初級小學式的義學，故要"擇其尤者居焉"，即
要嚴格選擇老師任教，選擇高材生來就讀。

八十年代，荃灣居民邱東海先生，將他家傳的
邱元璋手稿送給博物館，這些手稿中，有一部分印有
"龍津義學"四字的稿箋，稿箋上有詩有文，詩有五
言八韻的，文有八股文的。這些文物，證明當時住在
荃灣的邱元璋也是龍津義學的學生，因為在這些手稿
上，有些是寫上多少分的，亦有老師在卷末加上評語

的，在在說明龍津義學的入學程度並非小學生，反而相當於現時的中學程度，和縣學的地位相差不遠。

由於龍津義學用“義學”之名，與近代一般義學同名，而近代的義學多屬初級小學，故很多人以為這間學校是一間小學程度的學校，以致忽略了它在當時的地位，更沒有考察到屬於該校的學田。加上近人對清代的學校制度誤解者多，對於新發現的邱元璋手稿便無法分析。

龍津義學是第一次鴉片戰爭後設立的，當時由於香港島割給英國，為免接近香港的新安縣人民受“夷氛”的影響，以新安縣城的學宮離九龍地區太遠，不能不就近設一座學宮。但清制一縣只得一所學宮，是以將這所學宮名為龍津義學。根據清朝的制度，學童先在學塾讀書，到了有相當基礎然後考入縣學為附學生。龍津義學所收的學生和縣學相同，是以學生的程度相當高。

二黃店村的消失

為了解釋“馬頭圍”的圍田是當時龍津義學的學田，把話題拉得太遠；但為了說明義學的性質及學田的體制，若不如此不厭其詳，又怕讀者不明白。現在已說明許多關連的問題，可以談談二黃店村在馬頭圍中消失的原因。

1898 年本港頒佈《展拓香港界址專條》及《管理新界條例》之前，先頒《保存宋王臺條例》，這些條例之所以在同一時期頒佈，有其歷史原因。由於新界已成為香港一部分，從前在界限街以南的東部地區，就要開闢道路以便軍警能自九龍半島直達新蒲崗、西貢等一帶地區去。何啟等要求當局保留宋王臺古蹟，目的在規定將來開路時不可破壞宋王臺。

宋王臺、二黃店村、土瓜灣和馬頭圍一帶，都是位於界限街以南的，這些地方在 1899 年之前，因屬於"邊界"地區，無多大發展餘地。到 1899 年，"邊界"已伸到老遠的地方去，而這些從前的邊界地區，又成為聯絡新邊界的交通樞紐，是以很多土地要進行重新丈量和登記。

馬頭圍的土地，原屬於龍津義學的學田，二黃店村的村民和其他鄉村村民，向來是租用這些田地耕種和建屋。他們雖是土地的直接使用人，但手上並無地契以證明他們是土地所有人。這些土地的地契，在龍津義學的管理人手上，通常義學管理人為當任的地方官。

當新界被租借之後，租約上雖然訂明九龍城內的官員可以自由出入及照常工作，但缺乏常識的滿清官吏，沒考慮到九龍城內的官吏並非只管城內這豆腐乾般大的地方的。九龍巡撫司管的是整個九龍地區，城內的副將是管理自大鵬灣至青山灣的臣官。這些地區已不屬他們所管，只得一個孤城，他們見職權與管地不相符，索性也遷到新安縣城去，只留一部分下級官吏在城中，龍津義學的學田契據，亦當然帶走。他們遷到新安縣城之後，並不知道這些田契對於租耕學田的二黃店村人有用，於是馬頭圍一帶的土地，就變成無法定所有人的土地，即屬於香港政府的官地了。這些土地很輕易就在發展時，逐漸收回，而政府對附近村屋，亦可隨意遷拆。

香港原是清朝領土，土地上住有不少原居民，原居民對所使用的土地有所有權，故港英政府的各個時期，都頒佈條例，要求原居民將持有滿清政府時期的地契，到土地局去登記，換取新契。但有些土地是原居民向地主或官府租用的，官府和地主並不在英界之內，有些根本不知有土地登記這回事，有些知道了又怕納稅而不登記，加上很多土地使用人看見土地已在英界內，乘機賴不交租。地主見無租可收，更加不去登記，於是就有很多本屬清政府公有的土地，及私人的土地，都在那些時期被香港政府視為"官地"。

二黃店村和馬頭圍一帶的農田、園地和屋地，很多都屬於龍津義學的學田。在界限街以南地區未劃入香港版圖時，這些鄉村和土地都是清政府土地；及劃入版圖之後，該處村民並未依法登記土地。他們依然向龍津義學交租，並仍視九龍城為他們的政治中心。該區因接近九龍城，英方亦不強迫他們更換地契，因此到了 1898 年拓展新界時，二黃店村的村屋和馬頭圍的圍田，便全部成為官地了。

　　原來 1840 年，本港通過法例，對不依期登記土地的土地使用人，稱之為“暫居人”，意思是說，他們雖然住的是自己的村屋，耕的是自己的田，但他們沒有依法取得香港政府的地契，不能算是土地所有人，只能算是土地“暫居人”。凡暫居人所使用的土地，都是政府的土地，在需要時，可命令暫居人遷離這些土地。

　　於是，二黃店村和馬頭圍一帶，在 1899 年以後，因開闢道路、發展地皮，便由當局收回。鄉村的村址、圍田的遺蹟，便先後被煙沒了，至今連什麼痕跡都找不到。

　　後來土瓜灣填海，啟德機場擴建，本來凸出於九龍灣的一個海角，也填平成為啟德機場的一部分。這個原名馬頭角的海角，現在只保全它的名字。到該處去看地形，已毫無海角的地形。九龍城外的馬頭，更加沒有遺蹟留下。附近一條灌溉圍田的馬頭涌，現在已建成馬頭涌道，它是唯一保全的河道，只是被掩蓋在地底下而已。

　　附近的北帝街，雖然北帝廟已不存在，但街道之名仍保留。北帝街的鄰街是譚公道，譚公道之得名，亦因為該處有座譚公廟的原故。我們把這些街道名稱連結在一起，很容易就想像得到百多年前該處的鄉村輪廓。在宋王臺之南，二黃店村前有兩間廟，是村人祈福祭祀之地，它是北帝廟和譚公廟。村邊有一大幅圍田，有小涌灌溉其中，這條小涌自土瓜灣流經圍田，而在馬頭角的地方出海。依照北帝街、譚公道、馬頭涌道、馬頭圍道、宋皇臺道等街道的位置，就可找出從前該處的鄉村風貌，但這要對中國鄉村的結構有深入認識的人，才可以想像得到。如果對中國鄉村狀況毫無印象，自然無法憑這些街道名稱，構思從前的狀況。

· **香港文庫**

　執行編輯：梁偉基

· **九龍街道故事**

　責任編輯：朱卓詠

　書籍設計：吳冠曼

　封面設計：曦成製本

書　　名	九龍街道故事
著　　者	魯　金
出　　版	三聯書店(香港)有限公司
	香港北角英皇道 499 號北角工業大廈 20 樓
	Joint Publishing (H.K.) Co., Ltd.
	20/F., North Point Industrial Building,
	499 King's Road, North Point, Hong Kong
香港發行	香港聯合書刊物流有限公司
	香港新界荃灣德士古道 220-248 號 16 樓
印　　刷	美雅印刷製本有限公司
	香港九龍觀塘榮業街 6 號 4 樓 A 室
版　　次	2022 年 1 月香港第一版第一次印刷
規　　格	大 32 開(140 × 210 mm) 376 面
國際書號	ISBN 978-962-04-4805-8